병원도 브랜딩이 필요합니다

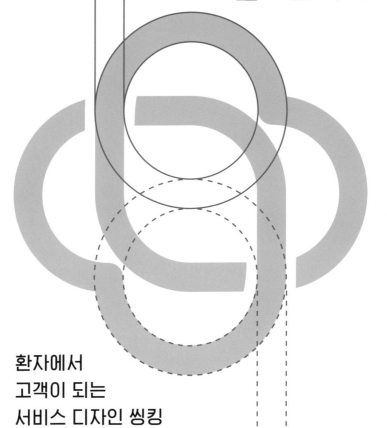

병원도
브랜딩이
필요합니다

환자에서
고객이 되는
서비스 디자인 씽킹

박병태 · 권영미 지음

현암사

병원에 서비스 디자인이 필요할까? 디자인적 사고가 필요할까?

이 두 가지 질문에 답하기 위해서는 병원에 대한 이해와 더불어 디자인적 사고와 이를 기반으로 한 서비스 디자인에 대한 이해가 필요하다.

"병원은 아픈 사람을 치료하는 공간이다." 이 단순한 문장은 의료 시스템의 핵심을 담고 있지만, 오늘날 환자들의 요구는 이보다 훨씬 더 높아졌다. 환자들은 단순한 치료뿐만 아니라 편안하고 안전하며 존중받는 경험을 원한다. 이러한 변화에 발맞춰 의료 시스템은 새로운 패러다임을 필요로 하고 있다.

병원은 단순히 질병을 치료하는 곳이 아니라 환자와 가족, 의료진, 사회 등 다양한 이해관계자들이 만나는 공간이며, 병원의 서비스 대상은 사람이다. 병원은 사람의 생명을 다루는 곳이므로 의학적 관점뿐 아니라 서비스적 관점까지 종합적으로 고려되어야 한다. 병원의 서비스를 개선하고 혁신하기 위해서는 병원 구성원의 시각만으로 해결하는 것은 한계가 있다. 서비스 대상인 환자의 욕구와 요구에서부터 시작해야 한다. 이 과정을 효과적으로 수행하기 위한 방법론이 '서비스 디자인'이다.

서비스 디자인은 환자 중심의 사고방식을 기반으로 환자 경험을 개선하는 혁신적인 방법론이다. 이는 단순히 의료 서비스의 효율성을 높이는 것이 아니라 환자의 감정, 욕구 그리고 경험을 전반적으로 고려하여 병원을 재해석하는 과정이다. 환자 입장에서 병원을 바라보고, 불편함을 파악하며, 디자인을 통해 개선하는 것이 서비스 디자인의 핵심이다.

이 책은 병원에서의 서비스 디자인 적용에 대한 심층적인 연구를 바탕으로 기술되었다. 의료 서비스의 특수성을 이해하고, 서비스 디자인의 개념과 프로세스를 명확하게 설명하며, 실제 의료 기관에서 성공적으로 적용된 사례들을 소개했다. 또한 미래 의료 시스템에서 서비스 디자인의 중요성을 강조하며, 의료 서비스의 질 향상과 환자 만족도 증진을 위한 방향을 다음과 같은 구성으로 제시하였다.

Part 1 [Why]: 왜 필요한가?

서비스 디자인이 무엇인지, 왜 의료 기관에 필요한지, 그리고 의료 기관의 특수성과 고객의 특성을 이해하는 방법은 무엇인지에 대해 설명한다. 병원에서 서비스 디자인이 왜 필요한지 이해하지 못하면 이후 과정이 무의미하기 때문에 가장 깊이 있게 접근한 부분이다.

Part 2 [What]: 무엇인가?

서비스 디자인의 개념과 중요성 그리고 디자인 씽킹^{design thinking} 프로세스에 대해 설명한다.

Part 3 [How]: 어떻게 하는가?

서비스 디자인을 실제로 수행하는 방법에 대해 설명한다. 디자인 씽킹 프로세스의 다섯 단계인 발견하기, 해석하기, 생각하기, 개발하기, 실험하기에 대한 구체적인 방법론과 도구를 소개한다.

Part 4 [Future]: 미래는 어떤가?

서비스 디자인이 병원의 미래에 어떤 영향을 미칠지 그리고 서비스 디자인과 미래 경영은 어떤 관련이 있는지에 대해 설명한다.

Part 5 [Example]: 어떤 사례가 있는가?

서비스 디자인을 병원에 적용한 국내외 사례를 소개한다. 서비스 디자인을 통해 의료 기관의 서비스 품질과 경쟁력을 향상시킨 사례들을 통해 서비스 디자인의 효과와 가능성을 확인할 수 있다.

이 책은 병원의 서비스를 개선하고 혁신하고자 하는 의료진, 병원 경영자, 병원 경영과 서비스에 관심이 있는 학생, 연구자, 컨설턴트 등에게 병원 대상 서비스 디자인에 대한 관심과 이해를 높이고 실제로 서비스 디자인을 적용하는 데 도움이 되기를 바라는 마음에서 썼다. 병원도 브랜딩이 필요하다. 의료기관에서 디자인 씽킹을 고민하는 이유는 무엇인가? 고객인 환자의 욕구를 파악하고 고객 중심적 사고로 문제를 해결함으로써 고객의 경험을 좋게 하려는 목적이다.

환자로 내원했지만 고객이 되어 그 병원을 지지하고 신뢰하도록 하기 위함이다. 그러므로 의료기관 서비스 디자인은 그 병원에 대한 브랜딩이다. 이 책이 우리나라 병원 서비스의 개선과 혁신에 조금이나마 기여할 수 있기를 희망한다.

박병태 · 권영미

Part 1 [Why]

왜 필요한가?

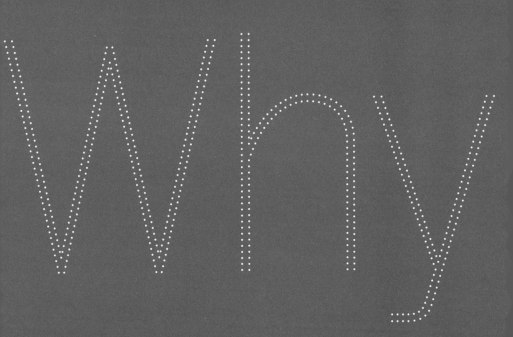

Chapter 1

의료기관 서비스 디자인 필요성

왜 병원에
디자인 씽킹이 필요한가?

디자인 씽킹이 왜 의료 기관에 필요할까? 건강과 생명을 다루는 의료 산업은 모든 사람이 해당될 수 있어 고객층이 다양하다. 또한 건강과 생명에 관련된 모든 분야가 어우러진 산업이기 때문에 복잡하다. 다양한 세부 전문 분야와 이해관계자들이 복잡하게 얽혀 있어 다른 산업과 구별되는 다양한 특성을 가지고 있다. 의료 산업은 사람을 대상으로 생명을 다루기 때문에 단순한 서비스 개념이 아니라 '숭고한' 철학과 정신을 바탕으로 한다. 한편 병원은 이와 같은 특수성과 독특한 철학이 있는 산업이기 때문에 폐쇄적이다. 이처럼 특수성을 가진 의료 산업에 2010년 중반부터 서비스 디자인에 대한 관심이 크게 증가하였다. 왜 이런 현상이 나타났을까? 서비스 디자인은 의료 산업에 어떤 도움과 유익함을 줄 수 있을까?

첫째, 의료 산업의 복잡성과 다양성을 포괄하는 해결안을 창출할 수 있다. 의료 산업은 예방, 진단, 치료의 원활한 수행을 위한 절차와 방법 등이 복잡하게 얽혀 있는 반면 각 분야의 전문성과 독립성이 확고하다 보니 통합적이고 균형적인 체계나 서비스를 구축하기가 매우 어렵다. 서로의 분야를 인정하는 것도 쉽지 않다. 그런데 서비스 디자인은 전체적인 서비스 맥락을 고려하기 때문에 의료 산업에 필요한 접근법이다. 분야별 전문성 때문에 존재하던 의료계의 '사일로 효과(다른 부서와 소통하지 않고 자기 부서의 이익만을 생각하는 이기주의 현상)'를 상호 보완적이며 총체적인 서비스 체계로 바꿀 수 있다.

둘째, 다양한 이해관계자의 문제점을 통합적으로 해결할 수 있다. 의료 산업 분야는 다양한 이해관계자가 서로 반대되는 이해관계를 유지하면서 존재하는 특성이 있다. 각 분야별로 전문성과 역할 및 직분이 다르다. 또한 의사, 간호사, 의료 기술 지원 인력, 행정 인력, 환자, 환자 보호자 등의 입장 차이가 존재하고 매우 감성적이다. 이해관계자의 욕구를 충족시키기 위해서는 그 욕구를 제대로 파악할 수 있어야 하는데 눈에 보이지 않기 때문에 알아내기가 매우 어렵다.

서비스 디자인은 방법론적으로 고객에 대한 이해를 통해 고객으로부터 출발하는 디자인 씽킹 도구Tool로 우선적으로 개선해야 할 부분이나 집중해야 할 방향을 찾아 가용 자원을 활용한다. 뿐만 아니라 여러 이해관계자를 개발 프로세스에 포함시키는 협력적인 다학제multidisciplinary 활동이기도 하다.

의료 분야에서의 서비스 디자인은 다양한 사람들을 서비스 디자인 프로세스에 참여시킴으로써 그들의 필요와 요구를 통합적으로 담아낸 결과물을 만드는 것이 목표다. 이와 관련된 서비스 디자인의 협력적인 접근 방식은 의료 산업 발전에 긍정적인 영향을 줄 수 있다. 이해관계자들의 다양하고 심도 있는 요구 사항을 발견하고 이를 해결하는 데 적극적으로 참여할 수 있는 길을 열어둠으로써 더욱 만족스러운 결과를 얻는 데 도움이 되기 때문이다.

셋째, 고객의 충성도를 확보하는 데 도움이 된다. '고객 만족'은 고객으로서 기대했던 여러 서비스가 별 문제없이 그리고 특별히 기억나는 것 없이 이루어졌을 때나 기대 이상의 서비스를 제공받았을 때 나타난다. 고객은 특별한 '경험'을 했을 경우에만 '충성도'를 보인다. 의료 산업은 일반 산업과 달리 고객을 지속적으로 유지하고 충성도를 만들어내기가 매우 어렵다. 해당 병원의 의료 서비스를 직접 경험한 환자의 '개인적 경험'말고는 누구도 정확하게 그 병원의 서비스에 대해 정확히 평가하기가 어렵다. 왜냐하면 의료 서비스는 고객에게 서비스가 제공되는 해당 장소와 해당 시점에서 이루어지기 때문에 그 과정에서 겪게 되는 개인적 경험에 따라 만족도와 충성도가 형성될 수밖에 없다.

서비스 디자인은 바로 이와 같은 고객의 개인적 경험에 대한 심층적이고 사실적인 파악을 통해 최적의 고객 경험을 제공하는 것이 목표다.

서비스 디자인의 고객 리서치는 서비스를 알게 되는 시점부터 경험하고 평가하고 전파하는 단계까지 전체적인 여정을 대상으로 한다. 서비스가 이루어지는 시점을 기준으로 '고객여정지도'나 '블루프린트'와 같은 툴을 이용해 고객의 행동이나 감성의 변화뿐만 아니라 해당 의료 기관의 공간 구성이나 정보의 전달 경로 등 고객에게 보이지 않는 영역까지 확장하여 접근한다.

고객이 서비스를 통해 경험하게 되는 유무형의 모든 요소(사람, 제품, 행동, 감성, 공간, 커뮤니케이션 등) 및 모든 경로(프로세스, 동선, 감정 로드맵 등)에 대해 인간 중심의 맥락적인 리서치 방법을 활용하기 때문에 고객과 이해관계자 간에 잠재된 요구를 파악하고 고객에게 제공하는 개인 경험을 특별하게 만들고자 노력한다. 이것이 서비스 디자인이 의료 산업에 도움을 줄 수 있는 부분이다.

넷째, 서비스 디자인 방법은 병원 조직의 문화를 개선하는 데 도움이 된다. 의료 산업은 다양한 전문가들이 모여 각자의 책임과 역할을 수행하기 때문에 모래알과 같은 조직이다. 그런데 고객에게 발생하는 하나의 문제를 해결할 때는 각각의 점들을 연결하여 전체 여정을 바라보게 되므로 점을 연결하는 선線이 생겨난다. 그리고 이 선의 존재를 눈으로 보고 그 효과를 경험하게 되면 각각 모래알로 존재하던 구성원들의 시각이 각자 업무의 앞과 뒤까지 연결되는 선의 시각으로 바뀌게 된다.

서비스 디자인의 기여

서비스 디자인은 의료 기관에 어떤 기여를 할까? 디자인 리서치 방법론이 발전하면서 제품이나 서비스의 사용 혹은 사용 환경의 맥락에 대한 구체적이고 포괄적인 이해가 형성되기 시작했다.

영국에서 2003년 출간된 「환자 안전을 위한 보고서」[1]는 의료 분야의 디자인적 접근법에 존재하는 문제점들을 인식하는 계기가 되었다. 이 보고서에서는 "인간이 실수하는 이유는 과업과 그것을 수행하는 프로세스 혹은 시스템이 제대로 디자인되어 있지 못하기 때문이다"라고 적시하고 있다. 의료 분야에서는 프로세스나 시스템이 잘못될 경우 비참한 결과로 이어질 수 있다.

영국에서 일어난 두 사례는 서비스 디자인의 중요성을 잘 보여준다. 영국 디자인위원회UK Design Council가 수행한 '세균 퇴치 디자인Design Bugs Out'과 영국 공학 및 자연과학 연구위원회Engineering and Physical Sciences Research Council(EPSRC)의 지원을 받아 실시한 '의료사고 예방 디자인Designing out Medical Error'이 그것이다.

이 프로젝트 결과들은 영국의 각종 언론 매체를 통해 영국 병원 내에서 일어나는 보건 관련 감염 문제의 심각성을 알리는 계기가 되었다. 병원 감염 예방 디자인의 목표는 사용하기 쉬우면서 깨끗하게 유지할 수 있는 가구와 장비를 개발하는 것이었다. 그것

---

1 Buckle, P., Clarkson, P.J., Coleman, R., Lane, R., Stubbs, D., Ward, J., Jarrett, J. & Bound J., Design for Patient Safety. London: Department of Health, 2003.

이 감염 위험을 줄이는 데 도움이 될 것이라고 보았기 때문이다.

프로젝트 팀은 공학과 디자인을 전공한 연구자들로 구성되어 전국의 병원을 돌아다니면서 병원 내 장비와 가구의 청결 관리가 어떻게 이루어지는지 현장 조사를 실시했다. 간호사와 의료 보조 인력, 청소부, 환자 등을 관찰하는 동시에 디자인 개선을 위한 인터뷰를 진행했다. 리서치 조사 결과를 바탕으로 개선 디자인을 만들었는데 디자인 업계와 의료 분야, 미생물학 분야 전문가들의 협업으로 탄생한 것이다. 초기 디자인들은 당초 제품 디자인만 수행하는 것이었지만 작업이 진행되는 동안 단순히 제품의 문제가 아니라 시스템 차원에서 문제를 바라보아야 한다는 것을 알게 되었다.

프로젝트 팀은 병원에서 장비가 어떻게 사용되는지, 청소는 어떻게 이루어지는지, 병원 직원과 환자들이 어떠한 행동을 하는지 등을 폭넓게 조사하고 관찰하여 여러 디자인을 만들었다. 그중 일부는 제품에 먼지가 들어갈 틈새를 없애는 디자인이었는데 일반적으로 혈압을 측정할 때 팔에 감는 밴드는 여러 환자에게 사용되는데도 측정 후에 세척하는 경우가 거의 없었다. 밴드를 팔에 고정하는 벨크로 접착포(일명 '찍찍이')는 먼지가 낄 수밖에 없다. 디자인 팀은 이 문제를 발견하고 자석을 이용하여 밴드가 고정되도록 디자인을 개선함으로써 오늘날의 자석 밴드가 탄생하게 되었다.

환자의 신체에 삽입되는 일종의 삽입 튜브인 캐뉼라Cannula는 환자 감염을 일으키는 주요 원인 중 하나로 매 72시간마다 교체해 주어야 안전하다. 그런데 문제는 캐뉼라가 몇 시간 동안 삽입되어 있었는지를 모르는 경우가 많다는 것이다. 이 문제를 해결하기 위해 타임스트립Timestrip이라고 하는 표시 라벨이 개발되었다.

의료 사고 예방 디자인 팀은 의사와 디자이너, 인간공학 연구자, 심리학자, 경영 전문가들이 참여한 가운데 다학제적 접근법으로 수행했는데 무려 1년 동안 심도 있는 관찰과 함께 입원 환자들을 따라다니며 그들의 경험을 조사하는 방법을 사용하였다. 이처럼 포괄적인 리서치를 통해 병원의 전체적인 시스템뿐만 아니라 세부 사항까지도 파악할 수 있었다.

이 관찰을 통해 혈압이나 체온과 같은 환자의 생체신호 측정, 손 소독, 감염 관리, 투약, 교대 근무와 같은 다섯 가지 프로세스를 중심으로 의료 사고 발생 위험성이 높게 나타난다는 것을 알아냈다.

이 과정에서 발견한 문제를 해결하기 위해 팀원 전체가 참여하는 공동 창조co-creation과정이 탄생하게 된다. 디자이너와 의사들이 참여하는 진정한 의미의 공동 연구co-research와 공동 디자인co-design 작업이었다. 이를 통해 만들어진 결과물들을 주요 임상 피드백과 실제 병동에서 직접 테스트를 실시했다.

결과물 중 병동을 위해 디자인된 새로운 가구 '케어센터Care Center'가 있다. 병실 침대의 발끝 부분에 위치하는데 그 안에는 침상 간호에 필요한 기본 장비들을 구비해놓았다. 이 디자인의 당초 목적은 감염 관리를 위해서였지만 투약과 간호사 교대 근무, 손 소독과 같은 문제를 해결하는 데에도 도움이 되었다.

어떤가? 이와 같이 서비스 디자인은 의료 분야에서 새로운 문제 해결 방법으로 병원 구성원들과 함께 중요한 역할을 할 수 있다. 만일 의료 분야가 직면한 근본적인 문제점들을 해결하고자 한다면 서비스 디자인과 시스템적 관점으로 접근해야 한다. 통합적으로 사고하지 않고 제품이나 인터페이스, 그래픽, 환경 등을 개별적으로 디자인하게 되면 결국은 또 다른 혼란을 야기할 수 있다.

의료 기관에서 서비스 디자인이 효과적인 이유

의료 기관에서 서비스 디자인을 통해 실제로 효과를 봤거나 필요하다고 확신할 수 있는 근거는 무엇인가? 최근 국내 의료 서비스 혁신에 서비스 디자인 방법론이 인기가 높은 이유는 무엇일까?

첫째, 검증된 방법이기 때문이다. 미국은 매년 「U.S News & World Report」를 통해 최우수 병원들을 발표하고 있는데 거기에 포함된 병원들은 물론 미국 병원들의 혁신 부서는 모두 디자인 씽킹 방법론을 사용하고 있다. 메이요 클리닉의 혁신센터Center for Innovation, 클리블랜드 클리닉의 환자경험사무국Office of Patient Experience, 존스 홉킨스 메디슨의 혁신허브THE HUB @ SIBLEY 메사추세츠 종합병원의 혁신유닛Innovation Unit, UCLA 헬스의 혁신기구Institute for Innovation in health 같은 부서 등이 대표적이다.

세계 최고의 의학저널 중 하나인 《뉴잉글랜드 의학저널NEJM》의 한 컬럼에서는 미국 병원들은 문제 해결을 위해 63% 이상이 서비스 디자인 방법론인 디자인 씽킹을 사용하고 있다고 전했다.[2] 주목할 것은 디자인 씽킹 방법론을 사용해봤다고 응답한 병

---

2   Sandra Gittlen, Design Thinking Is Useful, So Why Aren't More People Using It?, NEJM Catalyst, June 21, 2018.

원의 95% 이상이 큰 효과를 경험했다고 대답했다는 점이다. 가장 유용한 분야는 1위 의료진 협업과 업무 흐름, 2위 환자 예약 스케줄링, 3위 환자 순응도, 4위 환자 만족도, 5위 환자 흐름이라고 했다. 놀랍지 않은가?

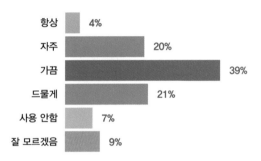

의료 분야에 사용되는 디자인 씽킹에 대한 의견 조사
얼마나 자주 디자인 씽킹 원리와 기술들을 사용하십니까?

항상	4%
자주	20%
가끔	39%
드물게	21%
사용 안함	7%
잘 모르겠음	9%

병원의 문제해결을 위한 디자인 씽킹 방법론 사용

디자인 씽킹이 의료 분야에 얼마나 유용한지에 대한 논의
의료서비스 제공을 위해 디자인 씽킹이 귀하의 조직에 얼마나 유용합니까?

병원조직	36%	29%	26%	6%
				91%
헬스케어 산업	44%	29%	22%	4%
				95%

■ 절대적으로 유용함　■ 매우 유용함　■ 유용함
■ 별로 유용하지 않음　■ 전혀 유용하지 않음

의료기관에서 디자인 씽킹 방법론의 효과성

디자인 씽킹을 통해 얻을 수 있는 작업 흐름과 환자 활동

디자인 씽킹을 통해 얻을 수 있는 이점 세가지는 무엇입니까?

항목	비율
스태프와 제공자들간의 협업	49%
환자 예약 및 노쇼 감소	39%
환자의 치료 순응도	37%
환자만족도	33%
진료실 및 시술실에서의 환자 흐름	32%
환자와의 커뮤니케이션	28%
환자의 건강 지식	26%
대기시간 감소	23%
진료실 및 사무실 공간 활용	15%

디자인 씽킹을 통해 개선된 분야

둘째, 디자인 씽킹은 고객 중심의 혁신 방법이다. 병원을 이용하는 고객은 감정적이나 신체적으로 취약한 사람들이기 때문에 병원은 일반 기업보다 그들의 욕구를 더 세심하게 살피고 배려해야 한다. 디자인 씽킹은 인간에 대한 깊이 있는 이해, 즉 공감을 바탕으로 고객에서부터 출발하는 창의적인 방법이기 때문에 병원에 적합한 방법이라고 할 수 있다.

셋째, 디자인 씽킹은 통합적 사고를 통한 시너지를 추구하는 방법이다. 의료 기관이 최근 겪고 있는 문제들은 단순히 한 가지 관점으로 문제를 해결할 수 없다. 한 가지 관점으로 해결할 수 있다면 문제라고 할 것도 없다. 최근 발생하는 문제는 여러 문제가 복합적으로 얽혀 있는 경우가 대부분이다. 또한 병원은 노동집약적 산업이고 모든 분야가 전문화되어 있기 때문에 근무하는 구성원도 다양할 뿐만 아니라 어디서부터 문제가 시작되었는지 모르는 경우가 부지기수다. 그래서 복합적 문제 해결 역량이 필요하다.

복잡한 문제는 사용자인 고객에게 불편을 주기 때문에 고객들은 더 예민하게 문제에 대한 불만을 제기한다. 그뿐인가? 그 불만을 SNS를 통해 적극적으로 알리고 확대하며 그것은 병원과 관련된 다양한 평가에 그대로 반영된다. 과거 의료 기관은 모든 문제를 분석적 방법으로 접근했다. 과거가 잘못되었다는 것이 아니다. 우리는 그렇게 배웠고 의료 기관에 종사하는 대부분의 인력이 과학적인 학문을 근간으로 하는 사람들이기 때문에 자연스러운 접근 방법이었다.

그런데 최근에는 정보 기술의 발달로 환자가 다양한 매체를 통해 의료에 대한 정보 습득이 가능해지고 있다. 과거 의료 기관에 정보가 집중되고 환자는 정보를 모르는 '의료 정보 비대칭 현상'이 이제 급속히 감소하고 있다. 고객들의 생활 수준과 의식 수준이 향상되다 보니 의료 기관에 요구하는 수준도 점차 높아지고 있다. 또한 우리는 그동안의 접근 방법으로는 문제가 쉽게 해결되지 않는다는 경험도 많이 했으며 더구나 병원간의 경쟁도 심해지고 있는 상황이다.

이런 상황에서 복잡하게 얽힌 문제를 논리적이고 분석적인 좌뇌에만 의지해서 해결할 수는 없다. 좌뇌와 우뇌를 한꺼번에 사용하는 디자인 씽킹을 통해 문제의 근본적인 해결점에 도달할 수 있다. 전략적 사고와 함께 디자인 씽킹을 통합적으로 활용할 수 있는 역량, 즉 양손잡이 생각이 필요해졌다. 이러한 이유로 의료 기관에서도 디자인 씽킹의 인기가 높아지고 있다.

의료의 질 향상과
서비스 디자인의 필요성

의료 기관에서 고객으로서의 환자가 기대하는 것은 무엇일까? 다양한 욕구가 있겠지만 '본인이 제공받는 의료의 질이 높고 안전했으면 좋겠다'는 욕구와 '병원에서 친절하고 인간적인 대우를 받았으면 좋겠다'는 욕구일 것이다.

의료 질 향상 활동

의료 질 향상 활동은 고대 그리스 시대 이전부터 사회적 관심이고 규제의 대상이었다는 흔적이 있다. 하지만 체계적이고 과학적인 의료의 질 관리는 산업혁명 이후 의학과 병원이 발전하면서 시작되었다.[3]

---

3   Nash DB, Joshi M, Ransom ER, Ransom SB. The healthcare quality book: vision, strategy, and tools. 4th ed. Chicago, US: Health Administration Press; 2012.

나이팅게일^{F. Nightingale}은 1860년대에 병원 간 사망률 비교 등 주요 질 지표 값의 비교를 시도했고 이를 뒷받침하는 통계 자료의 공통 양식과 정의 등을 강조함으로써 의료 질 평가의 기초를 닦았다.[4]

코드만^{E. A. Codman}은 1910년대에 처음으로 의료의 결과^{outcome} 평가를 시도하였고,[5] 1919년 코드만의 영향을 받은 미국 외과의사회를 중심으로 병원표준화심사^{Hospital Standardization Program}가 시작되었다. 이는 미국 병원의 질적 수준 향상에 크게 기여했다. 이후 1950년대에는 JCAH(Joint Commission on Accreditation of Hospitals)가 주도하는 병원신임제도^{hospital accreditation}로 발전하여 오늘에 이르고 있다.[6]

미국 중심의 의료 기관 신임제도는 여러 국가로 확산되어 국가적인 차원에서의 의료 질 관리에 중요한 기준이 되었다. 동시에 의료 기관 단위의 질 향상 활동과 연계되어 방향을 제시하고 동기를 부여하는 역할도 하게 되었다.

---

4   McDonald L. Florence Nightingale and her Crimean War statistics: Lessons for hospital safety, public administration and nursing. Lecture for the Gresham College / British Society of the History of Mathematics Conference, 2014.

5   Wright JR Jr. 2017. The American College of Surgeons, minimum standards for hospitals, and the provision of high-quality laboratory services. Archives of Pathology and Laboratory Medicine. 2017;141(5):704-17.

6   Mallon B. Amory Codman: The end result of a dream to revolutionize medicine. Boston Shoulder Institute. Available: http:// boston shoulderinstitute.com/wp-content/uploads/2014/07/Codman-Society-Bio.pdf.

우리나라의 의료 질 관리는 1980년대 초에 실시된 대한병원
협회 중심의 병원표준화심사를 출발점으로 볼 수 있다.[7] 이 제도
는 대한병원협회 차원에서 자발적으로 시행되었다는 점에서 영
향력에는 한계가 있었지만 의료의 질이 중요하다는 인식을 심어
주는 계기가 되었다.

1990년대에 들어서면서 우리 사회 전반적으로 의료의 질에
대한 관심이 높아지고 의료 서비스에 대한 불만족이 중요한 이
슈가 되면서 의료의 질 평가에 대한 정부의 개입이 시작되었다.
1995년부터 의료 기관 서비스 평가제도가 시행되고 2004년에는
대형 병원을 대상으로 의료 기관 평가가 시작되었다.

정부 개입이 대한병원협회 차원의 자발적인 활동과 차이가
있는 것은 평가 결과가 사회적으로 공표되면서 큰 반향을 불러일
으켰다는 점이다.[8] 이렇게 시작된 의료 기관 평가인증은 2010년
하반기부터 강제적인 평가 대신 자율적인 인증제로 변경되었다.
현재 의료기관평가인증원이 설립되어 자율적인 평가로 진행되
고 있다.

의료의 질 향상과 관련된 또 하나의 축은 2000년에 개편된 건

---

7   Kwon YD. Quality improvement activities in hospital: its necessity, history
and tasks. Journal of Korean Society of Quality Assurance in Health Care.
2006;12(2):47-54.

8   Kwon YD. Quality improvement activities in hospital: its necessity, history
and tasks. Journal of Korean Society of Quality Assurance in Health Care.
2006;12(2):47-54.

강보험심사평가원이다. 정부가 건강보험심사평가원(이하 심평원으로 칭함) 설정을 한 것은 심평원이 진료비 심사뿐만 아니라 질 평가를 중요한 기능으로 한다는 선포였다.[9] 심평원은 진료 결과 측면의 평가 지표를 설정하고 의료 기관별 결과 지표의 값을 측정하고 발표함으로써(요양급여 적정성 평가) 소비자에게 의료 제공자의 질적 수준에 대한 구체적인 정보를 제공하고 있다. 뿐만 아니라 이를 기초로 진료비 가감지급제까지 시행하고 있다. 2015년도부터 도입된 의료 질 평가 지원금 제도는 의료의 질 향상에 기여한 정도를 평가한 결과에 기초하여 의료 기관을 지원함으로써 의료의 질에 대한 관심을 높이는 데 기여하고 있다.

이와 같이 외부의 질 평가 제도와 평가 활동이 늘어남에 따라 의료 기관도 적극적인 대응을 할 수밖에 없게 되었다. 의료 기관 평가인증제, 심평원의 적정성 평가, 환자 경험 평가 외에도 여러 기관의 고객 만족 평가와 서비스 평가가 늘어나면서 병원은 의료의 질과 서비스 향상에 전략적으로 대응할 수밖에 없는 상황이 된 것이다.[10]

이와 같은 대응의 일환으로 1994년 한국의료QA학회(현재 한국의료질향상학회)가 설립되었고, 오늘날 의료 질 향상을 위한 교육

9   Park EC. Problems and future directions for quality evaluation of the Health Insurance Review and Assessment Service. Journal of Korean Medical Association. 2015;58(3):176-8.

10   Park OJ. Quality improvement activities. Medical Postgraduates. 2011;39(6):255-258.

및 연구와 정보 공유 등 의료 질과 관련된 핵심적인 활동을 수행하고 있다. 동시에 한국의료질향상학회는 의료 질 향상과 관련하여 아래와 같은 한계점도 드러내고 있다.

질 향상 활동이 시간 제한이 있을 뿐만 아니라 일회성의 소규모 프로젝트로 시행되는 경우가 많고 변화를 유발할 전문성이나 권한 또는 자원이 부족한 전문가가 질 향상 활동을 주도하는 경우가 많다는 지적이 대표적이다. 또한 개선에 대한 엄격한 평가와 성공이나 실패의 교훈을 공유하는 데 관심이 부족하고 너무 많은 질 향상 활동이 어떤 상황에서도 개선을 가져올 '마법의 총알magic bullets'로 간주되는 경향이 있다는 지적도 나왔다.[11] 대부분의 개선 활동이 특정 부서 수준에서 고립된 채 수행되는 바람에 집합적인 공동 해결 방안을 개발하지 못하게 되고 그 과정에서 오히려 새로운 위험이 나타나게 된다는 한계점을 드러낸 것이다.[12] 이를 해결하기 위한 방법으로는 다음과 같은 대책이 제안되었다.[13]

- '마법의 총알'을 찾지 말고 조직 강화에 집중하며 긍정적인 일탈로부터 배우자

---

11   Moraros J, Lemstra M, Nwankwo C. Lean interventions in healthcare: do they actually work? A systematic literature review. International Jouranl for Quality in Health Care, 2016;28(2):150−65.

12   Dixon-Woods M, Martin GP. Does quality improvement improve quality? Future Hospital Journal. 2016;3(3):191−4.

13   Dixon-Woods M, Martin GP. Does quality improvement improve quality? Future Hospital Journal. 2016;3(3):191−4.

- 해결 방안을 설계하고 검증하는 역량을 구축하고, 처음부터 복제와 확장 계획을 세우자
- 프로젝트가 아니라 프로그램과 자원을 생각하자
- 환자, 의료 전문 인력, 다른 분야의 전문 인력이 자발적으로 모여 문제를 해결하는 포괄적 구조를 만들자

그런데 이러한 해결책의 특성을 잘 살펴보면 서비스 디자인 방법과 일치한다는 것을 알 수 있다. 이에 따라 보건의료 분야에서 의료의 질 향상 활동을 포함해 다양한 프로세스와 시스템의 혁신, 개선 활동에 서비스 디자인을 도입하는 사례가 점차 늘어나게 된 것이다.

그렇다면 서비스 디자인, 특히 의료 기관에서 적용할 수 있는 서비스 디자인은 어떤 내용일까?

서비스 디자인의 개념과 특성

서비스 디자인에 대한 일반적인 정의는 아직 없다. 연구자나 기관에 따라 다르게 이야기하고 있으며 그 정의는 계속 발전 중이다.

독일에서 시작한 세계적인 서비스 디자인 비영리단체인 서비스 디자인 네트워크Service Design Network에서는 "서비스 디자인은 서비스를 디자인하는 활동이다. 서비스 이용자와 제공자 양쪽 모두를 위한 가치를 창출하기 위해 서비스 라이프 사이클 전체에 걸쳐 총체적이고 협동적인 접근법을 사용한다"[14]라고 정의하고 있다. 스

틱돈Stickdorn 등은 저서 『서비스 디자인 교과서This is Service Design Thinking』에서 "서비스 디자인은 여러 분야에서 사용하는 다양한 방법과 도구를 결합한 다학제적 접근법이다. 따라서 새로운 독립적 '지식 분야'라기보다는 새로운 '사고방식'이라고 할 수 있다[15]"라고 정의 내리고 있다. 이들 주장의 핵심은 '서비스 디자인은 서비스 분야에 디자인 씽킹을 적용한 다학제적 접근법'이라고 할 수 있다.

서비스는 제품과 다른 특징을 갖고 있다. 제품은 손으로 만질 수 있는 '물건'으로 시간과 공간 모두에 존재할 수 있다. 반면에 서비스는 '행위나 절차'로만 이루어져 오직 시간에만 존재한다. 소유할 수 없고 오로지 경험하고 창조하고 참여할 수 있을 뿐이다.[16] 따라서 서비스 디자인은 출발점이 달라야 한다.

서비스 디자인 방법이 이전의 서비스 개발 방법과 다른 가장 두드러진 특징은 인간 중심적이고 참여적인 방법론이라는 점이다.[17] 인간으로서의 고객의 경험을 조사함으로써 그들이 무엇을 원하고 필요로 하는지 알아내고, 이를 기반으로 개발을 진행하는

---

14   SDN. What is service design?; 2023 [cited 2023 Jul 4]. Available: https://www.service-design-network.org/about-service-design.

15   Stickdorn M, Schneider J. This is service design thinking: basics, tools, cases. Wiley; 2012.

16   Shostack GL. How to design a service. European Jouranal of Marketing. 1982;16(1):49–63.

17   Holmlid S, Evenson S. Bringing service design to service sciences, management and engineering. in Service science, management and engineering education for the 21st century. Boston, US: Springer; 2008.

것이 서비스 디자인이다. 서비스는 제품과 달리 생산과 동시에 소비되기 때문에 서비스 이용자뿐만 아니라 서비스 제공자의 욕구Needs도 매우 중요하다.

의료 서비스의 경우, 이용자인 환자와 보호자의 경험을 중심으로 판단하되 의사나 간호사 등 관련 제공자의 경험을 함께 조사하여 서비스 개발·개선의 방향을 잡아야 한다. 서비스 디자인을 통해 잠재 고객과 사용자는 서비스나 제품 개발 과정에 직접 참여하여 그들의 경험과 지식을 기반으로 아이디어를 내거나 평가하는 과정을 반복하며 서비스 및 제품 개발의 완성도를 높일 수 있다.[18]

이와 같은 서비스 디자인의 특성은 먼저 서비스 개발에서 이해관계자의 참여는 매우 중요하다.

서비스는 경험재Experience Goods이기 때문에 같은 공간에서 같은 시간에 이루어지는 서비스라 할지라도 이용자와 제공자에 따라 경험은 완전히 다르다. 의료 서비스의 경우 이런 경향은 더욱 심하다. 예를 들어 중환자실을 24시간 환히 비추는 천장 조명은 간호사의 환자 관찰에는 매우 유용하지만, 하루 종일 그 불빛 아래 천장을 보고 누워 있는 환자에게는 수면을 방해하고 회복을 늦추는 요인이 되기도 한다. 이와 같이 병원에는 제공자 위주의 서

---

18   Patrício L, Teixeira JG, Vink J. A service design approach to healthcare in-novation: from decision-making to sense-making and institutional change. AMS Review. 2019;9:115–20.

비스 요소가 산재해 있지만 제공자 시각만으로는 제대로 된 문제 발견이나 해결책 도출이 어렵다.[19]

서비스 디자인의 또 다른 특징은 매 단계마다 시각적인 결과물을 내며 발전시킨다는 점이다.[20] 제품 개발에서 디자이너는 먼저 물건을 쓰게 될 사람의 욕구Needs를 파악한 후 이를 스케치와 2차원 렌더링Rendering을 통해 시각화한다. 서비스는 눈에 보이거나 만져지지 않기 때문에 시각화는 매 단계마다 아이디어를 발전시키는 유용한 방법이 된다.

서비스 디자인의 세 번째 특징은 전체를 총체적으로 접근한다는 점이다.[21] 제품 개발에서 고려해야 하는 가장 중요한 이해관계자는 이용자다. 대부분의 경우 제품이 기능을 제대로 하기 위해서는 제품 개발 시 제품과 사용자 사이의 상호작용이 중요한 변수가 된다.

서비스 개발의 경우는 훨씬 복잡하다. 서비스가 이용자에게 제공되기까지 관련된 모든 요소가 이용자 중심으로 고려되어야 하기 때문이다. 환자와 직원의 접점에서의 상호작용은 물론, 환자에게 보이지 않는 영역에서의 지원 행위, 그리고 그 행위가 이

---

19   구정하 외, 「의료질 향상을 위한 서비스디자인: 환자경험 증진을 위한 실행 접근법」, 『한국서비스질향상학회지』 29(2), 2023.

20   Stickdorn M, Schneider J. This is service design thinking: basics, tools, cases. Wiley; 2012.

21   Stickdorn M, Schneider J. This is service design thinking: basics, tools, cases. Wiley; 2012.

루어지도록 만드는 병원 내외부 시스템 영역까지 모두가 한 가지 서비스를 제공하기 위해 고려되어야 하는 요소다. 이 모든 분야에 대한 총체적인 고려가 있어야 최종 소비자인 환자에게 질 높은 의료 서비스를 보장할 수 있다.

의료 질 관리 활동의 새로운 모색

의료 서비스의 질과 환자 안전에 대한 사회적 기대 및 요구는 지속적으로 높아지고 강해지고 있다. 법과 제도적 요건도 강화되고 있다. 경영 측면에서도 효율성 제고와 경쟁력 강화, 4차 산업혁명과 스마트 헬스케어의 변화 추세에 적응하기 위해 계속해서 프로세스와 시스템을 개선하고 혁신을 추구해야 하는 상황에 있다.[22]

이러한 사회적 요구와 기대, 환경 변화 추세에 따라 의료 기관의 질 향상 활동은 병원의 일상적인 업무로 자리잡았다고 볼 수 있다. 그러나 실제로는 외부 평가나 인증에 대한 대비가 주를 이루고 있으며 실질적이고 지속적인 질 향상 활동이 이루어지고 있는지에 대해서는 다시 한 번 생각해볼 필요가 있다.

실제 병원에서는 효율성 제고와 경쟁력 강화를 위한 프로세스와 시스템 개선, 개혁 시도와 질 향상 활동은 별개의 활동으로

---

22   Shin YS, Lee JH, Kim BJ, Lee JH, Lee YH, Hwang DK, et al. A plan to reorganize the health care system in accordance with the 4th industrial revolution. Sejong, Korea: KIHASA; 2017.

수행되고 있는 것이 현실이다.

소피 등Sophie Sarre은 10년 동안 영국 급성기 병동의 질 개선 활동이 병원에 미치는 영향에 대한 연구를 실시한 결과 다음과 같은 여러 한계점이 있음을 밝혔다.[23]

첫째, 대부분의 질 향상 활동이 특정 부서나 세부 기능 단위에 국한되었고 통합적인 접근은 찾아보기 어렵다.

둘째, 단기간이나 일회성 이벤트 또는 프로젝트 성격의 활동이 많으며, 중장기 계획과 전략이 없는 경우가 많다.

셋째, 형식적인 활동, 보여주기식의 활동이 많아 문제의 규명과 해결(개선)이라는 성과를 거두지 못하는 경우가 많다.

넷째, 체계적인 성과 평가와 피드백이 부족하고, 관련 정보와 지식의 공유와 확산이 미흡하다.

다섯째, 주로 진료 부문 중심의 질 향상 활동이 시행되며 지원 부문이나 경영 부문과의 연계, 통합적 접근이 미흡하다.

여섯째, 환자가 소외되고 전적으로 제공자 중심의 접근이 이루어지고 있다.

일곱째, 해결해야 할 문제의 대부분이 구조적이고 근본적인 문제임에도 불구하고 표면적인 원인 해결에 집중되고 있다.

---

23   Sarre S, Griffiths P, Chable R, Robert G. The 10- year impact of a ward-level quality improvement intervention in acute hospitals: a multiple methods study. Southampton, UK: NIHR Journals Library; 2019.

여덟째, 문제 파악과 성과 측정, 해결 도구와 방법이 대부분 정량적 분석 방법이어서 계량화나 표준화하기 어려운 부분 등을 고려하지 못한다.

아홉째, 특정 직종 중심의 활동과 접근이 많으며 여러 직종이 함께 참여하고 협업하는 활동이 미흡하다.

열째, 방법이나 도구의 개발과 활용 등 미시적인 차원에 관심이 집중되어 있다. 전략, 정책, 조직 혁신 등 거시적 차원의 접근에는 관심이 적다.

이러한 한계 상황에서 기존 질 향상 활동의 비판적 검토와 새로운 방법 모색이 제기되고 있다. 그리고 새로운 대안으로 떠오른 것이 바로 서비스 디자인이다.[24]

그렇다면 이와 같은 서비스 디자인을 적용해야 하는 의료 기관은 어떤 특성이 있을까?

---

24   구정하 외, 「의료 질 향상을 위한 서비스디자인: 환자경험 증진을 위한 실행 접근법」, 『한국의료질향상학회지』 29(2), 2023.

Chapter 2

병원 조직의
특수성에 대한 이해

병원 조직의 특성과 서비스 디자인

병원은 다른 일반 조직과 무엇이, 어떻게 다를까? 병원은 일반 조직과 다른 특수한 업무를 수행하는 곳이다. 따라서 병원에 대한 정의도 여러 가지로 구분할 수 있다.

먼저 1991년 뢰머Roemer는 병원을 급성 환자, 만성 환자, 외상 환자를 진료하는 시설이라 했고, 1997년 밀러Miller는 의사에 의해 의학적 치료를 받고 있는 환자들에게 침대, 식사, 지속적인 간호 서비스를 제공하는 기관이라고 했다.

미국병원협회American Hospital Association에서는 조직화된 의료 및 전문요원, 병상을 포함한 영구적인 시설, 의료 서비스 그리고 지속적인 간호 서비스를 통해 환자를 진단하고 치료하는 시설이라고 했다.

세계보건기구(WHO)에서는 사회적인 기능과 의료적인 기능을 통합한 역할을 수행하는 기관으로서 지역사회 주민들의 예방·치료 및 재활을 포함하는 포괄적 의료를 행하는 지역사회 의료체계 내에서의 중심 기관이며 가족의 건강 증진뿐만이 아니라 가정의 환경 개선까지도 담당하고, 보건의료 기관 관련 종사자들의 훈련과 생물·사회학적 연구를 수행하며, 지역사회 각급 의료기관이 효과적이고 효율적으로 운영될 수 있도록 제반 지원을 수행하는 시설이라고 정의하고 있다.

기능적 측면에서 병원의 개념을 살펴보면 외래·입원·응급 환자를 수용하여 진료할 수 있는 시설과 인력 등의 자원을 갖추고 예방·진단·치료·재활을 포함한 완전한 의료를 제공하고, 의료 인력의 교육과 훈련 및 의학 연구(의료기술 개발 등)를 수행하는 조직이다.

법적인 측면에서는 의료법 제3조에 의료 기관과 병원, 종합병원의 개념을 구분하고 상급 종합병원 지정 및 전문병원 지정에 관한 내용을 담고 있다. 이와 같은 내용을 살펴볼 때 병원은 다음과 같은 기능을 수행하는 조직이고 시설이다.

- 사회적인 기능과 의료적인 기능을 통합한 역할을 수행하는 기관
- 환자의 진단과 치료를 위해 의사·간호사·의료기사 등의 전문 인력과 의료기기·병상·간호 서비스 등의 시설을 갖춘 기관

- 예방 · 진단 · 치료 · 재활을 포함한 포괄적 의료를 제공하고, 의료 인력의 교육과 훈련 · 의학 연구 · 공중보건에 기여하는 기관

병원 조직의 특성

병원 조직은 일반 조직과 다른 기능과 목적을 수행하기 때문에 다음과 같은 특징이 있다. 이와 같은 특징 때문에 병원 조직에서 다양한 갈등이 발생할 수 있다.

먼저, 개인 간 갈등이다. 병원 구성원들이 서로 다른 의견, 가치관, 성격, 태도, 행동 등을 가지고 있어서 발생하는 갈등이다. 예를 들어 의사와 간호사, 간호사와 의료기사, 행정직과 의료직 등이 개인 간 갈등의 주체가 될 수 있다. 개인 간 갈등은 의사소통의 부재나 왜곡, 역할의 모호함, 권력의 불균형, 보상의 불공정, 인식의 차이 등이 원인이 될 수 있다.[25]

집단 간 갈등도 발생할 수 있다. 이 갈등은 병원 내에서 서로 다른 목표, 이익, 가치, 정책, 방법 등을 추구하는 집단들이 상호 간섭하거나 경쟁하면서 발생한다. 예를 들어 진료과와 간호부, 간호부와 행정부, 행정부와 의료기술부 등이 집단 간 갈등의 주체가 될 수 있다. 집단 간 갈등은 조직 구조의 복잡성, 자원의 부족, 의사소통의 장애, 과업의 상호 의존성, 역할의 불만, 평가와

---

25   권성복 외, 「병원 조직 내 의사소통이 조직 갈등」, 『조직성과에 미치는 영향, 한국의료서비스경영학회지』 14(1), 2020.

보상의 불만 등이 원인이 될 수 있다.

병원 조직에서 발생하는 갈등은 조직 구성원의 직무 만족도, 조직 몰입, 협력 태도, 팀워크, 의료 서비스 질, 환자 만족도, 조직 성과 등에 부정적인 영향을 미칠 수 있다.[26]

따라서 병원 조직은 갈등의 원인을 파악하고 적절한 갈등 관리 방안을 수립하고 실행해야 한다. 갈등 관리 방안으로는 갈등의 예방, 조정, 해결, 협상, 중재 등이 있다. 갈등 관리 방안의 선정과 적용은 갈등의 유형, 정도, 원인, 결과, 상황 등을 고려하여 신중하게 결정해야 한다.

여기서 중요한 것은 병원 조직의 특수한 성격으로 인해 발생하는 갈등이 의료 서비스의 질과 환자 만족도 등에 영향을 미친다는 사실이다.

병원은 서비스 조직으로서 특성도 가지고 있다. 서비스 조직이란, 물질적인 제품이 아니라 고객의 요구나 문제를 해결하기 위한 활동이나 과정을 제공하는 조직이다. 일반적인 서비스 조직의 특징은 다음과 같다.[27]

---

26   강성홍 외, 『보건의료정보관리학』, 대한보건의료정보관리사협회 출판부, 2020.

27   강성홍 외, 『보건의료정보관리학』, 대한보건의료정보관리사협회 출판부, 2020.

- **서비스의 무형성**: 서비스는 물리적으로 존재하지 않으므로 고객이 미리 시험하거나 비교할 수 없다. 따라서 서비스의 품질이나 가치를 판단하기 어렵다.
- **서비스의 동시성**: 서비스는 생산과 소비가 동시에 이루어진다. 즉 서비스 제공자와 고객이 직접 상호작용하면서 서비스가 이루어진다. 따라서 서비스의 품질이나 만족도는 제공자와 고객의 관계에 영향을 받는다.
- **서비스의 이질성**: 서비스는 표준화하기 어렵다. 즉 서비스는 제공자의 능력, 고객의 요구, 환경적 요인 등에 따라 변화할 수 있다. 따라서 서비스의 일관성 유지나 통제가 어렵다.
- **서비스의 불분리성**: 서비스는 제공자와 고객이 분리될 수 없다. 즉 서비스는 고객의 참여와 협력이 필요하다. 따라서 서비스의 성공이나 실패는 고객의 역할에 영향을 받는다.

우리나라 산업 분류 체계상 병원 조직은 서비스업에 해당한다. 병원 조직은 서비스 조직의 한 종류로 환자의 건강 문제를 해결하기 위한 의료 서비스를 제공한다. 병원 조직은 서비스 조직의 특징을 지니고 있으며, 다음과 같은 특성을 추가적으로 지닌다.

- **인간이 주된 서비스 대상**: 병원 조직은 인간의 건강을 증진하고 질병을 예방하고 치료하는 것이 목적이다. 따라서 인간의 신체적, 정신적, 사회적 측면을 모두 고려해야 한다.
- **다양한 목표**: 병원 조직은 의료 서비스 제공 외에도 의료 인력의

교육과 훈련, 의학 연구, 공중보건 기여 등 다양한 목표를 추구한다. 따라서 다양한 이해관계자와 조화를 이루어야 한다.

- **다양한 직종 구성**: 병원 조직은 의사, 간호사, 의료기사, 행정직, 기능직, 단순 노무직 등 다양한 직종이 협력하여 일하는 조직이다. 따라서 직종 간의 역할, 권한, 책임, 전문성, 보상 등에 대한 갈등을 관리해야 한다.
- **높은 자본 비중**: 병원 조직은 의료기기, 병상, 간호 서비스 등의 시설과 자원을 갖춰야 한다. 따라서 높은 자본 투자와 운영 비용을 필요로 한다.
- **보건의료의 불확실성**: 병원 조직은 환자의 수요와 치료의 결과에 대한 불확실성을 가지고 있다. 따라서 의사결정과 통제가 어려운 상황에 직면할 수 있다.

이와 같이 병원 조직은 다양한 직종, 목표, 기능, 과업, 권력, 갈등 등을 포함하는 복잡한 조직이다. 따라서 복잡성을 적절하게 관리하고 해소하기 위해 다음과 같은 전략이 필요하다.[28]

- 조직의 목표와 비전을 명확히 정의하고 공유해야 한다. 조직의 목표와 비전은 조직의 방향과 의미를 제공하며 조직 구성원들의 행동과 태도에 영향을 미친다. 조직의 목표와 비전이 명확하고

---

28 "병원의 효율적인 조직. 인력관리 방안은?", 《병원신문》, 2012. 02. 26, https://www.khanews.com.

공유되면 구성원들은 자신의 역할과 책임을 인식하고 조직의 목표 달성을 위해 협력하고 조직의 변화에 적응할 수 있다.

- 조직의 구조와 프로세스를 간소화하고 표준화할 필요가 있다. 조직의 구조와 프로세스는 조직의 활동과 흐름을 규정하고 조직의 통제와 조정을 가능하게 한다. 조직의 구조와 프로세스가 간소화되고 표준화되면 조직의 효율성과 품질이 향상되고 의사소통과 협업이 원활해지며 시행착오와 낭비가 감소한다.

- 조직의 문화와 가치를 재창조하고 유지해야 한다. 조직의 문화와 가치는 조직의 정체성과 분위기를 반영하고 구성원들의 신념과 태도에 영향을 미친다. 조직의 문화와 가치가 재창조되고 유지되면 조직의 유대감과 소속감이 강화되고 창의성과 혁신성이 증진되며 조직의 변화에 대한 저항이 감소한다.

- 조직의 인력과 자원을 적절히 배치하고 활용해야 한다. 조직의 인력과 자원은 조직의 성과와 경쟁력을 결정하는 요소다. 조직의 인력과 자원이 적절히 배치되고 활용되면 조직의 능력과 잠재력이 발휘되고, 만족도와 동기가 향상되며, 조직의 성장과 발전이 가능해진다.

병원 조직과 서비스 디자인

서비스 디자인이란, 고객의 요구나 문제를 해결하기 위한 서비스를 디자인적 사고와 방법론을 적용하여 개선하거나 혁신하는 과정이다. 병원 조직은 서비스 조직의 한 종류로 다양한 직종, 목표, 기능, 과업, 권력, 갈등 등을 포함하는 복잡한 조직이다. 그러므로 서비스 디자인은 병원 조직의 복잡한 문제 해결을 위한 유용한 전략이 될 수 있다. 병원 조직은 서비스 디자인을 통해 다음과 같은 이점을 얻을 수 있다.[29]

- 환자 중심의 서비스 개선: 서비스 디자인은 환자의 요구에 공감하고 문제를 해결하는 작업이다. 서비스 디자인을 통해 병원 조직은 환자의 만족도와 충성도를 높이고 환자의 신뢰와 유대감을 강화하며 환자의 치유와 회복을 돕는 서비스를 개선할 수 있다.
- 조직 내외부의 협업 강화: 서비스 디자인은 서비스를 제공하는 조직의 구성원들과 서비스를 이용하는 고객들이 함께 참여하고 소통하는 작업이다. 서비스 디자인을 통해 병원 조직은 조직 내외부 이해관계자들과의 협력과 조화를 증진하고, 조직의 문화와 가치를 재창조하고 유지할 수 있다.
- 창의적이고 혁신적인 서비스 발굴: 서비스 디자인은 서비스의 아이디어나 개념을 실제로 구현하고 테스트하고 개선하는 작업이다. 서비스 디자인을 통해 병원 조직은 서비스의 품질과 효율성을 향상시키고, 서비스의 차별화와 선진화를 도모할 수 있다. 서비스의 새로운 가능성을 발견할 수 있다.

---

29   조현주 외, 「중소병원 서비스 디자인 가이드 라인」, 산업통상자원부, 2013.

병원에서 긴장되고
주눅드는 이유

병원에 가면 왜 주눅들고 긴장하게 될까? 환자 입장에서 여러
번 병원을 이용하고 의료진과 라포Rapport가 형성되면 긴장도가 낮
아지고 자율적인 행동이 가능하지만 병원을 처음 방문하는 대부
분의 사람들은 긴장하고 주눅들게 된다. 남자의 경우 군에 입대
하면 낯선 환경 때문에 주눅들고 실수하는 것처럼 사람들은 과
거에 경험하지 못한 일을 하거나 새로운 장소에서는 긴장하게 된
다. 특히 생명을 다루는 의료 기관에 처음 방문한 환자들은 그 정
도가 더 심할 수밖에 없다.

권위주의Authoritarianism의 개념은 '권위를 갖는 것이나 권위 그
자체에 의혹을 갖거나 반항하는 것은 모독이며 죄악이라는 사고
방식 또는 행동 양식'을 의미한다. 또는 '어떤 일을 권위에 맹목
적으로 의지해 해결하려는 행동 양식이나 사상, 자신보다 상위의
권위자에게는 순종하는 반면 하위의 사람에게는 오만, 거만하게
행동하려는 심리적 태도나 사상'을 말한다.[30]

의료의 권위주의에 대해서는 사전적 정의가 내려져 있지 않
다. 통상적으로 '환자가 의사의 권위에 강압적이라고 느끼는 감
정과 분위기, 의료진과 환자 간 전문 지식의 차이로 발생하는 복

---

30   Wikipedia, "Authoritarianism", 2024. 01. 16.

종적 자세, 의료 사용자인 환자 중심이 아닌 의료 공급자 중심의 의료 행위와 절차' 등을 통칭하는 의미로 볼 수 있다.

그렇다면 의료의 권위주의는 어떻게 형성되는 것일까? 의료 서비스는 무형성 부문에서 모든 서비스 분야 중 가장 높은 분야에 해당한다. 그러므로 구매 이전에는 서비스를 경험할 방법이 없을 뿐만 아니라 소비 이후에도 그것을 평가하기가 쉽지 않다.[31] 왜냐하면 환자들이 의료 서비스 품질에 대해 평가할 수 있는 전문 지식이 부족해 평가 자체가 어렵기 때문이다.

환자나 가족들은 전문 지식이 부족하기 때문에 진료 상황에서 원활한 의사소통이 어렵고 의사들에 대한 권위주의를 쉽게 느끼게 된다. 그것이 의료 서비스 불만의 원인이 되기도 한다.[32] 환자들은 실질적으로 의료진의 불친절한 태도와 거만하고 고압적인 태도, 부족한 설명 등 의사에 대한 불만이 큰 것으로 조사되었다.

미셸 푸코Michel Foucault의 '지식과 권력의 담론' 관점으로 보면, 의료의 권위주의 현상이 발생하는 요인은 의학이라는 전문 지식으로부터 부여된다고 볼 수 있다.[33] 의학의 권력-지식 관계망power-knowledge networks에서 '주체'인 의사에 비해 '대상'이 되는 환자들은

---

31   S. M. Cho, Patients' expectation on teaching hospital services, Masters dissertation Hanyang University, 2010.

32   C. H. Kang, K. G. Rhee & H. G. Kang, A Study on the Effects of Core Factors of Medical Service Quality on Customers' Intention of Reuse, The Korean Academic Association of Business Administration, 26(9), 2013.

33   정해갑, 「푸코, 담론, 그리고 권력의 테크날러지」, 『비평과 이론』 10(2), 2005.

전문 지식이 부족하기 때문에 반복적으로 의료 권위주의를 경험하게 되는 것이다.[34]

의료 권위주의에 대한 인식과 불만은 대부분 환자와 의사, 간호사 등의 의료 인력이 중심이 되는 의료 내적인 요소에서 발생하지만 의료 환경, 시설, 절차, 행정과 같은 의료 외적인 요소에서도 재생산된다. 푸코에 따르면 권위주의는 주체로부터 느끼기도 하지만 제도적 실천의 장을 통해서도 느끼게 된다고 한다.[35] 제도적 실천의 장은 병원을 의미한다. 그러므로 환자는 의학 전문 지식에 권위주의를 느낄 뿐만 아니라 의료 환경, 시설, 절차, 행정과 같은 의료 외적인 요소를 통해서도 의료 권위주의를 느낀다.

의료 권위주의와 관련하여 의료 서비스 이용자인 소비자 시민 모임이 최근 1년 동안 의료 기관을 이용한 경험이 있는 1,000명의 서울 시민을 대상으로 8일간(2019년 12월 16일부터 24일까지) 실시한 온라인 설문조사 결과를 보면 의료 소비자의 66%가 의료 기관 이용 시 불만족한 경험을 한 것으로 나타났다.[36] 불만족 경험이 있는 665명 중에서 81.1%는 의료 기관 이용 시 의료에 대한 전문 지식이 없다는 점 때문인 것으로 나타났다. 권위로 인한 불

---

34   S Y. Kim, Patients with high expectations "Medical service complaints". Dailymedi, 2011. 04. 07.

35   B. Y. Kim, Possibility of Establishing Michel Foucault's Social Epistemology of Knowledge-Power, CHUL HAK SA SANG - Journal of Philosophical Ideas, 31, 2009.

36   S. H. Choi, 66% of medical consumers "Experiences when using a medical institution, akomnews., 2020. 01. 31.

만 사항을 의사에게 직접 이야기한다는 비율은 단 14.6%였다.

의료 외적인 요소에서 나타나는 불만을 살펴보면, 조사 대상자 45.9%가 의료진의 진료 및 상담 시간이 너무 짧다고 응답했으며, 4.8%는 대기 시간이 너무 길다고 답했다. 두 불만은 서비스 공급자인 의료 기관의 권위주의적 절차와 행정 때문에 발생하는 것이라고 볼 수 있다.[37]

의료 서비스 이용에서 환자들이 권위주의 때문에 느낄 수 있는 불만 경험은 의료 산업의 발전을 가로막는 원인이 된다. 의료 기술은 눈부신 성과를 이루며 발전했지만 의료 기관의 응대는 비인격화되어 있다. 의료 기관에서 제공하는 의료 서비스는 다른 산업 분야의 서비스 응대 기술에 익숙해진 의료 소비자의 눈높이에 못 미치고 있기 때문이다.[38]

이러한 문제의 원인은 한국 의료 기관의 친자본주의적 구조에 있다. 진료보다 수익을 중시하는 의사들이 진료량을 늘릴 수밖에 없는 의료 산업화의 역기능 때문이다. 그 결과 다시 저수가 정책으로 이어진다. 수직 구조의 조직 문화도 권위주의 형성에 영향을 미친다.[39]

---

37   정성모, 「의료서비스디자인 사례분석을 통한 의료권위주의 해소를 위한 시사점 연구」, 『한국융합학회지』 11(9), 2020, 재인용.

38   H. M. Klm, Medical service design study for improving the customer experience. Journal of Communication Design, 52, 2015.

39   C. R. Jeong, An Analysis of Authoritarian Mechanisms in the Korean Medical Community and Medical Ethics Education in Korea with a Focus on Erich Fromm, Korean J Med Ethics, 17(2), 2014.

Chapter 3

고객으로서의 환자에 대한 이해

환자의 특수성

환자는 어떤 특징을 가지고 있을까? 환자를 그냥 환자로 보는 것도 서비스 측면에서는 미흡한 부분이 있고, 고객으로 부르기에도 병원의 특수성을 반영하지 못한다는 한계가 있다. 그래서 병원에서의 환자는 고객이면서 환자이고 환자이면서 고객이라는 이중적인 성격을 가지고 있다.

환자의 특수성이란, 환자가 가지고 있는 개인적인 특징이나 상황을 의미한다. 환자의 특수성은 환자의 건강 상태, 질병 유형, 치료 방법, 의료 서비스 이용 경험, 성별, 나이, 문화, 종교, 가족, 사회적 지지, 가치관, 성격, 기대, 불만, 욕구, 선호 등 다양한 요인에 영향을 받는다.

환자의 특수성을 파악하고 존중하는 것은 의료 서비스의 질과 만족도를 높이고, 의료 분쟁을 예방하며 환자의 안전을 보장하는 데 중요한 역할을 한다.[40]

환자의 특수성

환자는 일반 고객과 다른 여러 가지 특수성이 있다. 예를 들어 환자는 자신의 건강과 삶에 영향을 미치는 의료 서비스를 구매하고 있기 때문에 일반 고객보다 더 많은 정보와 의사소통, 존중, 동의, 참여를 원한다. 또한 환자는 신체적, 정신적, 사회적으로 고통과 불안을 겪을 수 있기 때문에 일반 고객보다 더 많은 감정적 지원과 위로, 안심, 신뢰를 필요로 한다.[41] 환자의 또 다른 특징은 자신의 질병과 치료에 대해 다양한 심리적 반응을 보일 수 있기 때문에 일반 고객보다 더 많은 이해와 배려, 적응을 요구한다. 그러기 때문에 환자의 경험 및 심리 상태를 정확히 파악하는 것은 매우 중요하다. 이를 파악하는 방법은 다음과 같다.

40 　한국의료분쟁조정중재원, 「의료분쟁! 함께 풀어요」, 『의료분쟁 대응 매뉴얼』, 2018.

41 　최재영 외, 「의료기관 특성에 따른 환자경험의 차이」, 『보건사회연구』 40(4), 2020.

- 환자의 가치, 선호, 요구, 기대를 존중하고 환자와의 의사소통을 적극적이고 친절하게 유지한다.[42]
- 환자의 치료 과정과 결과에 대해 충분히 설명한 후 환자의 의견을 듣고 결정에 참여하도록 돕는다.[43]
- 환자의 신체적 편안함과 안전을 확보하고 환자의 감정적 고통과 두려움을 완화하도록 노력한다.
- 환자의 가족과 친구들을 적절히 참여시키고 환자의 사회적 지지망을 강화한다.
- 환자의 치료 전환과 연속성을 보장하고 의료 서비스의 조정과 통합을 돕는다.

환자의 심리적 특성은 다음과 같다.

유형	내용
건강 염려증	환자는 자신의 건강과 삶에 영향을 미치는 의료 서비스를 구매하기 때문에, 일반 고객보다 더 많은 정보와 의사소통, 존중, 동의, 참여를 원한다. 그러나 일부 환자는 지나치게 신체 질환 부위와 전신의 건강 상태에 대해 염려하고, 질병 증상이나 생리적 변화를 과대해석하거나 병적인 것으로 느끼는 경우가 있다. 이를 건강염려증이라고 하는데, 환자의 불안과 스트레스를 증가시키고 의료 서비스의 과잉 이용이나 무시로 이어질 수 있다.

---

42   이철, 「환자중심 서비스 혁신 이끄는 9가지 방법」, 『DBR』 59호, 2010.

43   정수진 외, 「병원 간호사의 환자중심 간호 경험」, 『한국의료질향상학회지』 27(1), 2021.

부 정	환자가 감당하지 못할 자극으로부터 자신을 보호하려는 심리적 기제로서, 자신이 질병이 있다는 객관적 증거에 대해 현실적 수용을 하지 않는 것을 말한다. 부정은 환자가 자신의 질병을 인식하고 대처하는 데 시간적 여유를 주는 역할을 하지만, 너무 오래 지속되면 치료 효과를 저해하고 의료진과의 관계를 악화시킬 수 있다.
퇴 행	환자는 신체적, 정신적, 사회적으로 고통과 불안을 겪을 수 있기 때문에 일부 환자는 그동안 억제, 억압되어왔던 여러 본능적 욕구와 감정적 요구들에 밀려 사고, 정서, 행동의 미성숙한 단계로 뒷걸음질하는 심리 현상을 보일 수 있다. 퇴행은 환자가 자신의 고통을 완화하고 타인의 돌봄과 보호를 받으려는 방법이지만, 너무 심하면 자기주도적인 치료 참여를 방해하고 의료진과의 갈등을 야기할 수 있다.
불 안	환자는 자신의 신체적 상태, 질병의 원인과 결과, 치료 과정과 효과, 낯선 환경과 사람들, 가족과의 분리, 사회적 지위와 역할의 변화 등에 대해 두려움과 걱정을 느낄 수 있다. 불안은 환자가 자신의 위험에 대해 경각심을 갖고 적절한 대처 방법을 찾거나 의료진과의 협력을 강화하는 데 도움이 되지만, 너무 심하면 신체적, 정신적, 감정적 상태를 악화시키고 치료 효과를 저하시킬 수 있다.
우 울	환자는 자신의 신체적 손상, 질병의 불확실성, 사회적 지지의 감소, 삶의 질 저하 등에 대해 슬픔과 절망, 무력감과 무가치함을 느낄 수 있다. 우울은 환자가 자신의 상실에 대해 슬퍼하고 적응하는 과정의 일부로 볼 수 있지만, 너무 심하면 신체적, 정신적, 감정적 상태를 악화시키고 치료 효과를 저하시킬 수 있다.

이와 같은 특수성을 가진 환자를 위해 병원은 어떻게 해야 할까?

먼저 환자 중심의 의료 서비스를 제공해야 한다. 환자 중심의 의료 서비스란, 환자의 특수성을 고려하고 존중하면서 환자의 요구와 기대에 부응하는 의료 서비스를 의미한다. 환자 중심의 의료 서비스를 제공하기 위해서는 환자의 건강과 삶의 질을 향상시키는 의료 서비스의 목표와 전략을 수립하고, 환자와의 관계가 신뢰와 존중이 바탕이 되어야 한다.

둘째, 환자에게 충분한 정보와 내용을 제공하고 환자의 의사를 존중하고 결정에 참여하도록 돕는 의료 서비스의 프로세스와 내용을 실행해야 한다. 또 환자의 만족도와 피드백을 수집하고 개선하는 의료 서비스를 제공해야 한다.

셋째, 차별 없는 서비스를 제공해야 한다. 차별 없는 서비스를 제공하기 위해서는 문화적 다양성을 고려한 의료 서비스 제공이 필요하다. 환자의 문화적 배경과 가치관을 파악하고 존중하면서, 문화적 차이로 인한 의료 서비스의 장애와 갈등을 해소하고, 문화적 적합성을 높이는 의료 서비스를 제공해야 한다.

넷째, 서비스 디자인을 활용한 의료 서비스 제공이 필요하다. 서비스 디자인이란, 서비스를 이용하는 사람들의 경험과 만족도를 높이기 위해 서비스의 전체적인 프로세스와 내용을 체계적으로 분석하고 개선하는 방법론이다. 환자의 의료 서비스 경험과 만족도를 측정 및 평가하는 과정을 통해 문제점을 파악하여 의료 서비스 이용과정과 터치 포인트를 재설계하고 서비스 만족도와 효과를 높이는 아이디어를 발굴하여 새로운 의료서비스를 제공해야 한다.

환자중심성

고객으로서의 환자를 제대로 이해하고 서비스를 제공하기 위해 가장 중요한 것은 무엇일까? 그것은 환자를 먼저 생각하고, 병원에서 제공하는 서비스의 중심에 그들을 두는 것이다.

현재 한국 의료의 질에 관한 담론과 정책에서 환자중심성patient centeredness이 강조되고 있다. 환자중심성patient centeredness은 왜 중요할까?

환자중심성이 강조되기 시작한 계기는 의료 서비스의 변화와 환자의 요구 변화에 있다. 의료 서비스의 변화는 ① 의료 기술의 발전 ② 의료 비용의 증가 ③ 의료 정보의 확산 ④ 의료 품질의 중요성 인식 등이다.[44] 이러한 변화로 의료 서비스의 효과성과 안전성뿐만 아니라 환자의 만족도와 경험이 중요한 평가 기준이 되었다.

환자의 요구 변화는 ① 환자의 권리와 자율성 증대 ② 환자의 의사결정 참여 확대 ③ 환자의 개인화와 맞춤화 요구 등으로 요약할 수 있다. 이러한 변화는 환자가 의료 서비스의 수동적인 수용자가 아니라 적극적인 협력자가 되고자 하는 바람을 나타낸다.

환자중심성이 강조되기 시작한 것은 의료학과 심리학, 사회학, 인문학 등의 다양한 학문 분야에서 제기된 개념과 연구 때문

---

44   도영경, 「환자경험평가를 통한 환자중심성 향상: 근거, 의의, 과제」, 『건강보험심사평가원학술지』 11(3), 2017.

이다. 의료학에서는 '환자 중심의 의료patient-centered medicine'라는 용어가 1960년대부터 사용되기 시작했으며, 의료인과 환자 간의 소통과 협력, 환자의 의사결정 참여, 환자의 존엄성과 자율성 등을 강조하였다.

심리학에서는 '환자 중심의 상담patient-centered counseling'이라는 용어가 1940년대부터 사용되기 시작하였다. 환자의 감정과 경험, 환자의 개인성과 독창성, 환자의 성장과 발전 등을 강조하였다. 사회학에서는 '환자 중심의 사회학patient-centered sociology'이라는 용어가 1970년대부터 사용되기 시작했으며, 환자의 사회적 맥락과 문화적 배경, 사회적 역할과 관계, 사회적 영향력과 권리 등을 강조하였다.

인문학에서는 '환자 중심의 인문학patient-centered humanities'이라는 용어가 1980년대부터 사용되기 시작했고, 환자의 이야기와 목소리, 가치와 의미, 삶과 죽음 등을 강조하였다.

근대적 의미에서 의료의 품질 보증Quality Assurance 개념을 고안한 도나베디안Donabedian이 "의료의 질을 평가할 때 치료 결과와 같은 기술적 질 외에도 환자의 만족을 고려해야 한다"는 주장을 제기한 이후[45] 환자의 필요와 선호, 가치에 부응하는 방향으로 의료를 재조직화하는 등 환자중심성을 위한 다양한 노력이 전개되었다.

미국의학원Institute of Medicine(IOM)과 세계보건기구(WHO)에서

---

45   Donabedian A. Evaluating the quality of medical care. The Milbank Quarterly. 2005;83(4):691-729.

발간한 두 보고서에 따라[46],[47] 환자중심성이 강조되면서 보건의료에 대한 대중의 기대에 부응하는 것이 건강 수준 향상과 재정적 형평성 못지않게 보건의료체계의 중요한 목표가 되었다. 환자중심성에 대한 측정은 선진국을 중심으로 이루어졌는데 미국의 HCAHPS(Hospital Consumer Assessment of Healthcare Providers and Systems), 영국의 NHS(Inpatient Survey), 네덜란드의 CQI(Consumer Quality Index) 등이 대표적이다.[48]

환자중심성 측정은 WHO가 설정한 목표 중 재정적 형평성이나 건강 수준 측정과 달리 아래와 같은 여러 어려움을 갖고 있다. 특히 환자중심성에 대한 평가는 통계적인 측정이나 공급자 중심의 측정이 아니라 고객인 환자의 관점에서 문제를 포착해야 한다는 어려움이 있다.[49]

- 환자중심성은 구체적으로 손에 잡히지 않는 무형의 가치다.
- 환자중심성은 관련 자료 수집이 어렵고 기존 행정 자료를 통해

46   Institute of Medicine Committee on Quality of Health Care in America. Crossing the quality chasm: a new health system for the 21st century Washington D.C., United State: National Academies Press; 2001.

47   World Health Organization. The World Health Report: 2000: health systems: improving performance World Health Organization; 2000.

48   도영경 외, 「환자중심성 평가 모형 개발 연구」, 『건강보험심사평가원 학술지』, 2015.

49   도영경, 「환자경험평가를 통한 환자중심성 향상: 근거, 의의, 과제」, 『건강보험심사평가원 학술지』 11(3), 2017.

축적되지 않는다.

- 문제의 규모나 성격이 잘 알려져 있지 않다.
- 의료 서비스 제공과 의료비 부담은 각각 제공 체계와 재정 체계로 담당 정책 단위가 명확하게 존재하나 환자중심성은 정책 단위가 불분명하다.

미국의 피커연구소Picker Institute는 이 문제를 파악하기 위해 다양한 질적 연구를 수행하였다.[50, 51] 그리고 대규모 초점 집단 토의 Focus Group Interview와 개별 인터뷰를 바탕으로 환자 중심 의료의 개념적 구성 요소 7가지를 제시하였다.

- 가족 및 친구의 참여Involvement of family and friends
- 연속성 및 전환Continuity and transition
- 환자의 가치, 선호도 및 요구사항
  존중Respect for patients' values, preferences and needs
- 치료의 조정 및 통합Coordination and integration of care
- 정보, 의사소통 및 교육Information, communication, and education
- 신체적 편안함Physical comfort

---

50 Shaller D. Patient-centered care: what does it take?: Commonwealth Fund New York: 2007.

51 Gerteis M, Edgman-Levitan S, Daley J, Delbanco TL. Through the patient's eyes: understanding and promoting patient-centered care Wiley; 2002.

- 두려움과 불안에 대한

  정서적 지원 및 완화Emotional support and alleviation for fear and anxiety

한국에서의 환자중심성은 2014~15년 수행된 '환자중심성 평가모형 개발연구[52]'에서 제안된 조사 문항에 기초하고 있다. 우리나라는 2023년 현재 퇴원 환자를 대상으로 환자 경험을 측정하는 환자 경험 평가를 제4차까지 시범적으로 시행하고 있다.

환자중심성 강화 필요성

환자중심성이란 환자 개인의 선호나 필요 및 가치를 존중하고 그에 맞는 진료를 제공하며 모든 임상적 의사결정에 환자의 가치가 보장되도록 하는 것이다. 환자중심성은 의료의 질을 구성하는 한 요소로 환자와 의료진이 협력하고 정보를 공유하며 참여하는 의료 문화를 만들기 위한 것이다.[53]

- 환자중심성은 의료 제공자, 환자, 환자 가족 간 동반 관계를 구축하여 의사결정 과정에서 환자의 바람, 필요, 선호가 존중되고 환자가 자신의 의료에 대해 결정하고 참여하는 데 필요한 교육과 지원을 보장하는 것이다.[54]

---

52   도영경 외, 「환자중심성 평가 모형 개발 연구」, 『건강보험심사평가원 학술지』, 2015.

53   헬스와이즈, "환자중심 의료 문화란 무엇일까?: 의료 패러다임의 변화", 2019.

- 환자중심성은 의료 질의 핵심 요소로 인식되며, 아래 표와 같은 의료 질을 평가하는 여섯 가지 목표 중 하나다.[55]

미국의학원(IOM) 의료의 질 향상 6개 분야

①안전성Safety ②효과성Effectiveness ③환자중심성Patient-Centeredness

④ 적시성Timely ⑤효율성Efficiency ⑥형평성Effectivenes

- 환자중심성은 의료 서비스의 패러다임 전환을 의미하며 의료 서비스의 효과성, 안전성, 접근성, 비용, 공평성 등을 향상시키는 데 기여한다.[56]
- 환자중심성은 서비스 디자인 개념과 연관된다. 서비스 디자인은 사람에 대한 깊은 이해를 바탕으로 환자의 경험을 향상시키는 방법 및 분야를 의미한다.
- 환자중심성은 의료 기관의 자체적인 노력과 개선 활동이 필요하다. 환자 경험 평가는 환자중심성을 측정하고 개선하는 데 유

---

54   이소라, 양남영, 「환자중심 의료서비스 평가도구 개발」, 『가정간호학회지』 27(2), 2020.

55   도영경, 「환자중심성: 환자경험 평가와 의료현장의 변화」, 『한국의료질향상학회』, 2023.

56   이소라, 양남영, 「환자중심 의료서비스 평가도구 개발」, 『가정간호학회지』 27(2), 2020.

용한 도구다.[57]

이상과 같은 내용을 중심으로 환자중심성을 요약하면 다음의
세 가지 공통점을 도출할 수 있다.

1. 의료 제공자, 환자, 환자 가족 간 동반 관계를 구축하여 의사결정
   과정에 환자가 참여할 수 있도록 하여 의료의 질을 높이는 것
2. 의료 서비스를 향상시켜 환자 경험을 높일 수 있는 유용한 도구
3. 서비스 디자인 개념과의 깊은 관련성

환자중심성은 다음과 같은 기본 개념을 바탕으로 관리되고
측정되어야 한다.[58]

- **존엄성과 존중**: 의료인은 환자와 가족의 관점과 선택에 귀 기울이
  고 이를 존중해야 한다. 환자와 가족의 지식, 가치, 믿음, 문화적
  배경이 의료의 계획과 전달에 반영되어야 한다.
- **정보 공유**: 의료인은 환자 및 가족과 완전하고 공정한 정보를 확
  실하고 유용하게 공유해야 한다. 환자와 가족은 효과적인 돌봄
  과 의사결정을 위해 적시에 온전하고 정확한 정보를 제공받아

---

57   Abraham Verghese, 〈a doctor's touch〉, TED, 2011.
58   도영경, 「환자경험평가를 통한 환자중심성 향상: 근거, 의의, 과제」, 『건강보
      험심사평가원 학술지』 11(3), 2017.

야 한다.

- 참여: 환자와 가족은 돌봄과 의사결정에 원하는 만큼 참여할 수 있게 독려 및 지원을 받아야 한다.
- 협력: 환자, 가족, 의료진, 보건 지도자는 정책과 프로그램 개발, 시행, 평가, 시설 설계, 연구, 직업적 교육, 치료 전달 과정에서 협력한다.

이와 같은 환자중심성의 개념과 연구들은 의료 서비스의 패러다임을 환자 중심으로 전환시키는 데 기여하였고 WHO와 OECD의 구체적인 가이드라인과 권고를 마련하는 데 일조하였다.

- WHO는 환자중심성을 보건의료 체계의 성과 중 하나로 인식하고 환자중심성을 증진하기 위한 다양한 전략과 툴킷Toolkit을 제공하고 있다. 예를 들어 WHO는 환자중심성을 측정하고 개선하기 위한 환자 경험 평가 도구인 세계보건기구 삶의 질 척도 WHO-QOL(World Health Organization Quality of Life Assessment Instrument)과 WHO-CHOICE(Choosing Intervention that are Cost - Effective)를 개발하고 환자중심성을 실현하기 위한 환자 안전, 의료인 교육, 의료 서비스 설계 등의 프로그램과 가이드라인을 제시하고 있다.
- OECD는 환자중심성을 의료 질의 핵심 요소로 간주하고 환자중심성을 측정하고 비교하기 위한 환자 경험 지표를 개발하고 있다. OECD는 2006년부터 HCQI(Health Care Quality Indicators)

프로젝트를 통해 의료의 질을 평가하는 지표를 수립하고 2013
년에는 환자중심성을 반영하는 환자 경험 지표를 발표하였다.
OECD는 환자 경험 지표를 통해 회원국 간의 의료 서비스 품질
과 결과를 비교하여 환자중심성을 개선하기 위한 정책적 권고를
제공하고 있다.

환자중심성은 WHO가 2000년 국가별 의료 체계의 성과를
평가할 때 사용한 세 가지 영역 중 하나인 반응성responsiveness과 유
사하다.

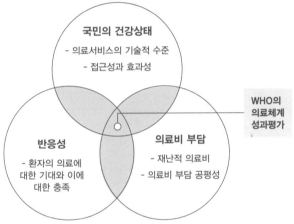

WHO의 국가별 의료체계 성과 평가 기준

반응성이란 질병 치료 과정에서 환자들이 겪을 수 있는 존엄
성과 자율성의 침해 또는 불안과 수치심 등의 문제에 대처하는 의
료 체계여야 한다는 인식을 바탕으로 환자의 의료에 대한 기대와
이에 대한 충족 여부를 의료 체계의 성과라고 보는 관점이다.[59]

이와 같은 환자중심성은 의료에서 중요한 문제로, 환자중심성이 높을수록 환자의 만족도와 치료 결과가 개선되고, 의료비 부담이 감소하고, 의료진의 직무 만족도가 증가하게 된다.

환자중심성의 시대적 개념과 영향

위와 같은 과정을 거쳐 환자중심성은 시대마다 발전을 거듭했는데, 그 내용을 정리하면 다음과 같다.[60, 61]

구분	중요 개념
1970년대	의료의 질 평가에서 환자의 만족도가 중요한 요소로 간주되기 시작했다. 환자의 만족도는 의료 서비스의 품질과 관련된 환자의 감정적 반응으로 정의된다.
1980년대	환자의 권리와 자기결정권이 강조되었다. 환자의 권리는 환자가 의료에 대해 정보를 얻고 의사결정에 참여하며 자신의 의지를 표현하고, 의료인과 상호 존중을 할 수 있는 권리를 말한다. 자기결정권은 환자가 자신의 건강과 관련된 의사결정에 적극적으로 참여할 수 있는 권리를 말한다.

59   도영경 외, 「환자중심성 평가 모형 개발 연구」, 『건강보험심사평가원 학술지』, 2015.

60   헬스와이즈, "환자중심의료문화란 무엇일까?: 의료패러다임의 변화", 2019.

61   김은나 외, 「환자중심성의 개념적 구성 요소: 환자와 가족구성원의 관점」, 『의료의 질 향상학회지』 25(2), 2019.

1990년대	환자 중심성이라는 용어가 널리 사용되기 시작했다. 환자 중심성은 환자의 개인적인 선호, 필요, 가치를 존중하고, 의료 서비스의 계획과 제공에 반영하는 것을 의미한다. 피커연구소(Picker Institute)에서 환자 중심성의 8가지 구성 요소를 제시했다. ① 존중 ② 정보 ③ 협력 ④ 협조 ⑤ 신체적 편안함 ⑥ 정서적 지지 ⑦ 가족과 친구의 참여 ⑧ 연속성과 이행
2000년대	환자 중심성을 의료 질 평가의 핵심 요소로 인식하기 시작했다. WHO는 의료 체계의 성과를 평가할 때 반응성(responsiveness) 개념을 도입했다. 반응성은 의료에 대한 환자의 기대와 의료 체계의 실제 대응 사이의 일치도를 측정하는 것이다. 반응성은 환자 중심성과 유사한 개념으로 환자의 존엄성, 자율성, 참여, 정보, 공정성 등을 포함한다.

환자중심성이 의료계에 미친 영향은 매우 크다. 환자중심성이 높을수록 환자의 만족도가 높아지고 치료 결과가 개선되며, 의료비 부담이 감소하고, 의료진의 직무 만족도도 높아진다는 연구 결과가 대표적이다. 이와 같은 환자중심성을 실현하기 위해서는 다음과 같은 다양한 노력이 필요하다.[62]

- 환자와 의료진의 의사소통을 강화하고 환자의 의견과 선호를 존중하고 반영하는 방법
- 환자와 가족에게 충분하고 정확한 정보를 제공하고 의료 서비스의 품질과 안전에 대한 투명성을 높이는 방법

---

62   도영경, 「환자경험평가를 통한 환자중심성 향상: 근거, 의의, 과제」, 『건강보험심사평가원 학술지』 11(3), 2017.

- 환자와 가족을 의료 서비스의 계획, 제공, 평가에 적극적으로 참여하도록 지원하는 방법
- 환자와 가족의 신체적, 정서적, 사회적 편안함을 증진하고 가족과 친구의 참여를 존중하고 지원하는 방법
- 환자와 가족의 연속성과 이행을 보장하고 의료 서비스 간의 협력과 조정을 강화하는 방법
- 환자중심성을 측정하고 평가하고 의료 서비스 개선을 위한 피드백을 제공하는 방법

의료 서비스에서 환자중심성을 실현하는 방법은 다양하게 제시되고 있지만 이소라 등의 연구에 따르면 일반적으로 다음과 같은 접근 방식을 포함하고 있다.[63]

먼저, 의료인과 환자 간의 소통과 협력을 강화하고 환자의 의사결정 참여를 존중하고 지원하는 것이 필요하다. 의료인은 환자와 가족의 관점과 선택에 귀 기울이고 존중하며, 환자와 가족에게 완전하고 공정한 정보를 확실하고 유용하게 공유한다.

둘째, 의료 서비스의 설계와 제공에 관한 환자의 경험과 만족도를 측정하고 개선하는 도구를 활용하는 것이 바람직하다. 환자 경험 평가는 환자중심성을 측정하고 개선하는 데 유용한 도구로 의료 질의 핵심 요소로 인식되고 있다.

---

63 이소라, 양남영, 「환자중심 의료서비스 평가도구 개발」, 『가정간호학회지』 27(2), 2020.

셋째, 의료 서비스의 품질과 결과에 환자중심성을 반영하고 환자의 선택권과 재정적 인센티브를 촉진하는 것이 필요하다. 환자중심성은 의료 서비스의 효과성, 안전성, 접근성, 비용, 공평성 등을 향상시키는 데 기여한다. 환자의 증상 완화뿐만 아니라 치료에 대한 환자의 태도 변화, 의료진과의 의사소통으로 인한 의료 사고 위험 감소, 불필요한 검사 및 진료 의뢰 감소를 통한 의료비 절감 등과 같은 모든 의료 과정 및 결과에 긍정적인 영향을 미친다.

그러므로 의료 서비스에서 환자중심성을 실현하는 것은 단순히 의료의 질을 높이는 것뿐만 아니라 환자의 건강과 웰빙을 증진시키는 것으로 대표적인 사례를 보면 다음과 같다.

- 클리블랜드 클리닉은 환자중심성을 실현하고 있는 대표적인 미국의 의료 기관으로, 환자 경험을 측정하고 개선하기 위해 다양한 노력을 하고 있다. 예를 들어 환자 경험을 책임지는 최고 경영자CEO를 임명하고 환자 경험 전문가들로 구성된 팀을 운영하며 환자와 가족의 목소리를 반영하는 의사소통 프로그램을 실시하고 있다.[64]
- 캐나다 온타리오주는 환자중심성을 의료 서비스의 핵심 가치로 삼고 환자중심성을 증진하기 위한 정책과 제도를 구축하고 있다.

---

64   도영경, 「환자중심성: 환자경험 평가와 의료현장의 변화」, 한국의료질향상학회, 2023.

예를 들어 환자중심성을 평가하는 지표를 개발하고 환자중심성을 고려한 의료보험제도를 운영한다. 환자와 가족의 참여를 확대하는 프로그램을 지원하고 있다.[65]

- 영국 NHS는 환자중심성을 의료 서비스의 품질 표준으로 설정하고 환자중심성을 실현하기 위한 다양한 방법을 시도하고 있다. 환자중심성을 측정하고 공개하는 환자 경험 조사를 실시하고 환자중심성을 개선하기 위한 가이드라인과 툴킷을 제공한다. 환자중심성을 실천하는 의료인들을 인정하고 격려하는 시스템을 구축하고 있다.

환자중심성과 환자 경험 평가

우리나라도 '환자중심성'을 강조하기 위해 노력하고 있다. 우리나라는 2012년 OECD로부터 환자중심성을 증진하기 위해 환자 경험을 활용한 평가 체계가 필요하다는 권고를 받았으며[66], 2015년 국정감사에서도 환자 중심의 의료 질 향상을 위한 심평원의 노력이 필요하다는 지적이 있었다. 이에 따라 건강보험심사평가원은 2017년부터 환자중심성을 측정하고 개선하기 위한 환자 경험 평가를 도입하였으며 2023년 제 4차 환자 경험 평가를 진행하고 있다.

---

65   정성모, 「의료서비스디자인 사례분석을 통한 의료권위주의 해소를 위한 시사점 연구」, 『한국융합학회논문지』, 11(9), 2020.

66   도영경, 「환자중심성 평가모형 개발 연구보고서」, 『건강보험심사평가원 학술지』, 2015.

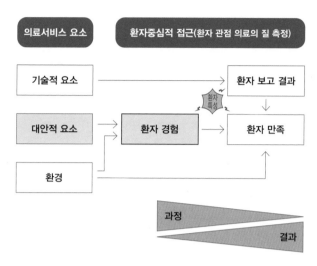

환자경험평가와 의료의 질 관리 관계

　　환자 경험 평가는 병원에 입원한 환자를 존중하고 개인의 필요와 선호, 가치에 상응하는 진료 서비스를 국민 관점에서 제공했는지 등을 확인하기 위한 평가로 의사와 간호사의 태도는 물론 의사소통, 투약 및 치료 과정, 병원 환경, 환자 권리 보장, 전반적 평가 등 6개 영역으로 구성되어 있다.

　　제 3차 환자 경험 평가의 결과에 따르면, 간호사 영역의 점수가 가장 높고 환자 권리 보장 영역이 가장 낮은 상태이다.

구분	3차 평가결과				2차 평가결과		1차 평가결과
	전체	신규 참여	지속 참여		전체	신규 참여	
			2·3차	1·2·3차			
종합 점수	82.46	81.05	81.95	84.53	82.72	81.58	83.94
간호사 영역	86.38	85.04	85.73	88.42	86.11	84.78	88.81
의사 영역	81.72	80.78	81.33	83.15	81.56	81.15	82.29
투약 및 치료과정	82.30	80.86	81.91	84.36	82.79	81.59	82.29
병원 환경	82.82	80.89	82.49	85.48	82.57	80.94	84.07
환자권리보장	78.77	77.55	78.15	80.66	80.23	79.18	82.80
전반적 평가	82.26	80.07	81.54	85.46	82.47	80.69	83.16

환자경험평가결과

　　환자 경험 평가는 의료 서비스의 패러다임이 환자 중심으로 전환되고 있음을 보여준다. 이와 같은 변화에 부응하기 위해서는 의료 기관의 자체적인 노력과 개선 활동이 필요하다.

사용자 중심 서비스 디자인

　　사용자 중심 서비스 디자인이란 무엇일까? 현대 산업에서 힘은 제공자에서 사용자로 넘어왔다. 영향력의 중심이 사용자로 이동하면서 미국 출신의 심리학자이자 2002년 노벨 경제학상을 수상한 대니얼 카너먼Daniel Kahneman과 2013년에 노벨 경제학상을 수상한 로버트 실러Robert Shiller 그리고 『넛지Nudge』의 공동 저자로서 2017년 노벨 경제학상을 수상한 리처드 탈러Richard H. Thaler에 의해 사용자의 심리가 경제적 가치를 결정한다는 인식 전환이 이루어 졌다. 이처럼 행동경제학의 발전과 이에 대한 대중의 관심이 커지고 있는 것은 우리에게 다음과 같은 큰 의미를 시사한다.

먼저, 인간의 심리와 행동으로 경제 현상을 해석하려는 경향이 커지고 있다. 경제학과 심리학의 통합이 이루어지고 있는 것이다. 둘째, 인간의 심리가 경제적 가치를 결정한다는 것이다. 이는 경제 이론이 인간의 행동을 통해 실증 가능한 영역으로 받아들여지고 있다는 의미다. 셋째, 인간의 심리와 감정을 다루는 학문 분야가 주목받게 되었다는 점이다. 즉 디자인의 역할에 대한 기대가 커졌다는 의미다.

이와 같은 변화를 볼 때 앞으로 디자인은 시각적인 차원과 소비자의 사용 편의성 및 매력도 향상을 도모하는 역할을 넘어 사용자의 심리를 조정하여 정책적·전략적 효과를 높이는 역할로 확장될 수 있다. 이것은 기업의 내부 자원을 잘 이해하고 효율화함으로써 차별적 경쟁우위를 지속하고자 하는 관점의 경영학, 경제학, 마케팅 등의 학문 대신 고객으로서의 인간을 이해하기 위한 분야가 주목받게 된다는 뜻이다. 무엇인가를 새로 만들 때 우리가 가진 기술로부터 생각을 시작하는 것이 아니라 사용자의 욕구Needs에서 시작하는 것으로 변화하고 있다는 것이다.

사용자 중심이란 무엇인가?

미국의 대표적 디자인 기업 아이디오IDEO는 아이들 칫솔의 생김새를 바꾸는 디자인에 착수했다. 아이디오가 새로운 디자인을 착수하기 전까지만 해도 '아이는 어른보다 작다'는 고정관념 때문에 '어른 칫솔보다 작게 만들면 된다'는 생각으로 칫솔을 만들었다. 똑같은데 단지 크기만 조금 작으면 충분하다고 생각했다.

그런데 아이디오는 5~8세용 어린이 칫솔을 디자인하면서 아이들의 이 닦는 행동을 자세히 관찰하고 새로운 사실을 발견했다. 아이들은 어른처럼 칫솔을 손가락으로 잡는 것이 아니라 네 손가락과 손바닥을 함께 써서 주먹 쥐듯 칫솔을 붙잡았고 칫솔이 손아귀에서 자꾸 빠져 불편해했다. 아이들은 손가락 하나하나를 자유롭게 움직일 수 없기 때문이었다. 이 발견에 따라 아이들이 칫솔을 더 쉽게 잡을 수 있게 하려면 어른의 칫솔 손잡이보다 오히려 더 두꺼워야 한다는 정반대의 결론에 이르게 되었다.

아이디오는 관찰 결과를 적용하여 더 적은 힘으로도 붙잡을 수 있고 만지작거리기 좋은 느낌의 통통한 고무 손잡이가 달린 어린이 전용 칫솔을 만들 수 있었다.

사용자 중심이란 이미 잘 알고 있다고 전제하는 것에서 벗어나는 것이다. 그렇다면 어떻게 사용자의 욕구를 파악할 수 있을까?

지금까지는 고객의 욕구를 파악하기 위해 설문이나 인터뷰처럼 수요자에게 물어보고 그 응답을 근거로 여러 개선점을 찾는 조사 방법이 주로 사용되었다. 그런데 사람들은 생각보다 자기 욕구를 잘 알지 못한다. 원하는 것을 알고 있어도 그것을 정확히 말로 표현하기 힘들어 한다. 그러므로 공급자가 아무리 수요자 중심으로 생각하려 해도 공급자와 수요자 간의 입장과 시각이 다르기 때문에 진정으로 사용자의 불편함을 발견하기는 매우 어렵다.

그래서 서비스 디자인 분야에서는 기존의 조사 방법과는 다른 방법을 사용한다. 바로 문화인류학적인 접근이다. 문화인류학은 서로 언어가 달라 소통이 안 되는 사람들의 생활과 문화까지 연구하는 학문이다. 이 방법을 적용한다면 사용자의 욕구를 더 정확히 파악할 수 있다. 이런 유형의 연구 방법을 참여 관찰participant observation 또는 민족지학ethnography이라고 한다. 이 방법으로 설문 조사나 인터뷰 등을 통해 발견할 수 없는 수면 아래에 잠재된 수요자의 욕구 세계를 파악할 수 있다.

서비스 디자인 조사 방법의 일인자인 샌더스Sanders는 사용자 조사 방법의 특징을 비교하여 다음 그림과 같이 정리했다.[67] 이는 말이나 글로 하는 리서치보다는 관찰 리서치가, 그보다는 함께 하는 워크숍 등의 참여적 리서치가 더 깊이 숨은 잠재 욕구를 발견할 가능성이 더 크다는 사실을 시사하고 있다.

---

67   Elizabeth B.-N. Sanders Sonic Rim, From User-Centered to Participatory Design Approaches, Design and the Social Sciences. J. Frascara (Ed.), Taylor & Francis Books Limited, 2002.

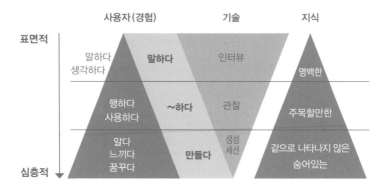

사용자 조사방법론 간의 특징 비교

이와 같은 연구 결과를 통해 왜 수요자 중심의 제품이나 서비스 개발에서 설문조사보다 관찰 조사 방법이 선호되는지 이해할 수 있다. 또한 디자인 씽킹 워크숍과 같은 참여형 워크숍이 왜 필요한지 이해할 수 있다.

Chapter 4

의료 서비스 디자인

의료 서비스의 특성

의료 서비스는 어떤 특징을 가지고 있을까? 보건의료기본법에 따르면 '의료 서비스'란 국가, 지방자치단체, 보건의료 기관 또는 보건의료인 등이 국민의 건강을 보호·증진하기 위해 행하는 모든 활동을 말한다. 즉 질병의 치료 또는 예방을 목적으로 하는 환자가 병원에 도착한 후 접수부터 투약에 이르는 전 과정뿐만 아니라 병원에서 제공하는 모든 인적, 물적, 제도적 행위를 포함한다.

그러므로 의료 서비스 산업은 소비자에게 '의료 서비스'를 제공하고 그로부터 대가를 받는 전 과정에 관련된 산업을 의미한다. 이를 위한 보건의료 서비스 기관은 1차, 2차, 3차로 구분된다.

1차 보건의료 서비스는 건강검진, 예방적 활동, 건강증진 서비스 등을 제공하며 주로 의원급 의료 기관에서 담당한다. 2차 보건의료 서비스는 경증 입원 환자나 간단한 수술적 치료 등을 담당하며 상급 종합병원을 제외한 병원급 의료 기관에서 담당한다. 3차 보건의료 서비스는 상급 종합병원에서 시행하는 서비스로 중증질환, 희귀 난치성 질환 등 특정 영역에 더 전문화된 분과 전문의 중심으로 담당한다.

의료 서비스 산업의 특성

의료 서비스 산업은 일반 서비스 사업과는 구분되는 여러 특징을 가지고 있다.

첫째, 제공되는 서비스가 무형이다. 의료 서비스는 형태가 없고 누군가 구매하지 않으면 소멸된다. HDTV는 손으로 만질 수 있고 눈으로 볼 수 있다. 소비자가 직접 보기 때문에 설명하기도 간단하다. 그러나 의료 서비스는 그럴 수 없다. 환자에게 "당신이 이 치료를 받으면 나을 것이다"라고 이야기할 수는 있다. 성공적으로 수술받은 다른 환자의 사례를 이야기하거나 사진으로 보여줄 수도 있다. 하지만 완성된 제품을 있는 그대로 보여줄 수는 없다.

환자가 방문한 그 시간에 서비스를 제공하지 못하면 상품 가치가 실현되지 않는다. 일반 서비스업의 경우 손님이 오지 않아 오늘 팔지 못한 옷은 내일 팔면 된다. 하지만 병원은 그럴 수 없다. 오늘 방문한 환자가 너무 많아서 대기 환자를 다 진료하지 못했다고 해서 환자를 붙잡아 내일까지 기다리게 할 수도 없다. 의료 서비스 상품은 무형의 가치를 지녔기 때문에 손으로 만져볼 수 없고 지금 이 순간의 기회를 놓치면 그 가치가 사라진다.

둘째, 재고로 쌓아놓을 수 없다. 울산 현대자동차 공장에 끝없이 진열되어 있는 자동차를 보았을 것이다. 자동차와 같은 제품은 쌓아놓을 수 있다. 하지만 의료 기관은 환자가 예상보다 많이 온다고 해서 모든 환자를 다 진료할 수 없다. 시간과 공간이 제한되어 있고 환자가 기다리는 것도 한계가 있으며 특정 시간에 환자가 몰리는 것도 문제다.

의료 기관은 의료법 규제에 의해 입원의 경우 의사 1인당 진료할 수 있는 환자 수까지 정해져 있다. 외래 진료만 보는 경우에도 차등수가제가 있어 진료를 많이 봐도 1일 평균 진료 환자가 특정수를 넘기면 불이익을 받는 경우도 있다.

셋째, 처음부터 끝까지 의료진이 참여하는 고高관여도 서비스이다. 냉장고의 경우 지방에 위치한 공장에서 제품을 만들고 판매에 대한 총괄 계획은 서울의 마케팅 부서에서 담당한다. 판매는 전국의 대리점, 전자제품 전문매장, 인터넷을 통해 이루어진다. 제품에 하자가 생겼을 때에는 서비스센터의 담당 부서를 통해 방문 직원들이 수리를 해준다.

그러나 의료 기관은 모든 것이 한 장소에서 이루어진다. 환자를 직접 대면해야만 한다. 의사가 환자에게 치료 효과에 대한 설명을 하면서 시술을 받도록 유도하는 것도 마케팅에 해당한다.

예상치 못한 부작용에 대한 치료와 합의 모두 의사가 관여해야 한다. 이렇게 환자를 계속 만나야 하고 고객이 서비스에 많이 관여하는 것을 '고관여도'라고 하는데 의료는 대표적인 고관여도 산업이다.

넷째, 즉시 반응해야 한다. 의료 서비스는 몇 주 동안 기다렸다 배달할 수 있는 것이 아니다. 자동차나 전자제품은 재고가 없으면 2~3주 기다렸다 물건을 받기도 한다. 그러나 교통사고로 응급실에 입원한 환자나 분만 시간이 다가온 산모를 2~3주 기다리라고 할 수 없다. 즉시 치료가 이루어져야 한다. 치료가 지체되면 환자는 당연히 다른 병원을 방문해 치료를 받고자 할 것이다. 진료를 거부하면 처벌받기도 한다. 환자의 요구에 즉시 반응해야 한다는 것이 의료 서비스 산업의 특성이다.

다섯째, 시장이 제한되어 있다. 가까운 지역사회를 시장으로 한다. 진로 소주의 경우 전국 어디에서나 판매할 수 있다. 현대자동차는 전 세계 어디에서나 팔 수 있다. 물론 서울성모병원, 서울아산병원, 삼성서울병원, 서울대병원 같은 전국구 상급 종합병원은 전국에서 환자가 몰리기도 한다. 하지만 그럼에도 불구하고 서울과 수도권에서 오는 환자가 대부분이다.

소비자들은, 전 세계에 매장을 가지고 있는 스타벅스의 경우 맛과 품질에서 큰 차이가 없다고 생각한다. 그러나 가톨릭대학교에 소속된 8개 부속병원이라고 해도 모두 서울성모병원과 의료 서비스가 똑같다고 생각하는 환자는 없다. 프랜차이즈 네트워크를 가진 피부과나 치과라도 치료 예후가 똑같을 수 없다.

여섯째, 노동집약적 산업이다. 수원에 있는 삼성반도체 공장의 경우 대규모 자금이 투여되는 자본집약적인 산업이라면 의료업은 많은 인력을 필요로 하는 노동집약적인 산업이다. 고가의 의료 장비도 투입되니까 자본도 많이 필요하다. 하지만 병원을 유지하는 데에는 장비 투입보다도 의료인의 인건비 비중이 현저히 높다. 모든 예산 규모의 절반 이상을 차지한다.

일곱째, 품질 측정이 어려운 것도 의료 산업의 특징 중 하나다. 제조업에서 품질은 불량품이 얼마나 많은지를 의미한다. 6시그마^{60}를 통해 불량률을 산출할 수 있다. 그렇다면 의료 기관에서 행해지는 심장 수술의 불량률은 어떻게 측정할 수 있을까? 수술 후 사망률, 생존율 등이 그 기준이 될 수도 있다. 그러나 그 해석이 일반 제품처럼 간단명료하지 않다. 수술 성공률이 높은 병원은 자신들의 의료 질이 우수하다고 주장하지만 수술 성공률이 낮은 병원은 위험한 케이스를 많이 다루기 때문에 성공률이 낮아질 수밖에 없다고 말할 수도 있다. 상급 종합병원의 경우 우수한 의료진이 있음에도 불구하고 1, 2차 병원에서 치료하기 어려운 환자들이 오기 때문에 치료 성공률이 낮아질 수 있다.

의료 경험 서비스 디자인

의료 경험 서비스 디자인이란 무엇일까? 최근 병원에서는 환자 경험Patient Experience이 주목받고 있다. 2017년부터 시작된 환자 경험 평가도 큰 몫을 하지만 시대적인 환경 변화가 서비스 공급자인 병원에서 수요자인 환자 중심으로 바뀌고 있음을 반영한 변화라고 할 수 있다.

이와 같은 변화의 중심에서 관심을 받고 있는 것이 의료 서비스 디자인이다. 이와 관련한 용어로 서비스 디자인Service Design, 의료 서비스 디자인Medical Service Design, 의료 경험 디자인Health experience design 등 다양한 용어와 의미로 사용되고 있다. 그중에서 비교적 공식적으로 사용되는 용어가 '의료 경험 디자인'이다.

의료 경험 디자인의 발전

의료 경험 디자인은 2010년 초 미국 병·의원을 중심으로 의료 서비스 디자인에 대한 의견을 나누기 위한 컨퍼런스가 조직되면서 공식화되었다. 2011년 4월 11일 보스턴에서 첫 번째 컨퍼런스 이후 GE 헬스케어, 메이요 클리닉Mayo Clinic, 카이저 퍼마넌티 Kaiser Permanente 스탠퍼드와 MIT 미디어 랩 등이 참여하면서 영향력을 확대하였다.

국내에서도 2010년 초부터 의료 경험 디자인 관련 캠프와 워크숍 등이 진행되었다. 이후 연세의료원, 삼성서울병원, 서울아산병원 등 대형 병원에서 혁신센터를 설립하면서 서비스 디자인에 대한 관심이 확대되었다.

현재는 2014년부터 명지병원 케어디자인센터를 중심으로 헬스케어디자인학회Korean Society of Healthcare Design(KSHD)와 하이펙스Hospital Innovation and Patient Experience Conference(HiPex) 행사를 중심으로 병원 관련 서비스 디자인 행사가 매년 개최되고 있다.

또한 2017년부터 건강보험심사평가원에서 시범 사업으로 실시하는 환자 경험 평가Patient Experience Index(PEI)를 통해[68] 의료 경험 서비스 디자인은 점차 자리를 잡아가고 있는 상황이다.

2018	2019	2020	2021	2022	2023(4차)	2025
		환자안전(15)	환자안전(15)	환자안전(15)	환자안전(15)	환자안전(15)
의료질과 환경개선(66)	의료질과 환경개선(66)	의료효과성(40)	의료효과성(45)	의료효과성(35)	의료효과성(35)	의료효과성(20)
		의료형평성(10)		환자경험(15)"시범"	환자경험(15)"시범"	환자경험(20)"?"
			의료형평성(10)	의료형평성(10)	의료형평성(10)	의료형평성(10)
의료전달체계(10)	의료전달체계(10)	지원활동(21) -질인프라 -기능정립	지원활동(30) -질인프라 -기능정립 -교육수련 -연구개발	지원활동(25)	지원활동(20)	지원활동(20)
공공성(10)	공공성(10)					
교육수련(8)	교육수련(8)	교육수련(8)				
연구개발(6)	연구개발(6)	연구개발(6)				

환자경험평가 틀의 전환과 가중치 전망

그런데 의료 경험 서비스 디자인은 환자 경험 평가와 혼합되어 아직 명확한 개념 정립이 되어 있지 않은 실정이다.

먼저, 평가의 대상이 되는 주체가 모호하다. 환자 경험 평가의 대상은 당연히 의료 기관이지만 아직 시범 평가 기간이므로 모든 의료 기관이 해당하는 것은 아니다. 둘째, 평가 내용이다. 의료 Medical에 대한 것인지, 건강Health 또는 헬스케어healthcare에 대한 것인지 불분명하다. 셋째, 적용 대상이 환자인지, 환자와 보호자까지 포함하는지 또는 고객으로서의 의료 기관 서비스 사용자인지 모호하다. 넷째, 바라보는 시각이다. 의료 기관에서 바라본 서비스 디자인인지, 디자인 관점에서 바라본 의료 기관인지에 따라 내용이 달라질 수 있다. 다섯째, 적용 범위도 모호하다. 물리적인 대상에 대한 서비스 디자인인지 절차나 문화 등 무형의 대상도 해당하는지 불분명하다. 여섯째, 고객의 범위도 내부 고객을 포함하는지 외부 고객만을 대상으로 하는지 명확하지 않다.

다만 몇 가지 개념이 공통적으로 나타나고 있다. 환자중심성 patient centeredness, 헬스케어, 경험Experience, 서비스 디자인Service Design 과 같은 개념이다. 이를 종합하면 현재 상태의 의료 기관 서비스 디자인은 '환자 중심 헬스케어 서비스 디자인Patient Centered Healthcare Service Design(PCHSD)'의 의미를 가지고 있고 이를 잘 실행함으로써 '환자 경험을 향상시킬 수 있다'고 보는 것이 타당할 것 같다.

---

68   건강보험심사평가원 「의료질평가제도 효과 분석 및 평가모형 개발 연구」 최종 보고서, 2022.

Chapter 5

디자인적 사고

로지컬 씽킹과 디자인 씽킹

로지컬 씽킹과 디자인 씽킹은 어떤 차이가 있을까? 로지컬 씽킹을 상징하는 맥킨지McKinsey 사고와 디자인 씽킹을 상징하는 아이디오의 사고를 비교해보면 다음과 같다.

"직감에 의한 경영 방식의 시절은 오래전에 지나갔다. 오늘날의 비즈니스 리더들은 자신들의 조직을 운영하는 데 알고리즘에 근거한 의사결정 기법들을 채택하고 있으며 고도로 섬세한 소프트웨어를 활용하게 될 것이다. 경영은 예술에서 과학으로 발전할 것이다."

이것은 세계적인 컨설팅 그룹 맥킨지가 '2006년에 주목해야 할 10가지 트렌드'를 통해 전망한 미래의 모습이다.[69] 직관을 쓰레기통에 던져버려야 할 케케묵은 것 정도로 생각하고 있다는 사실을 알 수 있다. 그런데 오늘날의 문제들이 과학적이고 논리적인 방법으로 해결되고 있는가? 한때 유행했던 6시그마[60]는 어떤가? 낭비를 줄여주는 정도의 기여는 하고 있지만 빠르게 변하는 이 시대에 적합한 새로운 비즈니스적 사고를 촉발시키는 기법인가?

최근에는 직관에 의한 경영의 핵심 키워드로 '디자인 씽킹'이 급부상하고 있다. 요즘같이 불투명하고 급변하는 시대에 기업에서 필요로 하는 인재는 맥킨지와 정반대일 확률이 높기 때문이다. 조직에 순응하고 하라는 대로만 하는 사람이 아니라 청바지에 검정색 티를 입고 느릿느릿 횡설수설하는 것처럼 보이지만 어느 순간 한 마디로 자신의 생각을 정리해 직설적으로 던질 수 있는 사람, 때로는 비이성적으로 행동하며 감정에 치우치기도 해서 비논리적으로 보이는 사람을 더 원하는 시대다. 스티브 잡스[Steve Jobs], 더 나아가 일론 머스크[Elon Musk] 같은 사람을 원한다.

이런 환경 변화의 영향으로 그동안 맥킨지 컨설팅에 쏟아졌던 수많은 기업의 관심과 요청이 이제는 '아이디오 디자인 컨설팅'으로 변화되고 있다.

로지컬 씽킹과 디자인 씽킹의 차이

맥킨지와 아이디오형 인재의 차이는 무엇일까? 맥킨지 컨설

---

69   The Mckinsey Quartely, Ten trends to watch in 2006.

턴트의 역량은 논리적 사고Logical Thinking에 기반한다. 논리적 사고는 맥킨지의 컨설턴트인 바바라 민토Barbara Minto가 정립한 이론으로 복잡한 문제를 단순화하고 논리적으로 분석하여 정리하고 해결하는 사고방식이다. 우리나라 학원가에서 논술고사에 대비하여 아직도 각광받고 있는 기법이기도 하다. 다짜고짜 답부터 내놓고 기술하는 '민토 피라미드Minto pyramic'를 기반으로 하고 있다.[70]

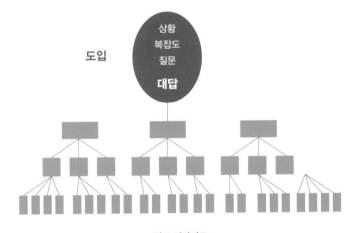

민토 피라미드 구조
"글로 된 아이디어는 항상 아래와 같은 피라미드를 형성해야 한다"

민토 피라미드

반면 아이디오의 컨설턴트들이 생각하는 방식인 '디자인 씽킹Design Thinking'은 맥킨지의 논리적 사고와 다르다. 이성적이고 논리적이 아닌 감성과 직관과 창의적 접근으로 답을 찾는다. 두 접

---

70   바바라 민토, 『바바라 민토 논리의 기술』, 이진원 옮김, 더난출판사, 2019.

근법의 차이를 정리해보면 다음과 같다.

구분	로지컬 씽킹	디자인 씽킹
대표기업	맥킨지	아이디오
가 정	합리적 객관성	주관적 경험
방 법	'최고'의 답을 입증하기 위한 분석	'더 나은' 해답을 향해 '반복적'으로 시도하는 방법
의사결정	논리와 수치	직관과 실험 모형
과 정	계획수립	실행모형
가 치	불확실성 제거	참신함 추구
관 심	매우 구체적	추상적인 것과 구체적인 것 사이에서 더 나은 실행

그렇다면 둘 중 하나는 맞고 다른 하나는 틀린 것일까? 둘 다 맞는 방법일 수 있다. 오히려 서로의 장점을 활용하는 것이 좋다. 맥킨지가 아이디오로부터 배워야 할 것은 다음과 같다.

첫째, 차이점을 분명히 아는 것이다. 로지컬 씽킹이 말과 수치 및 그래프를 통한 문제 해결 방법을 보여준다면 디자인 씽킹은 행동에 관한 사항을 보여주고 직접적인 해결을 도모한다. 로지컬 씽킹의 결과물은 비전, 미션, 중장기 전략 과제 등 실제 행동과 거리가 먼 고차원적인 수준에 머무는 경향이 높다. 물론 이 역시 중요하다. 제대로 된 방향을 잡아주기 때문이다. 하지만 디자인 씽킹은 처음부터 실천을 염두에 두고 결과물을 도출하고자 하므로 분명히 다른 지향이라 할 수 있다.

둘째, 적용에 적합한 상황이 다르다. 로지컬 씽킹은 안정되고 예측 가능한 환경에 적합하다면 디자인 씽킹은 불확실한 환경에 적합하다. 그런데 오늘날 우리가 살고 있는 세상이 안정되고 예측 가능한 것이 아니라 한 치 앞을 알 수 없는 환경이기 때문에 디자인 씽킹이 더 주목받고 있는 것이다.

셋째, 바라보는 대상에 차이가 있다. 로지컬 씽킹이 제품과 서비스를 구매하는 주체가 인구통계학적 데이터를 기반으로 세분화된 '타깃 시장'을 어떻게 선정할 것인가를 논리적으로 설명하는 방법이라면, 디자인 씽킹은 '인간' 자체에 주목하는 접근법이다.

반대로 디자인 씽킹의 관점이 왜 로지컬 씽킹으로부터 배울 점이 있는지 살펴보면 다음과 같은 점들이 있다.

먼저, 지나친 확신을 버려야 한다. 디자인 씽킹을 통해 도출한 참신한 생각이 반드시 가치를 창출하는 것은 아니다. 아무리 기발한 생각이라 해도 성장과 변화의 동인으로 작용할 만큼 충분한 잠재적 가치를 내포하고 있어야 가치가 있다. 그 새로움으로 누군가에게 가치를 창조할 수 있는 아이디어일 경우에만 '참신한' 생각이 될 수 있다.

둘째, 전략이나 수익과 동떨어진 접근은 재미있는 놀이로 끝날 수 있다. 가치를 창출한다는 것은 만들어진 아이디어가 '성과'로 이어질 때의 결과이다. 이를 위해서는 여러 이슈에 관해 고민해야 한다. '이익'을 목표로 할지 '고객 만족'을 목표로 할지 생각해보아야 한다. 또한 어떤 전략을 수립하고 프로세스를 최적화할지 고민해야 한다. 이와 같은 영역이 디자인 씽킹에서는 어려운 부분일 수 있다.

셋째, 아이디어의 완성은 포트폴리오이다. 디자인 씽킹을 통해 특이한 키오스크나 환자들을 위한 예쁜 팔찌를 만들었다고 해도 그것이 몇 개나 필요한지, 얼마의 예산이 필요한지 알아야 한다. 얼마나 많은 자원과 어떤 사람들이 추가로 더 있어야 아이디어를 실현할 수 있을지 파악해야 한다. 정확한 시장 규모 측정Market sizing이 있어야 하고 어느 성별, 연령대, 직업군, 지역의 사람들이 고객이 될 것인지 예측하는 등 고도의 분석이 필요하다.

어떤가? 로지컬 씽킹과 디자인 씽킹 중에서 어떤 방법이 더 바람직하고 합리적이라고 생각하는가? 두 가지 다 필요하다. 영국 서리 대학교 유진 샌들러 스미스Eugene Sandler Smith 교수는 "디자인 씽킹은 분석과 직관 사이를 적절히 오가는 정신적 양손잡이가 되어야 한다."고 했다. 아무리 좋은 디자인의 제품을 만들었다고 해도 이것이 성공하기 위해서는 수많은 로지컬 씽킹 프로세스가 뒷받침되어야 한다.

어떤 문제 해결을 위한 방법론이라는 측면에서 디자인 씽킹과 로지컬 씽킹은 둘 다 훌륭한 접근 방법이다. 어떠한 성격의 문제가 주어지더라도 디자인 씽킹과 로지컬 씽킹 중 한쪽에만 치우친다면 반쪽짜리 문제 해결밖에 할 수 없다. 한 가지가 아니라 두 가지 프로세스를 자유자재로 넘나드는 융합형 방법이 성공 가능성이 높다.

> "디자인 씽킹은 직관적 사고나 분석적 사고의 한쪽이 아니라 이에 대해 통합적으로 접근하는 사고법이다." 　로저 마틴Roser Martin

문제 해결 역량으로서의
디자인 씽킹

디자인 씽킹은 과연 문제 해결 역량 측면에서 바람직할까? 사람은 본질적으로 문제를 만나면 그것을 해결하고 싶어 한다. 그냥 넘어가지 못하는 것이 인간의 본성이다. 그러므로 인생은 본래 문제 해결의 연속이라 할 수 있다. 이처럼 다른 동물과는 다른 인간의 특성 때문에 오늘날과 같은 인류 문명의 발전이 이루어질 수 있었다.

문제를 만났을 때 필요한 것은 그 문제를 해결하는 역량이다. 그렇다면 문제 해결 역량을 증진하려면 어떤 노력을 기울여야 할까? 아인슈타인은 문제 해결 역량에 대해 아래와 같은 의미심장한 말을 남겼다. "중대한 문제를 풀려면 문제가 만들어진 배경 이상의 사고 수준이 필요하다." 여기서 주목할 점이 있다. 아인슈타인은 문제 해결을 위하여 지식 수준이 아니라 사고 수준을 강조했다는 점이다.

문제 해결 역량이면서 동시에 아인슈타인이 주장한 사고 역량의 대안으로 떠오른 것이 바로 디자인 씽킹이다. 디자인 컨설팅업체 아이디오의 CEO 팀 브라운^{Tim Brown}은 디자인 씽킹에 대해 이렇게 말했다. "디자인 씽킹이란 디자이너의 감수성과 방법들을 사용하는 훈련법으로, 기술적으로 실현 가능한 비즈니스 전략을 고객 가치와 시장의 기회로 바꾸어 고객의 욕구를 충족시켜주는 것을 말한다.”

디자인 씽킹은 사용자 공감Empathy에서 시작한다. 사용자가 무엇을 원하는지, 그들의 생활에 무엇이 필요한지, 그들이 어떤 점을 좋아하고 싫어하는지 등을 듣고 느끼고 이해한 것을 원동력으로 삼아 행하는 인간 중심 디자인Human-Centered Design 방법론이다.

디자인 씽킹을 위해서는 가장 먼저 공감 능력이 필요하다. 문제의 맥락에 접근하려는 능력은 물론 예술과 기술을 결합할 수 있는 창조력, 그리고 복잡한 문제를 조화롭게 해결하는 문제 해결 능력이 요구된다.

디자인 씽킹을 하기 위해서는 전적으로 고객 입장에서 고민해야 한다. 단순히 고객 중심적인 생각이 아니라 더 깊고 인간적으로 접근하는 자세를 의미한다. 고객을 판매의 대상으로 보고 나이와 소득 수준, 혼인 상태 등 인구 통계의 조합 같은 마케팅적인 시각에서만 바라볼 것이 아니라 실질적인 문제를 가진 실존하는 사람으로 '인식'해야 한다. 고객이 원하는 바를 감정과 이성 모두를 사용해서 이해하는 것이다. 이것이 바로 디자인 씽킹이고 문제 해결 능력이다.

귀추법

우리가 문제를 추론하여 결과를 낼 때 익숙한 접근 방법은 연역법과 귀납법이다. 그런데 이 두 가지 추론법 외에 제3의 추론법이 있다는 사실을 아는가? 제3의 추론법은 바로 귀추법abduction이다.

귀추법의 사전적 정의는 '가정을 선택하는 추론의 한 방법으로, 만약 사실이라면 관계 있는 증거를 가장 잘 설명할 것 같은 가정을 선택하는 방법'을 말한다. 주어진 사실들에서 시작해 가장 그럴듯한 혹은 최선의 설명을 추론하는 것이다.

우리는 연역법과 귀납법에는 익숙한데 과학적 전통에 기반을 둔 연역법과 귀납법은 추론 과정 끝에 주어진 진술이 참인지 거짓인지를 판단할 때 쓰는 방법이다.

연역법은 이미 알고 있는 하나 또는 둘 이상의 명제를 전제로 명확히 규정된 논리적 형식을 바탕으로 새로운 명제를 결론으로 내는 추론법이다. 여기에는 하나의 전제에서 결론을 내는 직접 추리와 두 개 이상의 전제에서 결론을 내는 간접 추리가 있는데 삼단논법이 간접 추리의 대표적인 방법이다.

- 모든 사람은 죽는다(A+B, 대전제)
- 나폴레옹은 사람이다(CA, 소전제)
- 나폴레옹은 죽는다(CB. 결론)

귀납법은 개별적이고 특수한 사실이나 현상에서 공통 사례를 찾아 새로운 명제를 결론으로 내는 추론법이다. 인간의 다양한 경험, 실천, 실험 등의 결과를 일반화하는 데 주로 쓰인다. 예를 들어 어느 동네에 갔는데 첫 번째 집 대문이 노란색이고 두 번째 집 대문도 노란색이다. 만약 세 번째 집 대문도 노란색이라면 조심스럽지만 '이 동네의 집 대문은 모두 노란색이다'라고 말할 수 있다. 이렇게 경험과 관찰에 근거해 일반화하는 것이 귀납법이다.

그런데 만일 '나폴레옹이 죽지 않는다면', '노란 대문만 있어야 하는 그 동네에서 289번째 집 대문이 빨간색이라면' 앞의 두 결론은 모두 거짓이 되지 않겠는가? 즉 연역법과 귀납법의 결론은 언제나 참이냐 거짓이냐 둘 중 하나일 뿐 예외를 두지 않는다는 문제가 있다.

귀추법은 주어진 관찰과 사실로부터 '가장 그럴듯한 최선의 설명을 끌어내는 방법'이다. 연역법은 일반적 명제에서 구체적 결론을 필연적으로 이끌어내지만, 귀추법은 명제로부터 반드시 결론을 내지 않는다. 귀납법에서는 사실에서 관찰한 빈도나 통계적 사실만으로 결론을 내지만, 귀추법에서는 사실에서 추론되는 다양한 설명 중 가장 그럴듯한 설명 하나가 결론이 될 뿐이다.

우리는 막연히 어떤 원리의 발견이나 창조를 천재들의 전유물로 여기는 경향이 있다. 하지만 그것이 만들어지는 과정을 살펴보면 꼭 그런 것만도 아니다. 『삼국지』에 등장하는 전략가 제갈공명의 사고방식을 살펴보면, 그는 현재의 데이터와 경험에 근거하여 가장 그럴듯한 최선의 가설을 만드는 귀추법을 사용한 사람이라고 볼 수 있다.

적벽대전에서 제갈공명은 어떻게 동남풍을 이용해 조조 대군을 괴멸시킬 수 있었을까? 제갈공명은 어떻게 동남풍이 부는 시기와 방향과 강도를 알았을까? 그것은 제갈공명이 하늘에 제사를 지냈기 때문이 아니다. 그즈음에 동남풍이 불 것을 미리 알고 있었던 것이다. 추측건대 경험을 통해 매년 바람이 부는 시기, 방향, 강도, 지속 시간 등을 잘 아는 농사꾼이나 관찰자를 만나 그들의 경험을 꼼꼼하게 들었을 것이다. 그리고 치밀하게 시나리오를 만들어 화공 작전을 펼침으로써 조조 대군을 무찌를 수 있었을 것이다. 이렇게 여러 가능성이 있는 것들 중에 성공 가능성이 가장 높은 방법을 택하는 것이 귀추법이다.

연역법 (규칙→사례→결과)	귀납법 (사례→결과→규칙)	귀추법 (규칙→결과→사례)
이 자루에서 나온 콩은 모두 흰색이다. 이 콩은 이 자루에서 나왔다. 이 콩은 흰색이다.	이 콩은 이 자루에서 나왔다. 이 콩은 흰색이다. 이 자루에서 나온 콩은 모두 흰색이다.	이 자루에서 나온 콩은 모두 흰색이다. 이 콩은 흰색이다. 이 콩은 이 자루에서 나왔다.

귀추법은 연역법과 귀납법에 비해 주목받지 못했다. 귀추법은 아리스토텔레스의 『분석론 전서』 제2권 25장에 '아파고게^{apa-goge}'라는 이름으로 등장했던 논증 형태를 19세기 말 미국의 철학자이자 기호학자인 찰스 샌더스 퍼스^{Charles Sanders Peirce}가 귀추법이라고 명명한 것에서 기원한다.

> **퍼스의 『연역, 귀납 그리고 가설』에서 주장한 귀추법**
>
> "관찰된 어떤 특정한 현상을 설명하기 위해서는 다양한 가설이 나온다. 그 이후에 현상과 사실을 통해 이 가설의 참 혹은 거짓이 가려진다. 이 과정에서 더욱 성공적 가설이 받아들여질 수도 나중에 더 그럴듯한 가설로 결론이 뒤집힐 때도 있다. 뒤집혔다고 해서 기

존 가설이 무조건 거짓이라고 할 수는 없고, 뒤집힌 후의 가설이 언제나 참이라는 보장도 없다. 단지 그 시점에 가장 그럴듯해 보였을 뿐이다."

그런데 우리는 왜 귀추법이 낯설게 느껴질까? 우리나라는 짧은 기간 동안 서양 문화와 근대 산업화 문명을 받아들이면서 다양한 추론 방법보다 주어진 문제에서 참과 거짓을 빠르게 판단해야 하는 교육 방법을 선택했기 때문이다. 우리나라 교육에서 정답이 없는 결과를 끌어내는 귀추법은 불편한 존재였다. 객관식 문제로 등수를 매기는 문화에서 귀추법은 비효율적이고 실속 없는 말장난으로 받아들여졌던 것이다.

그러나 이제 우리나라도 급변하는 환경 속에서 이미 앞선 아이디어를 빠르고 효율적으로 따라하는 추격자 전략은 더 이상 쓰기 어려워졌다. 이제 추격자를 넘어 선도자가 되어야 하기 때문이다.

정답이라는 것은 어찌 보면 누구나 쉽게 도달할 수 있는 영역이다. 그런 의미에서 귀추법은 오늘날과 같은 빠른 변화의 시기, 불확실성의 시기에 우리가 관심을 가져야 할 추론 방법일 수 있다. 최근 유행하는 애자일Agile 기법이나 서비스 디자인 기법에 가장 적절한 추론 방법이 귀추법일 수 있기 때문이다.

귀추법은 우리나라 교육 제도에서는 도외시되고 있지만 업무 현장에서는 다양하게 활용되고 있다. 예를 들면 과학적 발견을 위해 과학자들은 자연현상을 관찰하고 실험하면서 새로운 가설을 만들거나 기존의 이론을 수정한다. 뉴턴은 사과가 떨어지는 것을 관찰하고 만유인력의 법칙을 발견했고, 다윈은 갈라파고스 제도에서 다양한 생물을 관찰하고 진화론을 발견했다. 아인슈타인은 빛의 굴절 현상을 관찰하고 일반상대성이론을 발견하고 새로운 가설을 만들었다.

법관이나 변호사들은 증거나 증언을 바탕으로 가장 타당한 판단이나 변론을 한다. 예를 들어 살인사건이 발생했을 때, 법관은 용의자가 범인이라고 추론할 수 있으나 이는 확실한 것은 아니며 다른 가능성이 얼마든지 존재할 수 있다고 가정한다. 변호사는 용의자의 유죄나 무죄를 입증하기 위해 다른 증거나 증언을 제시할 수 있다.

의료 기관은 환자의 만족도나 치료 효과를 높이기 위해 다양한 전략을 수립하고 실행한다. 예를 들어 서울성모병원은 의료 서비스 디자인을 통해 환자 중심의 의료 환경을 구축하고 있다. 그것이 정답이라기보다는 의료 서비스 디자인이 환자의 만족도나 치료 효과에 긍정적인 영향을 미친다고 추론한 결과일 뿐이며 시간과 장소 및 환경에 따라 달라질 수 있다.

귀추법에는 장단점이 있다. 귀추법은 필연적이거나 확실한 결론을 내리지 못한다. 여러 개의 가능한 설명이 존재할 수 있으며, 그중 가장 타당하거나 합리적인 것을 선택하는 것은 주관적이거나 편향적일 수 있다. 또한 새로운 데이터나 증거가 발견되면 기존의 가설을 개선하거나 변경해야 한다. 이는 귀추법이 수정 가능하고 반복적인 방법임을 뜻하지만, 동시에 불안정하고 불완전하다는 의미이기도 하다.

　귀추법은 관찰된 현상에 대한 설명을 찾는 것이지 그 설명이 참인지 거짓인지를 판단하는 것이 아니다. 그러므로 귀추법으로 만들어진 가설은 다른 방법으로 검증되어야 한다. 귀추법은 최선의 설명을 찾는 것일 뿐 최적의 설명을 찾는 것이 아니기 때문이다. 귀추법으로 찾은 설명은 현재 가지고 있는 정보나 증거에 기반하고 있지만 모든 가능한 정보나 증거에 기반한 것은 아니다. 따라서 귀추법으로 찾은 설명은 항상 더 나은 설명이 존재할 수 있다는 가능성을 염두에 두어야 한다.

　이러한 한계점에도 불구하고 귀추법은 새로운 지식이나 가설을 생성하는 창의적인 추론 방법이다. 귀추법은 불완전하거나 불확실한 정보에서도 신뢰할 수 있는 추론을 할 수 있다. 관찰된 현상에 대한 최선의 설명을 찾아주는 합리적인 추론 방법이기 때문이다. 이성적, 통계적, 과학적, 합리적인 시각으로 보았을 때 완벽한 정답이라고 할 수는 없지만 최선의 방법을 선택할 수 있다.

　이런 점에서 귀추법은 불확실성의 시대이자 인간이 생성해놓은 데이터를 기반으로 만들어진 인공지능AI 시대를 대비할 수 있는 제3의 추론 방법으로 잘 활용될 수 있는 사고법이라 할 수 있다.

무엇인가?

서비스 디자인

서비스 디자인이란?

서비스 디자인이란 무엇일까? 인류 역사 이래 어떤 개념이든 한 번에 명쾌하게 정의된 적은 없다. 디자인도 마찬가지다. '디자인은 공기다[71]'라는 철학적 정의부터 대량 생산을 통해 산업화에 기여하는 공예로서의 산업 디자인 개념이 성립되기까지 디자인은 매우 다양하게 해석되어왔다.

영국 디자인협회the Council of Industrial Design (COID) 의장이었던 조지

---

71 박유복, "디자인은 공기다",《채널코리아뉴스》, 2016. 07. 18, http://www.chkorea.news/news/articleView.html?idxno=3101.

콕스George Cox는 디자인이란 "창의성과 혁신을 연결하는 것[72]"이라고 했다. 이 관점에서 보면 '디자인이란 창의적인 아이디어를 구체화시키고 실제화함으로써 사용자에게 매력적인 제품, 서비스, 프로세스가 되도록 변화시키는 역할을 하는 분야'라고 정의할 수 있다. 이와 같은 포괄적 관점에서의 디자인은 특정 수요 시장에 제한을 두지 않고 시각화된 결과물이나 조형의 영역을 넘어서서 제품 및 서비스의 가치를 새롭게 규정하는 역할을 한다.

'산업디자인진흥법'에서는 산업 디자인을 '제품 및 서비스 등의 미적·기능적·경제적 가치를 최적화함으로써 생산자 및 소비자의 물질적·심리적 욕구를 충족시키기 위한 창작 및 개선 행위와 그 결과물'을 의미한다고 정의하였다.

조직 관점에서 보면 그 조직이 어떤 산업에 있는가에 따라 섬유, 의류, 의료, 가죽, 피혁, 신발, 문구, 출판, 조명, 가구, 전자, 자동차, 조선, 항공기, 건설, 광고, 도소매, 요식, 관광, 정보통신, 미용 등 다양한 산업을 다루게 된다. 뿐만 아니라 그 안에서 가치사슬의 특정 부분을 담당하는지, 전체를 포괄하는지에 따라서도 달라진다. 제품, 시각, 포장, 환경, 서비스 디자인 중 어떤 산출물에 관계되는지에 따라서도 필요 역량, 역할과 책임이 다를 수밖에 없다.

이와 같은 이유로 디자인을 한마디로 정의하기는 매우 어려

---

72   Sir George Cox, Cox Review of Creativity in Business, Design Council, 2005.

운 일이고 불가능할 뿐만 아니라 의미도 없다. 디자인이란 다음과 같은 내용을 중요하게 다루는 활동으로 보는 정도로 이해하면 될 것이다.

- 고객의 문제에 집중해서
- 그 문제를 해결하고
- 나아가 조직의 역량과 고객 중심의 문화를 정착시키기 위한 모든 활동

여기서 '고객 중심'이라는 것은 왜 중요할까? 서비스의 주체가 공급자 중심에서 사용자 중심으로 이동했고 사용자가 원하는 것이 제품이 아니라 경험으로 바뀌었기 때문이다. 현대 산업은 생산 중심의 제조 산업에서 경험 중심의 서비스 산업으로 변화하고 있으며, 제조 산업도 이제 공급자가 아닌 수요자 중심으로 변하고 있다.

이 과정에서 사용자는 생산품이나 서비스 구매에서 만족을 느끼는 단계를 넘어 정서와 심리적 만족을 필요로 한다. 사용자는 이미 생산품이나 서비스 자체가 아닌 경험을 구매하는 고객으로 변화되었다.

서비스 디자인이란

서비스 디자인은 고객의 서비스 경험을 디자인하는 활동이자 '서비스'를 설계하고 전달하는 과정 전반에 디자인 방법을 적용

함으로써 사용자의 생각과 행동을 변화시키고 경험을 향상시키는 디자인의 한 영역이다.

　서비스 디자인은 제품, 공간, 커뮤니케이션, 프로세스, 시스템 등 서비스를 구성하는 모든 요소들을 고려하고, 다학제적이며 협력적인 디자인 방법을 적용한다. 사용자 중심의 디자인 리서치가 강화된 디자인 방법이다. 기존 제조 중심의 디자인을 넘어 모든 서비스 내용과 과정을 접목함으로써 전에 없던 새로운 부가가치를 창출하는 것을 말한다.

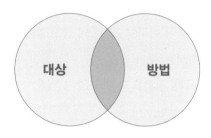

서비스 디자인

　서비스 디자인이 중요하게 부각된 것은 산업의 패러다임이 제조 산업에서 서비스 산업으로 전환되면서 경제 활동의 중심이 공급자 위주에서 수요자 중심으로 이동했기 때문이다. IT 기술, 미디어 혁명 등 각종 정보 과학 기술의 발달은 이러한 변화에 가속을 주게 되었다. 동시에 수요자의 욕구Needs를 분석하고 이해할 수 있는 학문과 기술이 동반 성장함으로써 모름지기 고객의 경험에 따라 산업의 운명이 바뀌는 X시대(Experience 시대)로 바뀌었다.

　기업의 경영 활동도 기업의 내부 자원을 잘 이해하고 효율화함으로써 차별성과 경쟁력에서 우위에 서고자 하는 관점 대신 수요자를 분석하고 이해하기 위한 학문에 관심이 쏠리고 있다. 바로 뇌과학, 심리학, 행동경제학, 인문학 등이다. '사용자 경험User Experience(UX)' 및 '사용자 경험 디자인User Experience Design'도 빼놓을 수 없다.

현재 전 세계는 IT와 AI 중심의 서비스 산업이 중심을 이루고 있으며 그 변화 속도를 감당할 수 없을 만큼 빠르게 진화하고 있다. 2021년 세계은행 통계에 따르면 선진국일수록 서비스 산업 비중이 높으며 GDP 중 서비스 산업 비중을 살펴보면 OECD 국가의 평균은 71%(2016년 기준)이다. 미국은 77.6%, 유럽연합 73.7%, 독일 62.9%, 일본 69.5%, 한국 57.2%를 차지한다.

이와 같이 선진국일수록 경제 활동과 고용에서 차지하는 서비스 산업의 비율이 높아지는 '서비스 경제화'는 더욱 가속화되고 있고, 제조보다 서비스를 통해 더 많은 부를 창출해내고 있다.

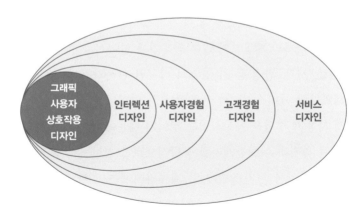

디자인 방법의 발전과 영역 확대

이와 같은 변화 속에서 디자인 분야는 제조 물품 디자인을 넘어 극적인 패러다임 전환을 통해 서비스 산업의 경험을 팔고 사는 산업으로 변화되었다.

대부분의 서비스는 소비자가 구입을 하고 나서야 그 특성을 알 수 있는 재화로 경험재experience goods의 성격을 갖는다. 이제는 서비스 산업이 중요해짐에 따라 제품 자체보다 고객의 기억 속에 남는 '경험'이 더욱 중요해졌다. 이는 디자인 중에서도 경험 디자인, 서비스 디자인 분야가 왜 필요하게 되었는지를 대변한다.

이와 같은 배경에서 최근 주목받고 있는 '서비스 디자인'은 세계 경제의 서비스화 추세로 볼 때 그 중요성이 더욱 부각될 수밖에 없다.

디자인과 서비스 디자인

기존의 제품 디자인과 달리 서비스를 디자인한다는 것은 기존의 디자인 행위와 비교했을 때 세 가지 측면에서 차이가 있다.[73]

첫째, 디자인 제공자가 일부 전문가를 넘어선다. 기존 디자인이 제품, 시각, 환경 등 각 영역의 디자인 전문가가 솔루션을 제시해왔다면 서비스 디자인은 서비스가 일어나는 전체적인 맥락에서 사용자 경험을 향상시키는 것이기 때문에 서비스가 전달되는 모든 과정과 이해관계자를 통합적으로 고려한 솔루션으로 접근한다. 따라서 서비스 디자인 제공자에게는 다학제적 역량이

---

73   한국디자인진흥원 디자인전략연구실, 『의료서비스디자인 참고서』, 2013.

요구된다.

둘째, 대상이 '무형의 서비스'이다. 기존 디자인은 눈에 보이는 무엇인가를 실제화시키는 것이기 때문에 '형상성形像性'을 기준으로 디자인의 역할이 정해졌지면 서비스 디자인은 대상이 무형이므로 기존의 접근 방식과 다를 수밖에 없다.

셋째, 디자인 목표가 '서비스' 자체에 있다. 기존 디자인이 구체적 사물을 디자인하는 것이라면 서비스 디자인은 '서비스 실현'을 목표로 하기 때문에 서비스 콘셉트와 비즈니스 모델 개발이 더 중요하고, 구체적 산물은 선택적이고 부수적인 역할을 수행한다. 디자인의 공통적인 특성은 다음과 같다.[74]

- 맥락을 중시하는 집중적 디자인 리서치다.
- 다양한 이해관계자의 욕구를 반영할 수 있게 하는 공동 개발이다.
- 맥락적이고 통합적인 방법이다.
- 특화된 가시적 방법이다.
- 빠른 반복을 실행한다.
- 아이디어를 구체화하여 고객이 경험하는 제품, 서비스의 가치를 극대화한다.

---

74   서비스디자인 홈페이지, "서비스디자인 특성" 참고.

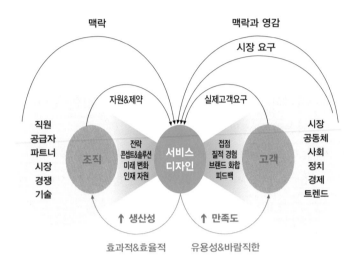

베인 앤 컴퍼니의 서비스디자인 오버뷰 모델

베인앤컴퍼니Bain & Company에서는 위와 같은 서비스 디자인의 특성을 반영한 모델을 서비스 디자인의 특성으로 제시했다. 이 모델은 해당 조직과 사용자를 모두 포함하는 관점에서 제품과 서비스뿐만 아니라 고객 만족도 측면까지 아우른다. 즉 고객의 욕구Needs를 파악하고 이를 위한 해당 기관 차원의 각종 전략과 해결책 및 조직 문화 개선을 위한 총체적인 개선 활동을 포함하는 것을 특징으로 한다.[75]

---

75   Bain & Company, Closing the delivery gap, 2005.

서비스 디자인의 발전 동향

서비스 디자인은 1991년 독일 쾰른 국제디자인대학의 미하엘 에얼호프Michael Erlhoff 교수가 마케팅에서 사용하던 개념을 디자인 분야에 소개하면서 주목받기 시작했다. 비슷한 시기인 1993년 심리학자이자 인간 중심 디자인 영역을 개척해온 도널드 노먼 Donald A. Norman이 애플사의 부사장으로 있을 때 사용함으로써 학계는 물론 산업계까지 공통으로 사용하는 용어가 되었다.

1991년 에얼호프 교수가 처음 서비스 디자인이라는 용어를 디자인 업계에 사용한 이후로 2000년 최초의 서비스 디자인 기업이 생겨났고, 2003년 영국에서 최초의 대규모 공공 서비스 디자인 프로젝트인 'RED'가 진행되면서 공식적인 용어로 자리잡게 된다.

이후 2004년 현재 세계 최대의 서비스 디자인 커뮤니티라고 할 수 있는 서비스 디자인 네트워크가 생겼고, 국제적인 교류가 일어나게 되었다. 영국이 2007년 RED 프로젝트 후속으로 250억 원 규모의 Dott07 프로젝트를 추진하면서 서비스 디자인은 세계적인 주목을 받게 되었다.

2010년 12월에는 마크 스틱돈Marc Stickdorn과 제이콥 스나이더Jakob Schneider 등을 주축으로 23명의 서비스 디자인 전문가들이 공동 집필한 『디자인 교과서This is Service Design Thinking』가 출간되면서 오늘날에는 전 세계적으로 다양한 서비스 디자인 활동이 펼쳐지고 있다.[76]

---

76   윤성원, 「수요자 중심 공공 정책을 위한 공공서비스디자인 모델에 관한 연구」, 국민대학교 테크노디자인전문대학원, 2015.

해외 보건의료 분야의 서비스 디자인은 북미와 유럽을 중심으로 활발하게 이루어지고 있다. 먼저 미국의 경우 메이요 클리닉Mayo Clinic과 카이저 퍼모넌트Kaiser Permanente를 꼽을 수 있다.

- 메이요 클리닉은 2004년 스파크See·Plan·Act·Refine·Communi·cate(SPARC)라는 내부 혁신 조직을 설립하여 서비스 디자인 컨설팅 회사인 아이디오와 함께 서비스 디자인을 추진하다가 2008년부터는 CFI(Center For Innovation)로 이름을 바꾸어 운영하고 있다.
- 의사, 간호사 등의 의료인은 물론이고 서비스 디자이너, 프로젝트 매니저, 정보 기술 전문가 등 다양한 직종으로 구성된 60여 명의 전담 직원이 혁신 관련 업무를 수행하고 있다. 이들은 원내에서 환자 경험과 관련한 이슈를 발굴하고 이를 서비스 디자인을 통해 해결하고 있다.
- 카이저 퍼모넌트는 미국 최대의 통합 관리 의료 컨소시엄이다. 이들 역시 2003년 아이디오에 의뢰하여 병동 간호사 교대 시 시간 단축과 정확한 환자 정보 전달을 위한 프로젝트를 진행했다. 그 후 아이디오에 18개월간 직원을 파견하여 디자인 DNA를 전수받고 내부 혁신 담당팀Design Consultancy을 구성하여 산하 병원에 서비스 디자인의 방법과 사고방식을 전파하고 있다.
- 2005년부터 설립자의 이름을 딴 가필드 혁신센터The Garfield Innovation Center는 원내에 적용할 새로운 서비스나 아이디어를 실험하고 실제 적용하기 전에 검증해볼 수 있도록 하고 있다.

미국 보건의료 교육에서도 서비스 디자인 적용이 활발하다. 토머스 제퍼슨 대학교Thomas Jefferson University Sidney Kimmel Medical College와 텍사스 대학교The University of Texas at Austin Dell Medical School, 펜실베이니아 대학교The University of Pennsylvania School of Nursing 등이 대표적이다.[77]

영국은 국가 주도로 서비스 디자인을 적용하고 있다. 국가건 강서비스National Health Service(NHS)는 2003년부터 10년에 걸친 의료 서비스 개혁을 단행했는데 그 수단으로 디자인 방법을 선택했다.

- 2004~2005년: 급성기 병원의 두경부암 서비스 개선을 위한 파일럿 프로젝트
- 2005년: 경험 기반 디자인Experience Based Design(EBD) 도구 세트 개발[78]
- 2007년: 코디자인 방법론Experience Based Co-Design(EBCD) 적용- NHS 산하 병원 서비스 개선 촉구
- 2005~2013년: 59개의 EBCD 프로젝트 수행
- 2013년~: 독립자선단체The Point of Care Foundation를 통한 서비스 디자인 도구 세트 배포와 교육 실행[79]

---

77   Design thinking for health. (Available: https://designthinkingforhealth. org/)

78   Bate P, Robert G. Bringing user experience to healthcare improvement: the concepts, methods and practices of experience-based design.1st ed. Radcliffe Publishing; 2007.

79   Donetto S, Pierri P, Tsianakas V, Robert G. Experience-based co-design and healthcare improvement: realizing participatory design in the public

국내에서 서비스 디자인 개념이 처음 소개된 것은 2008년 디자인 서적을 주로 출간하는 안그라픽스의 『서비스 디자인 시대』라는 책을 통해서이다.[80] 이후 일부 학문적인 연구가 진행되었지만 크게 활성화되지는 않았다.[81] 국내에서 서비스 디자인이 본격적으로 주목받기 시작한 것은 정부의 국책 연구소와 정책 연구 기관들에서 서비스 고도화를 위한 각국의 정책을 연구하면서부터였다. 2010년부터 산업부와 한국디자인진흥원의 시범사업 및 R&D 과제로 서비스 디자인 사례들이 실행되면서 디자인계도 서비스 디자인에 대한 관심을 보이게 되었다.

디자인업계의 변화에 대한 관심은 금융 산업과 의료 서비스 영역에서 나타나기 시작했다. 2011년 현대카드, 신한은행, 삼성생명보험 등에서는 사용자 경험 전문가를 영입해 팀을 만들고 사용자 경험 혁신을 위한 내부 역량을 보강하는 등 적극적인 모습을 보였다.

국내에서 서비스 디자인은 2014년도부터 법, 제도적 측면에서도 의미 있는 변화가 나타나기 시작했는데 '산업디자인진흥법' 개정(2014년 12월 30일 공포)이 대표적이다. 이 법에서는 디자인의 개념을 "산업 디자인이란 제품 및 서비스 등의 미적 · 기능적 · 경

sector. The Design Journal. 2015;18(2):227–48.

80   표현명 외, 『서비스 디자인 시대』, 안그라픽스, 2008.

81   한수련, 「서비스디자인 측면에서 공공서비스 평가 방향연구」, 이대디자인대학원, 2009.

제적 가치를 최적화함으로써 생산자 및 소비자의 물질적·심리적 욕구를 충족시키기 위한 창작이나 개선 및 기술 개발 행위 등을 말하며, 제품 디자인·포장 디자인·환경 디자인·시각 디자인·서비스 디자인 등을 포함한다"로 정의하면서 서비스 디자인이 법과 제도적인 측면에서도 공식화되었다.

한국디자인진흥원은 2014년 한국산업인력공단과 협력하여 국가 인적 자원 양성의 표준이 되는 국가직무능력표준National Competency Standards(NCS)으로 서비스 경험 디자인에 대한 표준 모형을 개발함으로써 서비스 디자인이 공식적인 하나의 영역으로 자리잡게 되었다.

국내 의료계에서 서비스 디자인은 2011년 대한병원협회에서 주최한 KHC(Korea Healthcare Congress) 행사에서 메이요 클리닉 등 의료 서비스에 디자인 씽킹을 접목한 혁신 사례가 처음으로 소개되면서 관심을 받게 되었다. 이 행사를 계기로 2011년 명지병원, 2013년 서울아산병원과 세브란스병원[82], 삼성서울병원, 고려대학교 안암병원 등에서 혁신센터를 운영하게 되었다. 학교법인 가톨릭학원은 서울성모병원과 함께 2020년 '겨자씨키움센터'라는 창의 센터를 통하여 서비스 디자인 방법론 교육과 함께 혁신을 추진하고 있다.[83] 공공병원으로는 2016년 서울의료원[84],

---

82   Patient experience is innovation. Medical Observer. 2015 Jul 31. Available: http://www.monews.co.kr/news/articleView.html?idxno=84879.

83   Patient experience is innovation. Medical Observer. 2015 Jul 31. Available: http://www.monews.co.kr/news/articleView.html?idxno=84879.

84   Citizen participation service Design: a significant change in Seoul Medical

2021년 충남대학교병원이 서비스 디자인 조직을 만들어 서비스 디자인 활동을 추진하고 있다.

최근 서비스 디자인이 많은 병원의 주목을 끌게 된 계기는 건강보험심사평가원에서 실시하고 있는 '환자 경험 평가' 때문이다. 환자 경험 평가는 2017년부터 상급 종합병원 및 500병상 이상의 종합병원을 대상으로 시작하여 2023년 4차 시범 평가까지 평가 대상과 내용이 확대되고 있다.

환자 경험 평가와 서비스 디자인은 직접적인 연관은 없다. 그러나 이 평가를 계기로 환자 경험을 향상시키기 위해 대형 병원을 중심으로 의료 질 향상팀과는 별도의 서비스(CS)팀이 만들어지며 평가에 대비하게 되었다. 서비스 부서에서는 의료 질 향상 부서에서 접근하는 문제 해결 방식과는 다른 서비스 디자인 방법론을 적용하면서 의료계에 서비스 디자인이 적극적으로 도입되는 계기가 되었다.

한국에서 서비스 디자인에 대한 전문 교육은 아직 제대로 정립되지 못한 상태다. 가톨릭대학교 보건의료경영대학원에서 2013년부터 국내 최초로 '의료 서비스 디자인' 정규 교육을 개설한 것이 시초라고 할 수 있다. 그 후 2017년 서울대학교 보건대학원과 의과대학에서 서비스 디자인을 교육 과정으로 개설하였고, 2019년 전남대학교 간호대학 등이 서비스 디자인 교육을 실시하고 있다. 일부 민간 컨설팅사에서 서비스 디자인 교육을 실시하

Center. Yonhap News Agency. 2016 Jun.

고 있으나 의료 기관을 대상으로 하는 표준화된 교육 과정은 아직 정립되지 않은 상태다.

서비스 디자인의 중요성

서비스 디자인은 왜 중요할까? 당신을 유명한 자동차 회사의 오너라고 가정해보자. 당신은 앞으로 우리가 타야 할 새로운 자동차를 만들고 싶어 디자인 경진대회를 개최하였다. 수많은 디자이너들이 열심히 작품을 만들었다. 마감이 끝나고 작품을 받아보았을 때 대부분의 자동차가 오늘날 우리가 타고 있는 바퀴 네 개 달린 것과 별반 다르지 않았다. 사각형 또는 살짝 둥그런 모양의 자동차에 색을 바꾸거나 기능성 보조품들을 장착한 디자인이 대부분이었다.

만족스러운가? 만족스럽지 않다. 그래서 새로운 제안을 했다. "당신이 만일 피카소라면 어떻게 자동차를 그리겠습니까?"라고 말이다. 이 제안을 받아들인 디자이너들은 앞서 제출한 디자인 작품과 똑같은 형태의 작품을 제출했을까? 아마도 전혀 다른 디자인이 나왔을 것이다. 하늘을 나는 자동차이거나 바닷속을 누비는 자동차 또는 보이지 않는 자동차, 운전사가 없는 자동차, 사람 모양과 똑같은 자동차 등 기존에 없던 형태의 자동차 디자인이 나왔을지도 모른다. 디자인이란 이런 것이다.

디자인의 중요성은 미국과 유럽 등 선진국에서 먼저 주목받았다. 이탈리아 폴리테크니코 대학의 로베르토 버간티Roberto Verganti 교수는 그의 저서 『의미를 파는 디자인Design Driven Innovation』에서 디자인의 중요성을 이렇게 말했다. "디자인을 통해 고객에게 새로운 의미를 부여할 수 있으며, 이를 통해 성공과 혁신을 오랫동안 지속할 수 있다."[85]

대한무역투자진흥공사KOTRA에서 이탈리아, 영국, 독일 등 유럽 10개국 소비자를 대상으로 한 설문조사 결과 보고서가 있다.[86] 그 결과 유럽인들은 "디자인으로 인한 충동구매 경험이 있다"는 응답이 79%, "뛰어난 디자인 제품 구매를 위해 더 높은 가격을 지불할 의향이 있다"고 응답한 사람은 무려 82%였다. 디자인의 중요성을 다시 한 번 생각해볼 수 있는 결과다.

디자인 사다리

덴마크의 디자인센터Danish Design Center(DDC)에서는 2001년 디자인 사다리Design Ladder라는 개념도를 통해 디자인의 역할을 정립하였다. 디자인 사다리는 디자인에 대하여 기업이 어떤 태도를 가지고 있는지를 기준으로 디자인 성숙도를 네 단계로 구분하고 있다.

---

85   로베르토 베르간디, 『의미를 파는디자인』, 범어디자인연구소 옮김, 유엑스리뷰, 2022.

86   KOTRA, 「디자인이 밥 먹여 준다」, 『Global Market Report』 13-081, 2014.

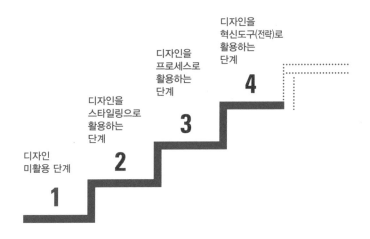

덴마크 디자인센터의 디자인 사다리

디자인 사다리는 디자인을 사용하지 않는 1단계부터, 스타일링으로서 디자인을 활용하는 단계, 프로세스로서 디자인을 활용하는 단계 그리고 혁신적인 전략의 도구로서 디자인을 활용하는 단계로 나누고 있다. 이것은 그림에서 보는 바와 같이 디자인의 활용 수준에 따라 단계적으로 상승하는 것을 의미한다.

먼저, 1단계는 디자인 미활용 단계No design이다. 말 그대로 디자인이 존재하지 않는 단계로 디자인이 특별한 의도 없이 비체계적으로 적용되는 단계다.

2단계는 디자인을 스타일링으로 활용하는 단계Design as Styling으로, 디자인이 스타일을 구현하거나 미적인 목적으로 활용되는 단계다. 이 단계에서의 디자인은 완성된 제품의 부가적인 콘셉트로 활용된다. 즉 디자인이 주인공을 빛나게 해주는 조연 역할을 하는 단계라는 의미다.

3단계는 디자인을 프로세스로 활용하는 단계Design as Process로,
디자인이 회사의 주요 프로세스 안에 자리잡은 상태다. 이는 새
로운 제품 개발이나 마케팅 플랜 수립 등 업무 프로세스 단계에
서 디자인의 중요성을 인식하고 디자이너를 적극적으로 참여시
키는 단계다.

마지막 4단계 디자인을 혁신도구로 활용하는 단계Design as Inno-
vation에서는 디자인이 비즈니스 모델 구현 시 핵심 전략 요인으로
기능한다. 기업의 전략 수립, 비전 및 미션 체계 수립 시 디자인
콘셉트가 자연스럽게 녹아들어 가는 단계다.

디자인 사다리 모델 이후 영국 디자인협회는 '공공을 위한 디
자인'에서 디자인이 활용되는 수준에 따라 3단계로 구분했는데,
디자인을 통한 문제 해결(1단계), 조직 역량(일하는 방법, 조직 문화)
으로서 디자인의 활용(2단계), 정책을 위한 디자인(3단계) 단계로
표현했다.[87]

---

87   The Public Sector Design Ladder. & lsquo; Design for Public Good &
      rsquo;. Design Council, 2013.

3 정책을 위한
디자인

2 능력으로서의
디자인

1 디자인을 위한
불연속적인
문제들

영국 디자인협회, 공공영역에서의 디자인 사다리 모델

덴마크 디자인센터의 디자인 사다리는 '가치 생산 과정에서 디자인이 어떤 역할을 하는가'에 관한 모델이라면 영국 디자인협회 모델은 디자인이 어떻게 조직 역량으로 승화되고 정책적으로 활용될 수 있는지에 대한 문제에 주목했다. 그러므로 덴마크 디자인센터의 1~4단계는 다음 그림처럼 다시 영국 디자인협회의 첫 번째 단계Step 1에 해당한다고 볼 수 있다.

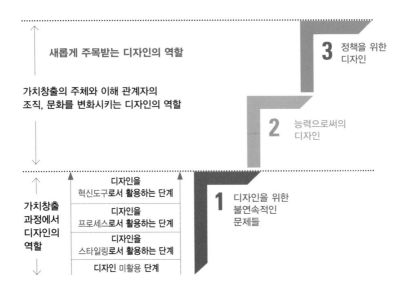

새로운 디자인 역할의 의미

　이와 같은 디자인의 발전 동향을 우리나라 기업들에 적용해 본다면 우리나라는 어느 단계에 해당할까? 특히 우리나라 의료 분야에 대입해본다면 어떨까? 아직 구체적인 설문조사가 이루어진 적이 없다. 그렇지만 1, 2단계의 비중이 높을 것이며 3, 4단계의 비중은 낮을 것으로 추측할 수 있다. 이것이 바로 우리가 디자인을 알아야 하는 중요한 이유다.

디자인 씽킹 프로세스

디자인 씽킹과 혁신

디자인 씽킹은 왜 갑자기 부상하게 되었을까? 스티브 잡스나 제임스 다이슨James Dyson 같은 혁신가들이 디자이너와의 협업을 통해 그 가치를 입증했기 때문이다. 이들의 성공 이후로 디자인은 제품의 품질 향상은 물론이고 전략적으로 문제를 해결하고 혁신을 달성하는 방법으로 점점 더 인정받고 있다.

디자인 씽킹의 초기 모습은 1950년대와 1960년대로 거슬러 올라간다. 당시 사람들은 디자인의 모든 측면, 예를 들어 디자인의 기능과 영향을 받는 요소 등을 이해하기 위해 과학적 방법론과 프로세스를 적용했다.

영국 오픈 대학교의 디자인학 명예교수인 나이젤 크로스Nigel Cross는 논문 「디자이너적 앎의 방식: 디자인 규율 대 디자인 과학」 (2001)에서 "디자인은 1960년대 초에 시작된 논쟁"이라고 밝히고 있다.[88] 이후 디자인을 합리적 과학의 목표 안으로 끌어들이고 궁극적으로 과학화하려는 시도가 계속되면서 이 투쟁은 10년 내내 계속되었다.

1960년대 중반 독일 출신의 디자인 이론가이자 대학교수인 호스트 리텔Horst Rittel은 다차원적이고 매우 복잡한 문제를 설명하기 위해 디자인 방법론이 어떻게 사용될 수 있는지 설명하면서 디자인적 사고의 필요성을 주장했다. 복잡하고 다차원적인 문제에서 인간의 요구, 동기, 행동에 대한 깊은 이해를 얻기 위해서는 협업적 방법론이 필요하며, 디자인 사고의 핵심이 바로 이것이라고 강조하였다.

1970년대부터 디자인 씽킹의 원칙이 등장하기 시작했다. 인지과학자이자 노벨상 수상자인 허버트 사이먼Herbert A. Simon은 1969년 저서 『인공과학의 이해The Sciences of the Artificial』에서 디자인이 사고방식임을 처음으로 언급했다. 그 후 그는 1970년대에 현재 디자인 씽킹의 원칙으로 간주되는 많은 아이디어를 제공했다.[89]

사이먼은 관찰을 통한 신속한 프로토타이핑prototyping과 테스

---

88   Nigel Cross, Designerly ways of knowing: design discipline versus design science, 2001.

89   허버트 알렉산더 사이먼, 『인공과학의 이해』, 신유문화사, 1999.

트를 주장했다. 이는 오늘날 디자인 및 기업 린 스타트업Lean Startup
의 핵심을 형성하는 개념으로, 디자인 씽킹 프로세스의 여러 단
계 중 두 가지를 포함하는 것이다.

1980년대에는 솔루션 중심의 문제 해결 방식이 제시되었다.
1982년, 나이젤 크로스Nigel Cross는 「디자이너가 문제를 해결하는
방법」이라는 중요한 논문에서 디자이너가 문제를 해결하는 방법
의 본질에 대해 논의하면서 디자인 사고의 세계에 새로운 역사를
썼다.[90] 크로스는 디자이너의 문제 해결 프로세스와 우리의 일상
생활 문제에 대한 비非디자인적 해결 방법을 비교하여 제시함으
로써 디자인을 사고방식의 한 유형으로 제시하였다.

나이젤 크로스(Nigels Cross)의 디자이너적 앎의 방식	스터디	방법론	가치들
과학	자연의 세계	통제된 실험, 분류, 분석	객관성, 합리성, 중립성, 진실에 대한 관심
인문학	인간의 경험	비유, 은유, 비판, 평가	주관성, 상상, 헌신과 정의에 대한 관심
디자인	인공적 세계	모델링, 패턴형성, 합성	실용성, 독창성, 공감과 '적절함'에 대한 관심

나이첼 크로스, 디자이너적 앎의 방식

---

90   Nigel Cross, Designerly Ways of Knowing, DESIGN STUDIES, 3(4),
      1982.

영국 셰필드 대학교 건축학부 명예교수인 브라이언 로슨^{Bryan}
^{Lawson}도 흥미로운 테스트를 통해 얻은 통찰을 설명하며 디자인
적 사고의 중요성을 강조하였다. 이 실험은 과학자와 건축가가
모호한 문제를 해결하려 할 때 각자 사용한 방법을 비교하는 것
이었다.[91]

로슨은 건축과와 이과 학생들에게 일련의 규칙에 따라 색깔
블록을 배열하도록 하고 다음과 같은 흥미로운 사실을 발견했다.
과학자들은 문제 중심의 해결을, 디자이너는 솔루션(해결책) 중심
의 해결을 시도했던 것이다. 디자이너는 많은 수의 솔루션을 생
성하고 효과가 없는 솔루션을 제거하는 방식을 선택했다.

과학자 (이과)	디자이너 (건축과)
가능한 모든 블록 조합을 체계적으로 탐색한다.	컬러 블록의 다양한 배열을 빠르게 만든다.
최적의 블록 배열을 만들기 위해 따라야 하는 기본 규칙에 대한 가설을 세운다.	블록 배열이 규칙에 맞는지 테스트한다.

로슨의 실험 결과를 요약해보면 '디자인 활동의 핵심적인 특징
은 문제에 대한 장기간의 분석보다는 만족스러운 솔루션을 상당히
빠르게 생성하는 데 의존한다'는 것이다. 최적화가 아닌 '만족'의
과정으로, 가설적으로 최적이라고 가정한 하나의 솔루션을 생성하

---

91   Bryan Lawson, How Designers Think: The design process demystified
      (fourth edition), 2005.

기보다는 만족할 만한 다양한 솔루션 중 하나를 만들어내는 것이다.

1990년대에는 아이디오를 통해 디자인 씽킹이 새로운 사고방식의 하나로 부상하게 되었다. 아이디오는 1990년대 초부터 고객 친화적인 용어와 단계 및 툴킷을 자체적으로 개발해 디자인 방법론을 배우지 않은 사람도 프로세스에 쉽게 접근할 수 있도록 했다.

1992년 카네기멜론 대학교의 디자인 책임자였던 리처드 뷰캐넌Richard Buchanan은 디자인 사고의 기원에 대해 논의한 「디자인 사고의 사악한 문제들」이라는 글을 발표했다.[92]

그는 이 글에서 과학이 시간이 지남에 따라 점점 더 서로 단절되어 마침내 독자적인 전문 분야가 되기까지의 발전 과정에 대해 설명하고 있다. 동시에 "디자인 사고란 이렇게 고도로 전문화된 지식 분야를 통합하여 오늘날 우리가 직면하고 있는 새로운 문제를 총체적인 관점에서 공동으로 적용할 수 있는 수단"이라고 말하며 오늘날 우리가 알고 있는 디자인 사고의 필요성을 정확히 언급하였다.

스탠퍼드에 '디스쿨D.school'로 알려진 하소 플래트너 디자인 연구소Hasso Plattner Institute of Design를 설립한 데이비드 켈리David Kelley는 연구소 설립 초기부터 디자인 씽킹의 개발, 교육 및 구현을 핵심 목표 중 하나로 삼았으며, 전 세계 디자인 사상가들에게 큰 영감의 원천이 되고 있다.

---

92   Richard Buchanan, Wicked Problems in Design Thinking, 1992.

디자인 씽킹은 이와 같은 발전 과정을 거쳐 아이디오 및 디스쿨과 같은 선구자들이 디자인 씽킹에 대한 방법들을 과학적으로 체계화하면서 오늘날과 같은 위상으로 자리잡았다.

디자인 사고와 혁신

디자인 사고는 비즈니스 가치와 연결되어 있으며, 혁신의 비밀 수단으로 인정받고 있다. 글로벌 디자인 및 혁신 회사인 아이디오의 전 CEO 팀 브라운Tim Brown은 그의 저서 『디자인에 집중하라Change By Design』에서 디자인 사고가 어떻게 조직을 변화시키고 혁신에 영감을 줄 수 있는지 밝히고 있다.[93]

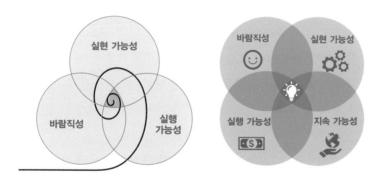

티 브라운 혁신의 렌즈들

그는 "디자인 사고란 혁신에 대한 인간 중심의 접근 방식이며 디자이너의 도구를 사용하여 사람들의 요구, 기술적 가능성 및

---

93   팀브라운, 『디자인에 집중하라』, 고성연 옮김, 김영사, 2014.

비즈니스 성공 요구 사항을 통합할 수 있다"고 주장했다. 혁신을 위해서는 바람직성Desirability, 실현 가능성Feasibility 및 상업적 실행(성공) 가능성Viability의 세 가지 기준이 모두 충족될 때 최적의 지점이 발생한다고 했다.

이와 같은 혁신 렌즈는 팀 브라운 이후 여러 학자들의 주장에 따라 최근에는 지속 가능성Sustainability까지 포함한 네 가지 렌즈로 혁신 동력 요인을 적용하고 있다.

디자인 씽킹 프로세스

디자인 씽킹의 중요성을 알고 접근하려고 할 때 혼란스러운 점은 없었는가? 디자인 씽킹 프로세스가 하나의 접근 방법이 아니라고 주장하는 학자나 연구소 및 컨설팅 회사도 있다. 다양한 접근 프로세스가 있다는 점이 혼란을 유발하기도 하는데, 아무리 좋은 접근 방법이라 해도 시간이 경과하고 문제 해결의 주체가 달라졌을 때에도 똑같은 방법을 쓸 수 있을까? 대상의 문제가 다를 수도 있고, 그 프로젝트에 참가했던 사람들의 특성이 다를 수도 있고, 문제 해결을 위한 도구가 다를 수도 있기 때문에 접근 프로세스가 다양해진 것이다.

이와 같은 이유로 디자인 씽킹 프로세스는 수십 년의 역사를 거치며 여러 갈래로 진화했다. 아마도 디자인 씽킹 관련 방법론

과 툴을 찾아보면 수십 가지를 발견할 수 있을 것이다. 이중에서
가장 대표적인 프로세스에는 다음과 같은 것이 있다.

아이디오(IDEO)의 3I 모델

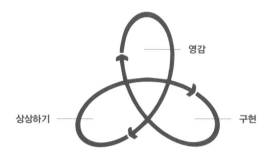

아이디오(IDEO)의 3I 모델

3I 프로세스는 세계적인 디자인 컨설팅 그룹 아이디오에서
개발한 3I 모델로 Inspiration(영감), Ideation(상상하기), Implemen-
tation(구현)과 같이 3개의 I로 구성된 프로세스이다. 다른 모델에
비해 매우 단순하고 직관적인 프로세스를 통해 문제 해결에 접근
하는 방식이다.

4가지 질문 모델

4가지 질문 모델은 캐나다 토론토 대학의 로트만 경영대학원
Rotman School of Management 로저 마틴Roger Martin 교수와 미국 버지니아 대
학교 다든 스쿨Darden School of Business의 진 리드카Jeanne Liedtka 교수가 만
든 모델이다.

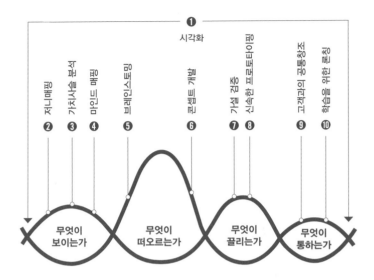

4가지 질문 모델

이 모델은 4가지 질문, 즉 'What is?'(무엇이 보이는가?), 'What if?'(무엇이 떠오르는가?), 'What wow?'(무엇이 끌리는가?), 'What works?'(무엇이 통하는가?)라는 네 가지 질문으로 구성되어 있으며, 개인적으로 이 기법을 '보떠끌통'이라 부른다.

더블 다이아몬드 모델

영국 디자인협회^British Design Council가 소개한 더블 다이아몬드 모델은 서비스 디자인에서 가장 널리 사용된다. 발견^Discover, 정의^Define, 발전^Develop, 전달^Deliver의 단계로 구성되어 있는데, 경우에 따라서는 트리플 다이아몬드까지 반복된 학습 프로세스를 보이기도 한다.

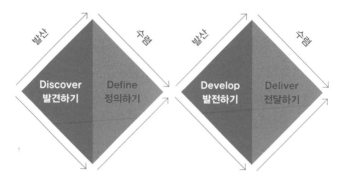

더블 다이아몬드 모델

더블 다이아몬드 모델은 문제 파악을 위해 공감Empathize을 하면서 근원적인 문제를 정의Define하고, 해결 방안을 구상Ideate하여 확산의 정점을 찍은 후, 프로토타입Prototype을 통해 현실 가능하도록 수렴하고, 테스트Test를 통해 해결점을 찾는 방법이다. 이렇게 확산과 수렴을 두 번 반복하여 두 개의 다이아몬드가 만들어지게 되므로 '더블 다이아몬드'라고 한다. 이 수렴 반복이 세 번 이루어지면 '트리플 다이아몬드'라고 한다.

5단계 프로세스

스탠퍼드 디스쿨이 개발한 3단계 프로세스는 공감Empathize, 정의Define, 구상Ideate, 프로토타입Prototype, 테스트Test로 구성되어 있다. 각 단계별로 앞뒤 단계를 넘나드는 비선형 프로세스의 특징을 갖고 있다.

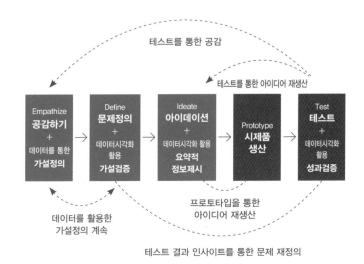

스텐포드 D.school의 5단계 프로세스

디스쿨 디자인 프로세스의 첫 번째 단계는 '공감'이다. 사용자가 처한 상황, 문화적 환경 등을 함께 느끼고 공감하는 단계로, 관찰과 인터뷰 등이 진행되고 이를 기록하고 분석한다. '정의' 단계는 혁신적이고 새로운 아이디어를 도출하기 위해 문제를 발견하고 그것이 진정한 문제인지 통찰하는 것을 목표로 한다. 세 번째 단계는 아이디어 도출Ideating이다. 문제를 정의했다면 그것을 해결할 많은 아이디어를 도출해낸다. 네 번째 프로토타입은 아이디어를 구체화하여 검증하기 위한 단계다. 끝으로 테스트 단계에서는 완성된 프로토타입을 기반으로 아이디어 구현 가능 여부와 실제 동작을 테스트한다.

HPI 디자인 프로세스

독일 포츠담에 있는 HPI 디자인 씽킹 스쿨HPI School of Design Thinking의 프로세스는 디스쿨보다 더 많은 단계를 적용한 모델을 개발했다. 이 모델은 이해Understand, 관찰Observe, 관점Point of view, 아이디어 구상Ideation, 프로토타입Prototype, 테스트Test 6단계로 구성된다. 앞의 세 가지는 '문제' 관련 단계에 해당하고, 뒤의 세 가지는 '솔루션' 관련 단계로 구분한다. 각각의 단계들은 상호 연결되어 있음을 알 수 있다.

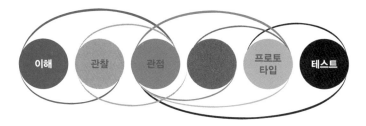

포츠담 디자인 프로세스

닐슨 노먼 그룹의 디자인 프레임워크

미국의 UX 컨설팅 회사인 닐슨 노먼 그룹Nielsen Norman Group은 디스쿨 디자인 프로세스에 빠져 있는 구현Implementation 단계를 포함하여 공감, 정의, 아이디어Ideate, 프로토타입, 테스트, 구현Implement의 6단계로 프레임워크를 제안했다. 이 프레임워크는 이해 Understand, 탐색Explore, 구체화Materialize의 세 가지 주요 단계로 나뉜다. 화살표를 보면 프로세스가 고정된 선형線形이 아니라는 것과 필요한 경우 단계를 반복할 수 있음을 알 수 있다.

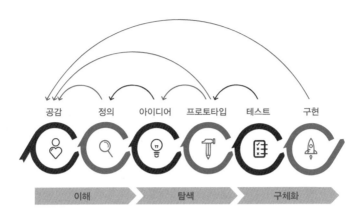

닐슨노먼그룹 디자인 씽킹 프레임워크

디자인 씽킹 프로세스에 따라 프로젝트를 진행하면서 주요한 패턴으로 고려해야 할 사항이 발산적 사고와 수렴적 사고다.

발산적 사고Divergent Thinking는 아이디어를 생각하고 다양한 가능성을 고려할 때 필요한 사고. '브레인스토밍brainstorming'과 같은 사고 모드를 말한다. 이 사고는 마음을 넓히고 가능한 한 많은 아이디어를 탐구해야 한다. 발산적 사고를 통해 새롭고 무한한 가능성을 볼 수 있기 때문이다. 여기서 논리적일 필요는 없다.

수렴적 사고Convergent Thinking는 다양한 아이디어 발산 모드에서 냉엄한 현실로 되돌아가는 데 필요한 과정이다. 논리적으로 아이디어의 범위를 좁히고 효과가 있는 한두 가지를 찾는 사고방식이라고 할 수 있다.

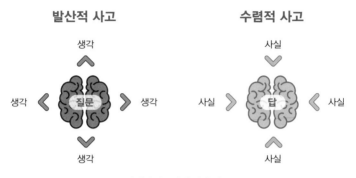

발산적 사고와 수렴적 사고

　디자인 씽킹에서 디자이너는 발산적 사고와 수렴적 사고 두 가지를 모두 사용해야 한다. 디자이너 또는 프로젝트 팀은 큰 종이나 컴퓨터 프로그램을 통해 아이디어를 발산할 수 있다. 그런 다음 발산된 아이디어 중 유용성과 실현 가능성, 문제 해결력, 파급 효과 등 몇 가지를 기준으로 아이디어를 수렴하고 테스트하는 과정을 거치게 된다. 항상 발산적 사고만 하면 수습이 어렵다. 그래서 디자인 씽킹에서는 발산적 사고와 수렴적 사고를 반복적으로 활용하며 문제를 해결해 나가야 한다.

　발산적 사고에서 수렴적 사고로 전환하는 것은 혼란스러울 수 있다. 따라서 이 두 가지 활동은 동시에 수행하는 것이 아니라 별도의 모임에서 다른 일정으로 진행하는 것이 좋다.

디자인 프로세스의 공통점

　디자인 프로세스는 앞에서 살펴본 모델 외에도 SAP모델, IBM모델, 디자인 스프린트Design sprint, 퍼지 프로세스Fuzzy Process 등 다양하다. 그렇다면 디자인 씽킹 프로세스는 각각 다른 특징을 가지고 있으니 전부 적용해야 할까? 아니다. 여러 방법 중 수행해야 할 프로젝트 성격과 가장 유사한 프로세스를 적용하면 된다. 그리고 다음과 같은 공통적인 특징을 이해하면 아무리 많은 프로세스가 존재해도 문제 될 것이 없다.

첫째, 어떤 디자인 프로세스라 하더라도 개인이 아닌 그룹으로 실행Group Practice한다. 가급적 이질적인 배경을 갖거나 전문 분야가 다른 사람들로 그룹을 구성하는 것이 좋다. 디자인 씽킹은 집단 지성, 집단 창의를 목표로 한다. 그런데 같은 분야에서 늘 같이 일하던 사람들이 모여 문제를 해결하려고 하면 다양하고 획기적인 아이디어가 나올 수 없다. 그러므로 디자인 씽킹은 다양한 배경을 가진 그룹으로 진행하는 것이 바람직하다.

둘째, 시각화Visualization해야 한다. 디자인 씽킹 프로세스는 시각화를 통해 문제를 보다 더 잘 볼 수 있고 더 잘 이해할 수 있다는 확신이 필요하다. 문제를 시각화할 뿐만 아니라 해결책으로 나온 아이디어를 시각화하여 보여주는 것이 중요하다. 시각화의 하이라이트는 프로토타입을 만드는 것이다.

셋째, 스토리텔링Storytelling을 중시한다. 아무리 좋은 아이디어라 하더라도 제대로 된 스토리로 전달되지 않는다면 아무도 설득할 수 없다. 아이디어가 이해관계자의 머릿속에 어떤 그림으로 그려질까 고민하는 과정에서 생각할 수 있는 것이 스토리텔링이다.

넷째, 실행과 반복Repetition이다. 복잡한 문제일수록 한 번에 해결할 수 없다. 쉽게 해결할 수 있다면 디자인 씽킹 프로세스와 같이 복잡한 절차를 거칠 필요가 없다. 따라서 문제 해결을 위한 무언가를 실행에 옮기고, 그 실행에 따른 결과로부터 무인가를 배우며, 이를 다시 이전 단계로 되돌리는 과정을 반복함으로써 완벽에 가까운 솔루션을 만들어낼 수 있다.

다섯째, 디자인 씽킹 프로세스에서 가장 중요한 점은 고객 Customer으로부터 출발한다는 것이다. '인간'으로서의 고객에 집중한 후 그들이 가지고 있는 문제를 보는 것이다. 그들의 입장이 되어보기도 하고, 관찰하기도 하고, 궁극적으로 공감하는 것을 목표로 해야 한다. 그럴 때 제대로 된 문제를 발견할 수 있다. 고객으로부터 출발한다는 것은 디자인 씽킹의 첫걸음이다. 이와 같은 공통점을 기반으로 5단계의 디자인 씽킹 프로세스를 정리해보면 다음과 같다.

- 1단계: 발견하기 또는 공감하기
- 2단계: 해석하기 또는 정의하기
- 3단계: 생각하기 또는 아이디어 도출
- 4단계: 개발하기 또는 시제품 만들기
- 5단계: 실험하기 또는 테스트하기

이와 같은 5단계는 각 구간별로 단절되는 것이 아니라 유기적으로 반복된다. 구간별로 아이디어 발산과 수렴을 반복하며 통합적으로 사고하여 최선의 개선안을 찾는 것이 디자인 씽킹 프로세스다. 디자인 씽킹 프로세스는 이와 같은 5가지 핵심 단계 앞뒤로 사전 준비하기와 적용하기 단계가 고려되어야 한다. 이를 포함한다면 7단계가 되겠지만 디자인 씽킹 프로세스만 본다면 5단계이다.

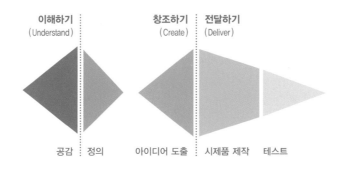

디자인 씽킹 프로세스

이와 같은 디자인 프로세스에서 디자이너 또는 프로젝트 참여자들이 명심해야 할 것은 시작, 과정, 마무리에 관계없이 모든 프로세스에 사용자인 고객이 고려되어야 하고 가능하다면 사용자를 참여시키는 것이 바람직하다는 점이다.

어떻게 하는가?

사전 준비하기

서비스 디자인 프로젝트를 시작하기 전에 무엇을 알아야 할까? 서비스 디자인 프로젝트를 수행하기 위해서는 과업 내용과 진행 방법을 결정하고 프로젝트의 성격이 무엇인지 파악해야 한다. 프로젝트가 목표로 하는 혁신의 정도, 결과물, 가용 자원, 기술적인 문제, 팀원 구성 등 여러 사항을 사전에 준비하고 확인하는 작업이 필요하다. 사전 준비를 위한 6가지 중요 점검 사항을 살펴보면 다음과 같다.

먼저, 결과물Results이 어떤 것인지 사전에 알아야 한다. 결과물이 물리적 제품인지 서비스인지 아니면 이들을 통합한 프로세스나 시스템인지에 따라 적용 기간과 방법은 물론 프로젝트 팀 구성과 진행 방법이 달라질 수 있다.

둘째, 프로젝트 수행을 위해 가용할 수 있는 자원Resources이 어느 정도인지 산출해야 한다. 예를 들어 이 프로젝트를 얼마 동안 진행할 수 있을지, 얼마나 많은 예산을 투여할 수 있는지, 어떤 사람들이 몇 명이나 참여할 수 있는지에 따라 프로젝트의 방향은 전혀 달라질 수 있다.

셋째, 어느 정도의 개선이나 혁신을 수행해야 하는지Range, 즉 혁신성 정도를 파악한다. 과제를 통해 개선할 대상이 완전히 새로운 시스템이나 서비스 프로세스인지, 아니면 부분적이고 표면적인 변화만으로 가능한지 파악하는 것을 의미한다. 서비스 디자인 진행 단계에서 혁신성을 강하게 요구할수록 기회 도출을 위한 분석에 많은 시간과 노력을 투여해야 결과가 좋아질 수 있다. 반면 부분적인 변경을 추구하는 경우라면 리서치 기간을 줄이거나 생략하고 디자인을 위한 아이디어와 시각화를 위한 시간에 더 집중할 수 있다.

기회도출				아이데이션		시각화	개선
산업분석	트랜드 분석	사용자 분석	기회영역	아이디어	콘셉트 작성	디자인 작성	개선/ 사업화
산업 현황	산업 트렌드	사용자 조사	목표 및 방향	아이디어 발상	페르소나	디자인 전략	검증 및 개선
3C분석	서비스 트렌드	관찰 기법		브레인 스토밍	시나리오	콘셉트 시각화	기술검토
VOC분석	기술동향	인터뷰		아이디어 캔버스		프로토 타입	타당도 분석
	디자인 동향	에쓰노 그라피				디자인 평가	재무분석

서비스 디자인 진행 과정

넷째, 권한Authority을 확인해야 한다. 프로젝트 팀이 가질 수 있는 권한이 어느 정도이고 제한점은 무엇인지 정확히 알아야 한다. 제한점이란 프로젝트를 진행하면서 지켜야 할 규정이나 법규, 제도 등인데 가이드라인과 같이 아주 약한 제한이 있을 수도 있다.

다섯째, 기술적인 지원과 이슈Issue를 파악해야 한다. 프로젝트의 대부분은 기술적인 이슈에 영향을 받게 된다. 최근에는 대부분의 서비스 디자인 결과가 정보화 기술과 연결되거나 애어플리케이션 또는 인공지능적인 요인들과 연동되기 때문에 기술 요인에 따라 솔루션이 가능하기도 하고 제한되기도 한다. 따라서 프로젝트를 진행하기 전이나 진행되는 중간 과정에 기술적인 이슈를 조사해야 한다. 이 과정을 소홀히 할 경우 아이디어가 도출된다 하더라도 이를 구현할 수 있는 방법이 막히는 경우가 발생하게 된다.

여섯째, 이해관계자Stakeholder를 명확히 파악해야 한다. 이해관계자란 관련된 모든 사람을 말한다. 제품 및 서비스와 관련된 고객, 사용자, 구매자, 서비스 제공자, 종업원은 물론 서비스의 전체 과정에 관련된 인프라 운영자, 정부 기관과 관련 단체, 시민 사회 등이 모두 포함된다. 이해관계자 지도Stakeholders Map 작성은 대부분 리서치 단계에서 파악되지만, 프로젝트를 시작하기 전이라도 개략적으로 파악해야 전체 방향을 잡을 수 있다.

프로젝트 팀 구성

서비스 디자인은 사람이 하는 일이므로 프로젝트 팀 구성을 어떻게 하는지가 프로젝트의 성패를 가늠하는 중요한 요인이 된다. 프로젝트의 예산과 기간에 밀접한 영향을 주기 때문이다.

상식적인 이야기지만 프로젝트 팀은 적정 규모로 구성해야 한다. 인원이 많다고 해서 프로젝트가 잘 수행되는 것도 아니고, 너무 적은 인원일 경우에는 감당하기가 어렵다. 서비스 디자인 프로젝트는 서로 다른 분야의 전문가들이 능력을 발휘할 수 있도록 다학제적인 융합팀으로 구성하는 것이 바람직하다. 융합팀을 어떻게 구성할 것인가는 결과물이 무엇인가와 어떤 방법으로 프로젝트를 진행할지에 따라 달라지기 때문에 사전 준비가 매우 중요하다.

서비스 디자인 팀에서 반드시 필요한 인력은 기획자, 디자이너, 개발자이다. 그리고 이와 같은 인력 구성은 내부와 외부 협력자를 적절하게 안배하여 구성할 수 있다. 예를 들어 어느 병원의 외래 진료실을 새로 배치할 경우, 병원 내부 의료진과 예산 및 인력을 담당할 행정 인력, 그리고 기술적인 분야를 조언하고 연계할 IT 개발자를 포함하고, 외부 디자인 전문가가 협업하는 형태가 되어야 할 것이다. 그리고 전체를 조율할 팀 리더와 디자인 리서치 전문가, 서비스 기획자가 있어야 한다.

인력 구성에서는 좋은 아이디어를 계속 떠올릴 수 있는 발산적 사고를 잘하는 사람과 도출된 내용을 잘 연결하고 정리할 수 있는 수렴적 사고를 가진 사람이 적절히 포함되어야 프로젝트 팀이 역동적으로 움직일 수 있다.[94]

---

94   팀 굿인, 『인간중심 UX 디자인』, 송유미 옮김, 에이콘, 2013.

내부 디자인 팀	협업자	외부 이해관계자
팀 리더 의료진(의사, 간호사) 디자인 리서치 전문가 디자인 전문가 서비스 기획자	프로젝트 책임자 영역 전문가 개발자 시장분석 전문가 사용성 전문가	경영진 공급자 고객(환자)단체 시민단체 :

프로젝트 팀 구성 예시

융합팀의 경우 서로 다른 업무 스타일과 문화 때문에 팀워크가 쉽게 형성되지 않고 삐걱댈 수 있다. 반면 같은 전공의 구성원들로 만들어진 팀도 문제가 발생할 수 있다. 새로운 아이디어가 도출되지 않거나 비슷한 시각으로만 문제를 해결하려고 하기 때문이다. 따라서 팀 리더는 팀 구성의 특징에 따라 팀원 간의 업무를 지정하고 조율하는 프로세스 조율자Facilitator가 되어야 하고, 팀원 간 갈등을 해소하는 막중한 책무가 부여되기도 한다.[95]

팀원 구성뿐만 아니라 팀을 어떻게 운영할 것인지도 중요하다. 유능한 팀원들로만 구성된다고 해서 프로젝트가 성공적으로 운영되는 것은 아니다. 아폴로 신드롬(뛰어난 인재들로만 구성된 집단에서 기대되는 것과 달리 오히려 낮은 성과가 나타나는 현상)처럼 팀원 전체가 공격수이고 전체가 전문가일 경우 오히려 마이너스 요인이 되기도 한다. 서로 다른 사람들이 모여 시너지 효과가 발생할 수 있도록 세심한 노력과 조화로운 팀 운영 노하우가 있어야 한다.

---

95   배성환, 『처음부터 다시 배우는 서비스디자인 씽킹』, 한빛미디어, 2017.

Chapter 2

1단계: 발견하기(Discover)

환경 조사

환경 조사는 어떤 단계로 하는 것이 좋을까? 환경 조사는 서비스 디자인을 시작하기에 앞서 문제 발견을 위한 사전 단계다. 관련 문헌을 연구하거나 인터넷 검색 등을 통해 정보를 수집하고 분석하는 사전 작업, 즉 데스크 리서치(책상에 앉아 하는 조사)를 말한다.

기초조사

데스크에서 실시하는 기초 조사는 아래와 같은 두 가지 방법이 있다.

- 미디어를 통한 자료 수집
- 출판물을 통한 자료 수집

두 가지 방법을 더 세부적으로 살펴보면 ① 언론 보도 자료 ② 인터넷 자료 ③ 조사업체 자료 ④ 관련 연구 자료 ⑤ 도서 논문 자료 ⑥ 법령·지침 자료 등으로 구분할 수 있다.

기초 조사를 실시하는 이유는 대상 서비스의 맥락과 상황을 파악하고, 관련 콘텐츠 및 서비스 영역과 그 특성을 이해하기 위해서다. 기초 조사 자료를 활용하여 전문가 인터뷰를 위한 질문 작성이나 사용자 조사를 위한 기반 자료로 활용할 수 있다.

기초 조사는 사전 조사Preparatory Research와 2차 자료 조사Secondary Research가 있다. 사전 조사는 프로젝트 문제의 답을 찾는 것이 아니라 연구 수행 과정에 필요한 질문을 찾기 위한 과정이다. 사전 조사의 결과는 프로젝트에 대한 질문 또는 가설을 수립하는 데 도움이 된다. 대개 데스크 리서치로 연구 문제와 관련한 맥락, 인식, 내부 갈등 또는 프로젝트 중 발생 가능한 상호작용 등에 대해 준비할 수 있다.

2차 자료 조사는 이미 존재하는 데이터를 사용하는 조사 방법이다. 2차 데이터란 다른 프로젝트 결과 또는 특별한 목적을 위해 수집된 정보를 말한다. 주로 시장 조사 보고서, 추세 분석 데이터, 고객 데이터, 학술 조사 자료 등이다. 2차 자료 조사를 실시하는 이유는 과제 수행 시 이용 가능한 데이터를 확인하기 위해서다. 데이터를 직접 수집할 때는 시간과 비용이 많이 들지만, 2차 자료 조사는 이미 공식적으로 발표된 데이터와 수행이 완료된 다른 연구에서 나온 정보를 재사용하기 때문에 비용 면에서 효율적이다.

2차 자료 조사의 장점은 구할 수 있는 자료가 많고 인터넷 홈페이지 등에서도 찾을 수 있어 쉽게 자료를 확보할 수 있다는 것이다. 다만 신뢰할 수 있는 자료인지 알 수 없고 모든 데이터가 최신 자료 및 통계가 아닐 수 있으므로 이를 확인하는 절차가 필요하다.

환경 조사

환경 조사는 거시적 측면의 조사, 산업적 측면의 조사, 그리고 자신이 속한 조직에 대한 조사로 구분할 수 있다. 환경 조사를 실시할 경우 큰 그림부터 세부적인 사항까지 조사하는 방법을 활용하는 것이 일반적이다.

1. 거시적 환경 조사

거시적 환경 조사를 위한 방법으로는 STEEP 분석법과 PEST 분석법이 대표적이다.

• STEEP 분석법

STEEP 분석법은 거시적 환경 분석을 위하여 사회Social, 기술Technology, 경제Economic, 환경Environment, Ecological, 정치Political Trend의 다섯 가지 영역의 변화를 종합적으로 고려하여 분석하는 시스템적 접근 방법이다.

STEEP 분석법은 제임스 카일러James Keiler가 자신의 저서 『외부 환경 평가: STEEP 분석Assessing Your External Environment: STEEP Analysis』에서 처음으로 소개했다. 기업이나 조직이 경쟁 환경에서 성장할 수 있도록 거시적인 환경 요인을 파악하는 방법론이다.[96]

STEEP 분석법은 ① 분석 중인 요소 이해 ② 다른 트렌드 간의 상관관계 평가 ③ 트렌드 이슈 및 다가올 이슈의 방향성 예측 ④ 시사점 등을 도출할 목적으로 활용된다.

사회/문화
인구통계, 사회문화, 교육수준,
행동양식, 규범, 사회 전반의
라이프스타일 등 사회문화적 환경

기술/정보
정부의 기술 인력 양성을 위한
예산, 디지털 기술의 발전, 생물공학,
화학, 에너지 및 의학 등에
관련된 특허권, 신기술 개발 등의
기술 및 정보적인 환경

경제
환율, 금리, 무역수지,
예산 운영, 인플레이션 증가율,
가계 부채 등의
경제적인 환경

생태적인 환경
지구온난화 기상기온에 의한
소멸/변질에 따른 피해 정도,
소음/먼지 공해 정도의
생태학적인 환경

정책/법규
탈규제화, 민영화,
산업 구조조정, 여론 등의
정책적–법규적인 환경

STEEP 분석법

- PEST 분석법

PEST는 정치적 환경Political Environment, 경제적 환경Economical Environment, 사회문화적 환경Social Environment, 기술 환경Technological Environment 혹은 정치Politic, 경제Economic, 사회Social, 기술Technology의 앞 글자를 따서 만든 용어다.

PEST 분석법은 하버드 대학의 프랜시스 아길라Francic J. Aguilar 교수가 1967년 발행된 저널《비즈니스 환경 진단Scanning Business Environment》에서 경제적, 기술적, 정치적, 사회적 요인이 비즈니스 환경에 큰 영향을 미친다며, 'ETPS'라는 약어로 최초로 소개하면서 등장했다.

이후 미국 생명보험연구소의 아놀드 브라운Arnold Brown이 'STEP Strategic Trend Evaluation Process'으로 재구성하였고, 다시 '거시적 외부 환경 분석Macro External Environment analysis' 또는 '변화에 대한 환경 진단Environmental Scanning for Change' 방법과 같이 환경적 요소를 추가하여 'STEPE 분석'으로 부르게 되었다.

1980년대에 일부 학자들은 순서를 변형하여 PEST라고 부르기도 하고, 법적Legal 요소를 추가하여 'SLEPT'로, 환경적Environmental 요소를 추가하여 PESTEL, PESTLE, STEEPLE 등으로 명명하기도 했다.

---

96   Nkechiwetalu Nwankwo, Titus Kehinde Olaniyi, Antony Morgan, STEEP Analysis of Energy System Transition to Sustainability, International Journal of Sustainable Energy Development (IJSED): 10(1), 2022.

PEST 분석법은 거시적 환경 분석 및 전략 수립을 위한 목적으로 정치, 경제, 사회, 기술 측면에서 시장의 큰 흐름을 찾아내기 위해 문제를 분석하는 방법이다. 어떤 조직에서 시장 조사나 전략 분석을 할 때 혹은 거시경제적 관점에서 의사결정을 내려야할 때 사용한다.

PEST를 수행하는 과정을 살펴보면, 먼저 PEST에 따라 비즈니스 경쟁력 제공에 영향을 미치는 요인을 도출한다. 이어서 각 요인이 현재 해당 조직에 미치는 영향을 파악한다. 세 번째 단계로 단기 · 중기 · 장기적인 관점에서 각 요인이 미래에 어떻게 변화할 것인지 예측한다. 끝으로 각 요인에 따라 현재의 영향과 미래의 영향 간의 차이를 파악한다.

2. 산업 환경 분석

관련 산업 분석 기법은 그 조직이 속한 산업 내에 존재하는 주체들을 분석하는 것으로 경쟁자, 고객, 자신이 속한 조직의 핵심역량, 이해관계자, 협력자 등을 분석하는 기법이다. 대표적 방법론으로는 3C 분석법, 5세력 분석법, 마케팅 분석법 등이 있다.

• 3C 분석법

3C는 자사Company, 고객Customer, 경쟁사Competitor의 앞 글자를 따서 만든 약자이다.

3C 분석

3C 분석법은 경영 컨설턴트인 오마에 켄이치Ohmae Kenichi가 만든 것으로 자사, 고객, 경쟁사로 구성된 3가지 핵심 요소가 균형을 이루어야 한다고 주장하며 '3C' 또는 '전략 삼각형Strategic Triangle'이라는 이름으로 소개하였다.

3C 분석법은 고객, 경쟁자, 자사 요소에 초점을 맞춰 분석함

으로써 핵심 성공 요인KSF: the Key Success Factor을 찾고 실행 가능한 마케팅 전략을 세우는 것을 목표로 한다. 최근에는 채널Channel을 포함하여 '4C 분석'으로 활용되기도 한다. 채널이란 기업이 해당 세부 시장에 가치를 제안하기 위해 커뮤니케이션을 하고 상품이나 서비스를 전달하는 방법을 의미한다.

· 5세력 분석법

5세력 분석법5 Forces Analysis은 산업 내 경쟁을 결정하는 요인들을 공급자, 신규 진입자, 대체재, 구매자, 기존 경쟁자와 같이 다섯 가지 관점으로 분석하여 경쟁의 강도를 알아내고 그에 따른 수익성을 예상하는 방법이다.

5세력 분석법은 하버드 대학의 마이클 포터Michael Porter 교수가 기업에 위협을 발생시키는 산업 환경의 다섯 가지 요인을 파악하고 모델화한 것이다.[97]

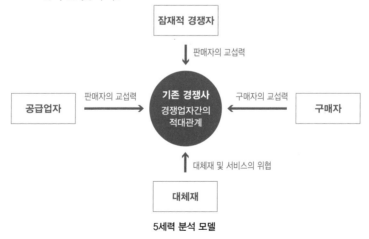

5세력 분석 모델

5세력 분석은 산업 내 경쟁을 결정하는 요인과 경쟁의 강도, 그에 따른 잠재적 수익성을 파악하기 위한 목적으로 사용한다. 이를 통해 경쟁 원인 파악과 경쟁 강도 및 경쟁 요인 파악, 산업 매력도 파악, 미래 산업 환경을 예측할 수 있다.

• 마케팅 믹스 분석법

마케팅 믹스 분석법은 의사결정자가 효과적이고 전략적인 의사결정을 하기 위해 통제 가능한 마케팅 수단들을 특정 시점이나 환경에 맞게 적절히 조합하는 분석법을 말한다.

마케팅 믹스 '4P 분석'에서 4P에 해당하는 요소에 대해서는 학자들마다 조금씩 다르지만 공통적인 의미를 찾아보면 제품Product, 가격Price, 유통Place(유통 경로, 장소), 촉진Promotion으로 구성된다.

마케팅 믹스 4P는 미국 미시간 주립대학의 제롬 맥카시E. Jerome McCarthy 교수가 1960년『마케팅 기초: 관리적 접근 방식Basic Marketing: Managerial Approach』에서 처음 소개하였다.[98] 마케팅 믹스 4P는 회사가 그들의 타깃 고객층을 만족시키기 위해 제품Product(서비스 산업에서는 Service), 가격Price, 장소Place, 촉진Promotion의 4가지 마케팅 전략을 적절히 섞어 사용해야 함을 강조한 모델이다.

---

97   Michael E. Porter, "The Five Competitive Forces That Shape Strategy", 《Harvard Business Publishing》, pp. 79−93, 2008.

98   McCarthy, Jerome E. (1960). Basic Marketing. A Managerial Approach. Homewood, IL: Richard D. Irwin.

마케팅 믹스 4P

　　하지만 마케팅 믹스 4P는 오늘날의 산업이 대부분 제조업을 벗어나게 되면서 제조업 이외의 산업 분야에도 공통적으로 적용하기에는 무리가 있다는 주장이 대두되었다.

　　오늘날 4P는 다원화된 현대 사회에 맞춰 소비자에게 친숙하고 인터넷 마케팅에서 특히 중시되는 네 가지 요소인 소비자Customer, 기회비용Cost, 편의성Convenience, 커뮤니케이션Communication의 '4C'로 대체되었다. 고객 관점의 마케팅 믹스 4C는 정보화 사회의 도래로 인해 '고객' 입장에서 분석해야 한다는 것을 의미한다. 이는 고객 생애 가치Life Time Value 극대화를 목표로 마케터와 경영진이 전체 프로세스와 가치사슬을 고객의 관점에서 바라보도록 하는 사고방식의 변화를 반영한 것이다.

마케팅 믹스 4C

서비스 산업 분야에서는 앞서 소개한 4P에 과정Process, 물리적 근거Physical evidence, 사람People의 세 가지 요소를 추가하여 '7P'로 사용하기도 한다. 이와 같은 마케팅 믹스 분석을 사용하는 목적은 해당 조직의 의사결정 과정, 고객 만족과 브랜드 이미지 및 구매 의도 등과 관련한 마케팅 연구, 마케팅 전략 수립 및 개선 활동 등에 활용하기 위해서다.

• 자사 분석법(7S)

7S 모델은 맥킨지 컨설팅사에서 활용하는 분석 방법으로 미국 내 초일류 기업 43개를 선별하여 조직을 분석하기 위해 만들어낸 조직 문화 분석 모델이다. 초일류 기업이 지닌 특징을 7가지로 구분하여 해당 조직이 지닌 독특한 문화와 강약점 등을 분석한다. 이 모델은 조직을 이해하고 설계할 때 중요한 사항을 밝혀내는 데 유용하며, 자사 분석을 위해 가장 많이 사용한다.

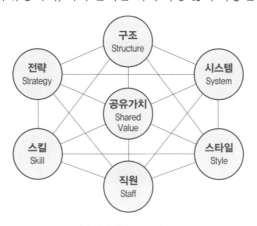

맥킨지 컨설팅 7S 모델 분석

7S분석법은 전략Strategy, 시스템System, 구조Structure, 스타일Style, 능력Skill, 직원Staff, 공유가치Shared Value로 구성되고 각각의 앞 글자를 따서 7S라고 명명한 모델이다.

7S분석법의 가장 큰 특징은 조직의 하드웨어적인 요소와 소프트웨어적인 요소를 구분하여 체계적으로 분석할 수 있다는 점이다. 하드웨어적인 요소로는 전략, 시스템, 구조가 있고, 소프트웨어적인 요소로는 스타일, 능력, 직원, 공유가치로 구분할 수 있다. 하드웨어적인 3S는 조직이든 개인이든 전략이 수립되면 비교적 쉽게 변경할 수 있지만, 소프트웨어적인 4S를 바꾸는 일은 훨씬 많은 시간과 노력이 요구된다.

7S모델의 구성 요소를 세부적으로 살펴보면 다음과 같다.

- **전략**Strategy: 조직이 추구하는 목표를 달성하기 위한 방향 및 계획이다. 어떤 전략을 취하느냐에 따라 조직의 예산과 자원 배분 방안이 달라진다. 이러한 전략은 조직의 구조, 시스템 등에 영향을 미친다.
- **시스템**System: 조직의 전략을 실행하는 데 필요한 시스템에는 조직의 관리 체계, 운영 절차, 관련 제도 등이 있다. 조직의 성과 관리 시스템, 인사 제도, 의사결정 프로세스, 경영 정보 시스템 등이 해당된다.
- **구조**Structure: 다른 말로 하면 조직도라고 할 수 있다. 이러한 구조는 조직별 역할이나 권한, 책임 등을 말한다. 조직의 전략에 따라 조직의 구조가 달라질 수 있고, 해당 조직 내 구성원들이 수행해

야 할 업무도 변할 수 있다.

- **스타일**Style: 해당 조직의 경영 방식이다. 스타일은 조직 문화와 연계되어 있어 조직의 리더십 스타일이나 조직 내 구성원 간의 관계 등을 파악할 수 있다. 스타일은 오랫동안 형성되어온 것으로 쉽게 바뀌지 않는 특징이 있다.
- **능력**Skill: 조직 수준에서의 능력이기 때문에 개인 능력과는 차이가 있다. 가치사슬 관점에서 볼 수 있는 능력을 뜻하며, 제조(서비스) 기술, 효율적 운영 능력, 리스크 관리 능력 등이 해당한다. 해당 조직의 경영 관리 능력을 의미한다.
- **직원**Staff: 현재 조직 내 인적 자원의 특성과 구성원이 보유하고 있는 스킬을 말한다. 조직 구성원 중에 MZ 세대가 많다거나 접수창구의 응대 스킬이 뛰어나다 등의 특성을 의미한다.
- **공유 가치**Shared Value: 조직 구성원들이 공유하고 있는 이념, 가치관, 목적 등을 말한다. 7S모델의 다른 항목에 영향을 주며, 해당 조직의 비전 체계나 미션에 나타나는 가치로, 조직의 전략이나 상품 및 서비스 개발의 방향에 많은 영향을 미친다.

7S모델은 해당 조직의 환경 변화 대응 능력을 평가하고 계획하는 것에 활용된다. 환경에 대응하기 위해서는 외부 요인과 내부 요인 모두 고려해야 하는데 7S모델은 주로 내부 요인에 대한 사항이다.

조직 내부의 환경 진단을 위한 7S모델을 적용하기 위해서는 개별 구성 요소들에 대한 체계적이고 객관적인 분석을 통해 각 요소들이 갖고 있는 강점과 약점의 전략적인 과제를 도출해야 한다. 이를 통해 해당 조직의 수준을 평가하고 환경 변화에 대한 조직 내부의 효율적인 대안을 도출할 수 있다.

공감하기

서비스 디자인에서 '공감Empathize'이란 무엇일까? 사용자의 감정과 생각을 공유하고, 사용자의 관점에서 상황을 이해하는 능력이다. 서비스 디자인에서 공감은 매우 중요한 역할을 한다. 왜냐하면 공감을 통해 사용자의 진짜 문제와 욕구Needs를 발견하고, 사용자와 신뢰 관계를 형성하고, 사용자에게 적합한 서비스를 제공할 수 있기 때문이다.

공감이란 사전적으로 '남'의 감정, 의견, 주장 따위에 대하여 자기도 그렇다고 느끼거나 그렇게 느끼는 '기분'을 말한다. 즉 상대방 입장에 서서 상대방이 경험한 바를 이해하거나 혹은 다른 사람의 입장에서 생각해보는 능력이다. 여기서 중요한 것이 '남', '상대방'이다. 서비스 디자인이나 경영학적 측면에서 남 또는 상대방은 고객이라는 용어로 대신할 수 있다. 그리고 그 고객을 제대로 이해하는 것이 핵심이다. 병원에서는 환자를 제대로 이해하는 것이 핵심이다.

고객에 대한 이해

고객顧客은 한자어로 '돌아볼 고顧' 자와 '손님 객客' 자가 합쳐져 만들어진 단어다. 그러므로 '손님을 돌보다'라는 의미를 가지고 있다. 이는 고객의 요구와 불편 사항을 적극적으로 해결하고, 고객의 만족도를 높이기 위해 노력해야 함을 의미한다.

고객의 다른 의미로 '고정된 손님'이라는 뜻도 있다. 이는 고객이 해당 조직이나 기업과 지속적인 관계를 유지하며, 반복적으로 물건 또는 서비스를 이용하는 것을 의미한다. 따라서 고객은 기업의 생존과 성장에 매우 중요한 역할을 한다. 기업은 고객의 요구와 선호도를 파악하고, 이를 제품이나 서비스에 반영하여 고객의 만족도를 높여야 한다. 이를 위해서는 고객과의 소통과 상호작용이 중요하다.

의료 기관에서의 고객은 환자患者다. 환자 외에도 환자 보호자나 병원을 이용하는 다른 이해관계자들도 넓게 보면 고객이라 할 수 있지만 가장 직접적인 고객은 환자다. 환자는 병이나 상처가 있어서 치료를 받는 사람을 의미한다. 표준국어대사전에서 환患은 '병이나 고통을 당하다'라는 뜻이고, 자者는 '사람이나 사물을 가리키는 접미사'다. 영어로는 'patient'라고 하는데, 라틴어의 pati(견디다, 참다)와 ent(사람)를 합친 단어다.[99]

이와 같이 의료 기관에서의 고객인 환자는 일반 고객과 달리

---

99   Krishnasamy S, Abell TL (July 2018). "Diabetic Gastroparesis: Principles and Current Trends in anagement".《Diabetes Therapy》9 (Suppl 1): 1–42.

질병이나 상처를 갖고 있기 때문에 이를 참고 견뎌야 할 뿐만 아니라 빨리 그 고통을 해결하고 싶은 사람이다. 그런데 이런 욕구를 해결해줄 수 있는 곳이 병원이기 때문에 심리적, 정서적으로 약자의 위치에 있다. 또한 고객으로서의 환자는 불면, 피로, 불안, 우울, 고립감, 무력감, 자신감 저하 등 다양한 정신적 어려움을 겪고 있기 때문에 예민한 고객이라고 할 수 있다.[100]

우리나라에서 환자를 고객으로 인식하기 시작한 것이 언제부터인지는 정확히 알 수 없지만 의료보험제도가 도입된 1970년대부터 의료 기관과 환자간의 관계가 서비스와 소비자의 관계로 바뀌기 시작했다.[101] 그 후 1989년 서울아산병원, 1994년 삼성서울병원 등 기업형 병원이 개원하면서 일반 기업에서 사용하는 고객이라는 말이 의료계에도 조금씩 사용되기 시작했고, 2000년대 들어서부터 고객이라는 용어가 자주 사용되었다. 환자를 단순히 '병든 자'라고 보지 않고 고객이라는 용어를 사용하면서 환자의 지위는 점차 높아지게 되었다.

최근에는 2017년부터 입원 경험이 있는 환자가 본인이 경험한 의료 기관에 대한 평가를 시행하는 환자 경험 평가가 시범적으로 요양급여 적정성 평가 항목에 포함되었고, 평가 대상 기관도 단계적으로 확대되었다. 2023년 4차 환자 경험 평가 대상 기관은 상급 종합병원 및 전체 종합병원으로 확대되었다. 조만간 시범 사업을 마치고

---

100   "몸 챙기다 마음 앓는 암환자들… 심리적 지원 절실", 《헬스조선》, 2021. 07. 02.
101   김영삼, 「한국의료전달체계 개편 방향」, 『대한내과학회지』 95(3), 2020.

본 사업으로 시행될 것으로 예상된다.[102] 이와 같은 변화에 따라 의료 기관에서 고객으로서의 환자의 중요성은 더욱 커지고 있다.

고객의 불만

와튼 스쿨 조사에 따르면 불만족한 고객 중 6%만이 해당업체에게 직접 불만을 토로할 뿐 나머지 94%는 침묵을 지키거나 친구, 가족, 동료 등에게 자신이 느낀 불만을 이야기하는(부정적 입소문) 것으로 나타났다.[103]

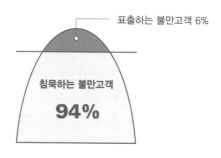

표출하는 불만고객 6%

침묵하는 불만고객
94%

고객의 불만 표출

또한 침묵하는 불만 고객 94% 중 31%는 친구 또는 가족에게 험담하는 것으로 나타났다. 직접 항의하지 않고 지인에게 험담하는 불만 고객 1명을 통해 무려 90명이 제공받은 제품 또는 서비스에 대한 불만을 알게 된다.

---

102   건강보험심사평가원 「의료질평가제도 효과 분석 및 평가모형 개발 연구」 최종 보고서, 2018.

103   펜실베니아대학교 와튼스쿨, 『불만 고객 연구보고서』, 2006.

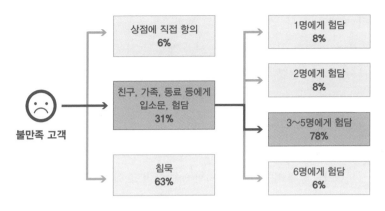

고객의 불만 확산 경로

고객 만족과 관련한 또 다른 연구로 '굿맨의 법칙The principle of good man'이 있다. 굿맨의 법칙은, 미국의 정부자문기관으로 시작하여 오늘날 고객 만족 관련 마케팅 연구 기관으로 성장한 TARP(Technical Assistance Research Programs) 회장 존 굿맨John Goodman이1970년에 발표한 내용으로 '고객 만족에 관한 법칙'이라고도 한다. 많은 기업들이 이 법칙을 토대로 고객 만족에 관한 혁신을 대대적으로 전개하는 계기가 되었다.

TARP의 연구 결과에 따르면 고객 만족을 위한 제1법칙은 불만족한 고객에 대한 것이다. 불만을 느낀 고객 중 고충을 제기하고 그 해결에 만족한 고객의 당해 상품이나 서비스의 재구입 결정률은 불만이 있으면서 이를 제기하지 않은 고객의 재구입 결정률에 비해 매우 높았다. 즉 불만이 해결된 다음에 더 큰 신뢰를 얻을 수 있다는 의미로 해석할 수 있다. 100달러 이상의 제품에 대해 불만이 있으면서 고충을 제기하지 않았던 고객이 같은 회사의 상품을 다시 구입할 확률은 불과 9%로 나타났다. 이에 반해 고충을 제기한 고객 가운데 문제가 해결될 경우 재구입율은 82%를 웃돈다는 결과가 나왔다.

제2법칙은 구전口傳에 대한 것이다. 고충 처리에 불만을 품은 고객의 비호의적인 소문은 만족한 고객의 호의적인 소문에 비해 두 배나 강하게 판매를 방해하는 것으로 나타났다. 이와 같은 연구 결과를 볼 때 우리는 고객을 정확히 이해하고 해결 대안을 제시함으로써 이전보다 더 좋은 성과를 창출할 수 있음을 알 수 있다.

고객의 불만과 VOC

고객의 소리Voice of Customer는 제품 또는 서비스에 대한 고객의 경험과 기대치에 대한 고객의 피드백을 설명하는 용어다. 고객의 요구와 기대, 이해 및 제품 개선에 초점을 맞춘 제도라고 할 수 있다. 고객의 소리를 파악하고 그에 대응함으로써 기업은 고객의 요구와 기대를 더 잘 이해하고 충족시킬 수 있으며 제품과 서비스를 개선할 수 있다.

고객의 소리 사례

병원에서도 환자와 보호자들의 불만을 듣기 위해 '고객의 소리함'을 설치하고 요구 사항을 해결하기 위해 다양한 활동을 펼치고 있다. 고객의 소리를 파악하는 방법은 다양하다. 일반적으로 다음과 같은 방법을 사용할 수 있다.

- **설문조사**: 고객 만족도 조사, 제품 만족도 조사, 고객 경험 조사 등을 통해 고객의 의견을 수집할 수 있다.
- **피드백 양식**: 제품 또는 서비스에 대한 의견을 적는 양식이나 불만 제출함을 설치하여 고객의 의견을 들을 수 있다.
- **소셜미디어 모니터링**: 소셜미디어에서 고객의 의견을 모니터링하고 분석한다.
- **고객지원 통화기록**: 고객과의 통화기록을 분석하여 고객의 의견을 파악한다.
- **데이터 분석**: 고객의 구매 이력, 웹사이트 방문 이력 등을 분석하여 고객의 의견을 파악한다.

디자인 씽킹은 고객으로부터 출발하기 때문에 고객의 소리를 먼저 모니터링하는 경우가 많다. 해당 과제가 선정되면 그와 관련된 고객의 소리를 모니터링하는 것이 첫 번째 순서일 수도 있다. 그런데 와튼스쿨의 조사 결과와 TARP의 연구 결과처럼 고객이 직접적으로 불만을 표출하는 경우는 아주 적은 비중을 차지한다. 따라서 고객을 분석하기 위한 보다 다양한 방법을 사용할 필요가 있다.

공급자와 소비자의 생각과 느낌이 얼마나 다른지를 보여주는 유명한 조사 결과가 있다. 2005년 11월 하버드 경영대학원에서 베인앤컴퍼니가 362개 기업을 대상으로 실시한 조사였다.[104]

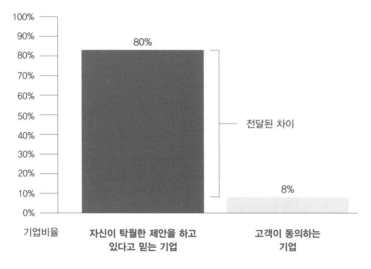

고객에 대한 이해의 차이

조사 결과를 보면 80%에 달하는 기업이 자신들의 회사가 고객들에게 '탁월한 경험'을 제공하고 있다고 생각했다. 그런데 똑같은 질문을 고객들에게 물었을 때, "해당 기업들이 정말 훌륭한 경험을 제공한다"고 답한 고객은 8%에 지나지 않았다. 72%에 달하는 간극이 놀랍지 않을 수 없다.

그렇다면 의료계는 어떨까?

---

104   Bain & Company, Closing the delivery gap, 2005.

- 우리 병원을 이용하는 고객들이 무엇을 생각하고, 어떻게 느끼고, 어떻게 행동하는지 제대로 알고 있을까?
- 자신들이 진정으로 원하는 경험을 제공받고 있다고 생각하는 우리 병원 고객은 얼마나 될까?
- 그 고객들이 누구인지 우리는 정확히 알고 있을까?
- 우리의 프로그램과 의료 서비스가 환자들에게 탁월한 경험을 제공하고 있다고 착각하는 80%에 우리도 속하는 것은 아닐까?
- 우리는 그것을 파악하기 위해 양적으로 구조화된, 이미 오래 전부터 써온 양적 설문지로 만족도 조사를 실시하고 있는 것은 아닐까?
- 환자 경험 평가의 설문 항목들을 외우고 그 내용을 환자들에게 주입시켜 이벤트성으로 환자 경험이 좋은 것이라고 세뇌하고 있는 것은 아닐까?
- 시스템이나 조직 문화는 간과한 채, 좋은 점수를 받기 위해 평가 시기에만 집중적인 훈련과 교육을 통해 임기응변으로 대응하는 것은 아닐까?

이와 같은 여러 질문에 대한 답을 얻고, 고객의 진정한 욕구를 파악하여 공감하고, 이를 해결하기 위해서는 다양한 조사를 실시해야 한다. 조사 방법으로는 기초 조사, 설문, 인터뷰, 관찰, 민족지학Ethnography과 같은 다양한 종류가 있다.

고객의 욕구의 중요성

고객의 욕구Needs를 제대로 아는 것이 왜 중요할까? 공감을 위해 필요한 것은 고객의 욕구를 제대로 파악하는 것이다. 고객의 욕구는 보일 수도 있고 아닐 수도 있다. 고객의 욕구를 제대로 파악하기 위해서는 특별한 방법이 필요하다.

고객의 욕구에 대해 고대 철학자 에피쿠로스Epikouros는 세 가지로 구분했다. 첫째, 자연스럽고 꼭 필요한 욕구로 먹을 것이나 입을 것과 같은 것을 말한다. 이 욕구는 쉽게 충족될 수 있다. 그러나 충족되지 않을 경우 고통을 야기한다. 둘째, 자연스럽기는 하지만 꼭 필요하지 않은 욕구로 성적 욕구와 같은 것이다. 이 욕구는 첫 번째 욕구보다 충족하기 힘들다. 세 번째는 자연스럽지도 않고 꼭 필요하지도 않은 욕구로 사치, 부귀영화와 같은 욕구다. 이 욕구는 끝이 없고 충족되기도 어렵다.

고객의 욕구를 구분하는 대표적인 이론은 매슬로Maslow의 '욕구 5단계설'이다. 이 이론은 유명한 이론이면서 "앞선 단계가 해결되지 않으면 다음 단계로 나아갈 수 없고 충족되지 않는다"고 주장한 점에서 한계점도 있다.

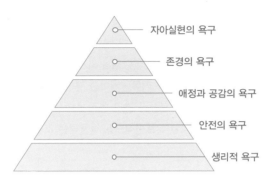

매슬로우 욕구 5단계

그런데 문제는 고객의 욕구 표현은 1단계(생리적 욕구)와 2단계 (안전의 욕구) 수준은 밖으로 표현되지만 3단계부터 5단계까지는 겉으로 잘 드러나지 않는다는 것이다. 그것이 충족되지 않았다고 해서 큰 문제가 되지 않을 수 있다.

메라비안의 법칙The Law of Mehrabian에 따르면 사람들이 무엇에 대해 의사를 표시할 때 직접적으로 표현하는 것은 일부에 불과하다.

메라비안의 법칙The Law of Mehrabian

미국 캘리포니아 대학 UCLA의 심리학과 명예교수인 앨버트 메라비안Albert Mehrabian이 1971년 출간한 저서 『침묵의 메시지Silent Messages』에서 이야기하는 커뮤니케이션 이론이다. 대화는 언어적인 표현과 비언어적 표현으로 구분할 수 있으며, 대화를 할 때 생겨나는 상대방에 대한 이미지는 시각(몸짓) 55%, 청각(음색, 목소리, 억양) 38%, 언어(내용) 7%로 이뤄진다는 주장이다. 즉 말투나 표정, 눈빛과 제스처 같은 비언어적 요소가 효과적인 의사소통에서 차지하

는 비율이 무려 93%의 높은 영향력을 가지고 있다는 것이다. "행동의 소리가 말의 소리보다 크다"는 명언이 바로 여기에서 탄생되었고, 그 후 '메라비안의 법칙'으로 불리게 되었다. 메라비안의 법칙은 욕구 분석뿐만 아니라 커뮤니케이션 분야의 발전에도 큰 영향을 미쳤다. 해당 법칙은 제한된 연구 환경에서 만들어졌기 때문에 일반적인 의사소통 상황에 보편적으로 적용하는 것은 어려움이 있다.

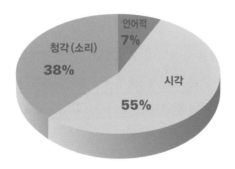

메라비안의 법칙

고객의 욕구를 파악하기 위해서는 고객의 니즈Needs와 원츠Wants를 구분하는 것이 중요하다. 20세기 비즈니스에서 중요한 핵심 키워드가 니즈였다면, 21세기의 키워드는 원츠라고 할 수 있다.

구분	내용
니즈(Needs)	**기능적 필요**(functional needs) 인간이 생존하면서 반드시 필요로 하는 욕구를 충족하려는 심리
원츠(Wants)	**심리적 욕망**(mental wants) 생존에 반드시 필요하지는 않지만 인간의 사회적 욕망으로 인해 욕구를 충족하려는 심리

고객 욕구의 유형은 다음과 같은 세 가지 유형으로 나뉜다.[105] 첫째, 표현 니즈Explicit Needs이다. 이것은 겉으로 드러나 있어 명쾌하게 정의할 수 있다. 고객이 알고 있는 최선의 대안을 표현하는 것이다. 둘째, 내면 니즈Implicit Needs이다. 이것은 사용자 스스로 잘 인식하지 못하고 표현하지 못하는 내면적인 것이다. 내면 니즈는 사용자 스스로 직접 그 욕구를 해결하지 못하기 때문에 대안책의 형태로 욕구를 해결하는 경우가 많다. 셋째, 잠재 니즈Unmet Needs이다. 이것은 아직 미충족 상태로 남아 있는 욕구를 말한다. 고객 스스로도 문제를 인지하지 못하는 상태의 욕구이다.

구분	표현	혁신 방법
표현 니즈 (Explicit Needs)	이거 불편해요 고쳐주세요	**존속적 혁신**(Sustaining Innovation) 기존 시장 공략, 성능 향상 등
내면 니즈 (Implicit Needs)	꼬집어 말하기 어렵 지만 불편해요	**파괴적 혁신**(Disruptive Innovation) 전통 비즈니스 시장 활용 어려움, 극적 변화 추구
잠재 니즈 (Unmet Needs)	없는 것 같아요	**빅뱅 디스럽션**(Big Bang Disruption) 새로운 신기술로 시장을 순식간에 재편

이렇게 고객의 욕구를 구분하는 이유는 무엇일까? 고객의 내면 욕구와 잠재 욕구까지 파악하여 비즈니스를 연결하기 위해서다. 병원 사업과 같은 비영리 의료 기관 입장에서는 환자 경험을

---

105   라이트브레인랩, 건축과 UX디자인, "사용자를 널리 이롭게 하다", https://blog.rightbrain.co.kr/?p=4976.

좋게 하여 고객을 만족시키고 궁극적으로는 충성 고객을 확보함으로써 지속 가능한 경영 환경을 구축하기 위해서다. 이를 제대로 하기 위해서는 기존의 통계 활용이나 설문 정도의 기법으로는 한계가 있다.

고객을 이해하고 이를 비즈니스와 연계하는 방법은 무엇일까?

모한 서니Mohan Surni 노스웨스턴 대학교Northwestern University Kellogg School of Management 교수에 따르면, 사용자 이해를 위한 피라미드와 비즈니스 가치 피라미드가 서로 면하고 있는데 이를 어떻게 연결하느냐에 따라 비즈니스 파급 효과는 크게 달라질 수 있다.[106]

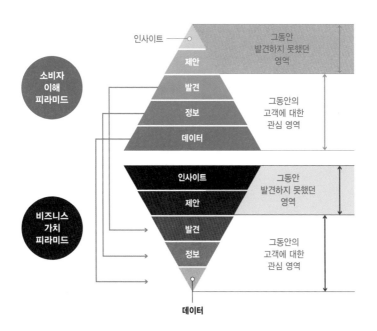

소비자 이해 및 비즈니스 가치 피라미드

대부분의 비즈니스는 사용자의 데이터Data와 정보Information 수준에서 고객의 욕구Needs를 파악하고 이를 다시 비즈니스 가치의 데이터와 정보 수준으로 연결하는 데 그친다. 더 혁신적이고 새로운 비즈니스 가치를 창출하기 위해서는 사용자에 대한 더 높은 수준의 이해가 필요하다.

사용자에 대한 더 높은 이해를 위해서는 고객에 대한 기본적인 데이터뿐만 아니라 다양한 이해관계자, 내부 구성원, 고객에 대한 관찰, 고객 체험 등을 통해 얻은 다양한 정보를 통해 새로운 사실을 발견Findings하고, 아이디어와 은유 및 유추를 통해 새로운 제안Recommendations을 만들고, 변칙과 모순을 통해 기존에 없던 새로운 블루오션을 만드는 일이 가능해질 수 있다.

그렇다면 더 높은 차원의 고객의 욕구를 파악할 수 있는 공감은 어떻게 할 수 있을까?

고객 욕구 파악 방법론

고객 욕구를 어떻게 파악할 수 있을까? 서비스 디자인에서는 기존에 사용하던 고객 욕구 파악 방법과 다르게 좀 더 깊이 있게 욕구를 파악해야 한다고 주장하는데 구체적으로 어떻게 파악할

---

106   DBR, "인사이트 교육 열풍, 고객의 숨은 욕구 찾아라", 2008. 09, 재인용.

수 있을까? 고객 욕구를 공감하기 위한 완벽한 방법은 없다. 특히 내면적 욕구나 잠재적 욕구의 경우 기존에 활용하는 일반적인 통계 방법으로는 정확히 파악할 수 없다. 고객의 욕구를 제대로 파악하여 디자인 씽킹에 적용하기 위해서는 기존의 방법과 다른 접근이 필요하다.

고객 욕구 파악 방법론

디자인 씽킹에서 활용하는 고객의 욕구 파악 방법론은 다양하다. 먼저 관찰Observe이다. 고객을 가장 잘 이해하는 방법 중 하나는 그들을 가만히 오랜 시간 관찰하는 것이다. 어떤 주관적 해석과 대화도 필요 없다. 전문적 지식이 필요한 것도 아니다. 단지 고객들의 행동, 표정, 몸짓, 말투, 눈빛 등을 객관적으로 관찰하고 이해하려는 노력만 있으면 된다. 관찰에서는 끈질기게 기록하고 집요하게 파고들기 위해 한 번 더 생각하는 자세가 중요하다.

둘째, 인터뷰Interview다. 인터뷰를 위해서는 고객의 눈높이에 맞춰 예상 질문을 먼저 준비해야 한다. 인터뷰는 질문의 스킬이 중요하다. 객관적인 데이터가 필요한 인터뷰는 '예' 혹은 '아니오'로 답하거나 정해진 답으로 대답할 수 있도록 디자인한 '닫힌 질문'을 사용한다. 반면에 고객의 주관적인 의견이나 느낌을 묻는 질문에 대해서는 '열린 질문'을 해야 한다. 열린 질문에서 고객의 솔직하고 진심 어린 생각을 듣고 싶다면 선택지 없이 높은 수준의 질문을 던지는 것이 바람직하다.

셋째, 고객과 함께 생활하고 체험하고 느끼는 현장 연구 방법인 민족지학Ethnography 방법이다. 이를 위해서는 '체험 삶의 현장' 처럼 고객의 삶 속으로 뛰어드는 용기가 필요하다. 고객의 입장이 되어 그들의 삶을 며칠 동안 가상으로 살아보는 것만큼 고객을 확실하게 이해할 수 있는 방법은 없기 때문이다.

대표적으로 미국의 유명 산업 디자이너 '패트리샤 무어Patricia Moore'의 사례를 들 수 있다. 그녀는 '유니버설 디자인universal design'을 탄생시킨 천재 디자이너다. 유니버설 디자인이란 어린아이부터 노인까지 모든 사람이 편안하게 사용할 수 있도록 만든 보편 타당한 제품 및 디자인을 말한다.

20대의 그녀는 노인의 일상생활을 이해하기 위해 80대 노인으로 변장해 철제 보조기로 다리를 뻣뻣하게 만들고, 솜으로 귀를 틀어막으며, 메이크업 아티스트의 도움을 받아 사실적인 주름을 만들고, 뿌연 안경으로 일부러 시야를 흐리게 한 채 3년이란 시간을 노인처럼 살았다. 노인에 가까운 삶을 직접 체험한 것이다. 걸을 때도 항상 지팡이에 의존해서 느릿느릿 걸었고 시간의 대부분을 공원 벤치에 앉아 다른 노인들과 담소 나누는 것에 할애하였다. 그렇게 무려 3년의 시간을 보냈다.

80대 할머니로 분장한 패트리샤 무어

이 기나긴 실험을 마친 후 그녀는 다음과 같이 이야기했다. "사람들은 누구나 젊은 시절의 일상을 평생 영위하기를 원합니다. 이러한 사람들의 소망을 가능하게 하는 것이 바로 디자인의 힘입니다." 이렇게 탄생한 것이 유니버설 디자인이다.

유니버설 디자인이 접목된 옥소 주방용품

그녀의 유니버설 디자인 철학은 '옥소OXO'라는 브랜드를 통해 유니버설 주방용품으로 탄생했다. 남녀노소 누구나 손쉽게 사용할 수 있는 옥소의 주방용품은 탁월한 그립감으로 유명하다. 손힘이 센 사람이나 약한 사람이나 혹은 손이 크거나 작거나 할 것 없이 누구나 편안하고 안전하게 사용할 수 있는 제품이 탄생한 것이다.

민족지학

패트리샤 무어와 같이 대상이 되는 고객과 일상생활이나 문화를 공유하거나 고객 체험을 하는 구체적인 방법이 민족지학Ethnography이다. 민족지학 방법은 다양하다.

1. 자문화 기술지

자문화 기술지Auto ethnography는 자전적autobiographical으로 주관성이 가미된 연구자의 경험을 토대로 글을 구성하고, 사회 · 문화 · 정치적으로 연결 지어 해석하며, 문화 기술지적ethnographical 방법이 차용되는 특성을 포함하고 있는 질적 연구 방법이다.[107]

1975년 인류학자인 칼 하이더Karl Heider가 자문화 기술지라는 용어를 처음 사용한 후 데이비드 하야노David Hayano에 의해 현대적인 체계를 갖추기 시작했다. 이후 리드-다나해이Reed-Danahay와 엘리스Ellis와 보크너Bochner에 의해 학문적 체계를 갖추게 되었다.[108]

---

[107] 하정미 외, 「사회복지연구에서의 자문화기술지 연구방법의 가치와 적용: 공동자문화기술지를 활용하여」, 『한국사회복지질적연구학회』 10(2), 2016.

1980년대 학자들은 개인적인 측면을 통해 문화와 스토리텔링의 중요성에 관심을 갖게 되었고 1990년대에 이르러 개인적인 이야기와 자문화 기술지까지 확장되게 되었다.

자문화 기술지는 자전적 요소와 문화 기술지적 요소가 혼합된 형태로서 자기 이야기를 소재로 하여 사회문화적 맥락과 연결 지어 글쓰기를 하는 사회학적이고 자기 성찰적인 연구 방법이다. 프로젝트 연구자가 고객의 특정 경험에 대해 직접 탐색하고 기록한 내용뿐만 아니라 오디오, 비디오, 사진 등을 사용하여 스스로 문서화하는 과정이 주로 포함된다.

자문화 기술지는 프로젝트 연구자가 참가자를 관찰할 때 보게 될 행동을 해석하는 데 도움이 된다. 연구 주제에 대해 사전에 이해하고 있으면 인터뷰를 좀 더 쉽고 포괄적으로 수행할 수 있다.

자문화 기술지는 다른 사람 혹은 장치의 개입에 상관없이 이루어지는 행위를 포함하기 때문에 연구 초기 단계에 유용하게 사용할 수 있는 방법이다. 제대로 된 탐색을 위해 현장이나 조직 내에서 몇 달 혹은 그 이상의 기간에 걸쳐 연구에 집중할 때도 있다. 하지만 서비스 디자인에서는 주로 단기간에 자문화 기술지 연구를 수행하는데, 고객이나 직원이 되어 실제 상황에서 특정 경험을 직접 탐색하는 방식을 사용한다. 자문화 기술지 연구는 공개적인 경우도 있지만 연구 참여자의 행동에 영향을 미칠 수 있기 때문에 비공개로 은밀히 수행하기도 한다.

108　　　김영천, 『질적연구방법론I』, 아카데미프레스, 2016.

자문화 기술지 수행은 4단계를 거치는데 세부적인 절차는 다음과 같다.

- **질문 준비**: 프로젝트를 수행하는 이유와 연구 결과를 통해 무엇을 하려고 하는지를(페르소나, 여정 맵, 시스템 맵 등)을 고려하여 구체적인 질문이나 발견하고자 하는 것을 정의한다.
- **계획 수립**: 연구 질문을 기반으로 연구 수행 시기와 장소를 결정한다. 수행 방법과 경험 내용을 기록할 방법(문서, 사진, 오디오 등)을 결정한다.
- **기록 수행**: 보고 들은 것을 있는 그대로 기록한 후 '해석'을 통해 연구자의 느낀 점과 경험한 것을 기록한다. 이때 기록지를 반으로 접어, 있는 그대로 적은 내용과 그에 따른 해석을 구분해 기록하면 향후 내용 정리에 도움이 될 수 있다.
- **후속 작업**: 수집된 모든 자료(현장 노트, 사진, 오디오, 비디오 등)의 목록을 만든다. 기록 내용을 검토한 후 중요한 부분에 강조 표시를 하고 짧은 요약을 작성한다.

이밖에도 서비스 디자인에서 사용하는 자문화 기술지 방법은 여러 가지가 있는데 다음과 같은 방법들이 주로 사용된다.

- **미스터리 쇼핑**Mystery Shopping: 연구자가 고객처럼 행동하며 구매 프로세스 또는 특정 고객 체험을 실시한 후 자신의 경험을 자체 문서화하는 방법이다. 이 연구에서는 고객으로 가장한 미스터리

쇼퍼mystery shoppers에게 특정 작업 수행이 부여되기도 한다. 그러므로 미스터리 쇼핑은 평가적인 연구에 사용되는 연구 방식이다. 그런데 미스터리 쇼퍼는 실제 고객이 아니기 때문에 연구자들의 기대 및 요구에 따라 경험에 영향을 미칠 수 있으므로 편향된 데이터가 생산될 수 있다.

- **미스터리 워킹**Mystery Working: 제한된 시간에 회사의 직원으로 위장하여 에스노그래피ethnography 연구를 수행하는 것이다. 이 경우도 연구자들이 자신의 경험을 문서화하므로 생산된 데이터가 편향될 우려가 있다.

- **서비스 사파리**Service Safari: 서비스 품질 이해를 통해 사용자의 요구와 문제점을 발견하고자 참여자의 관점에서 선정한 좋거나 나쁜 서비스를 실제 환경에서 체험하는 것이다. 사용자의 서비스 경험을 비디오카메라나 메모 등을 이용해 기록한 후 사용자들이 지닌 공통적인 요구와 문제점을 발견한다. 한 명이 단독으로 하는 것이 아니라 한 그룹이 특정 경험에 대한 에스노그래피 연구를 수행하는 방법이다. 서비스 사파리에 경영진, 클라이언트 또는 다양한 부서의 사람들이 참가하게 되면 특정 문제에 대한 추상적인 접근 대신 참가자들이 해당 문제에 대한 공통된 이해를 통해 상황에 적합한 상향식 접근 방식을 구축하게 되어 강력한 도구가 될 수 있다.

- **탐색적 서비스 사파리**Explorative Service Safari: 좋은 서비스 경험과 나쁜 서비스 경험에 대한 몇 가지 예를 탐색하고 수집하기 위해 집단으로 수행하는 방법이다. 탐색 서비스 사파리는 광범위하게 이

루어져 특정 연구 프로젝트 팀이 자체 연구를 수행하기 위한 출발점을 탐색하거나 이후 연구에서 집중할 대상을 결정하는 데 도움이 된다.

- **다이어리 연구**Diary Studies: 연구자가 장기간에 걸쳐 해당 주제에 대한 자신의 경험을 기술하는 방법이다. 연구자가 직접 참여하여 그들의 일상생활과 그 안에서의 사용 경험 맥락을 기록하는 것으로 일기장이나 일지를 이용하여 일상 속에서 일어나는 사건과 그에 대한 개인적인 생각들을 손쉽게 표현한다. 이 연구는 연구원 스스로 에스노그래피를 통해 데이터 수집과 분석을 수행할 수도 있고, 연구자가 참가자를 섭외하여 일기를 작성하게 한 후이 데이터를 분석할 수도 있다. 사용자 다이어리는 심층 인터뷰관찰 전에 진행할 수 있으며, 참고자료로 중간중간 참가자의 소견을 묻는 간단한 질문이나 참가자의 나이, 성별 등 인구통계학적 정보를 포함하기도 한다.

- **탐문**Obtaining Information: 탐문은 대상자의 활동 장소에 가서 그 행동에 대한 질문을 던지는 것이다.

- **인지적 시찰법**Cognitive Walkthrough: 제공하는 프로세스와 제품 또는 서비스를 사용자가 쉽게 인지하고 사용하는지 평가하는 방법이다. 기업 활동 일부 과정에 대중을 참여시켜 물건을 새로 만들 때나 서비스 개선 시 참신한 아이디어와 실질적인 의견을 들을 수있다.

- **행위 매핑**Behavior Mapping: 특정 시간에 특정 환경에서 행동을 관찰하고 기록하는 데 사용하는 연구 도구다.

개발도상국 보급형 인큐베이터 사례

고객에게 진심으로 공감하는 순간 어떤 논리적이고 과학적인 분석으로도 구현할 수 없는 놀라운 것들을 만들어낼 수 있다. 스탠퍼드 경영대학원생으로 구성된 한 디자인 팀은 개발도상국 고객들을 위해 인큐베이터를 개발하는 프로젝트에 투입되었다.

병원과 매우 먼 거리에 위치한 외딴 마을을 방문한 이 팀은 산모들과 함께 생활하며 기존에는 생각지 못했던 보급형 인큐베이터The Embrace Warmer라는 획기적인 제품을 고안하였다.

보급형 인큐베이터

디자인 팀의 조사 결과에 따르면 개발도상국에서는 매년 2,000만 명의 조산아가 태어나고 그들 중 20%에 달하는 400만 명의 조산아가 태어난 지 한 달 만에 목숨을 잃었다. 사인死因은 저체온증이었다. 남들보다 빨리 태어난 조산아들은 스스로 체온을 조절하는 능력이 현저히 떨어진다. 병원 인큐베이터에서 조절된 온도를 제공받으면 생존률이 올라가지만, 개발도상국에서는 대당 2만 달러가 넘는 고가의 인큐베이터를 사용할 수가 없었다.

그래서 스탠퍼드 학생 디자인 팀은 부품을 줄이고 저렴한 재료를 활용한 디자인으로 기존 인큐베이터 사용 비용을 줄일 수 있을 것이라 생각했다.

팀원들은 최종 사용자 입장이 되어보기 위해 네팔에 갔는데 네팔 도시에 있는 병원의 기증받은 인큐베이터 다수가 비어 있다는 사실을 알게 되었다. 인큐베이터가 필요한 아기들이 30마일이나 떨어져 있는 시골에서 주로 태어나므로 병원까지 갈 시간이나 형편이 안 되었기 때문이다. 결국 그들은 고가의 인큐베이터가 아닌 저가의 인큐베이터, 즉 '사용 비용'을 풀어야 할 과제로 정하게 되었다.

이들은 위에서 조사한 결과를 바탕으로 적은 전기를 사용하면서 작고 가벼워 휴대가 가능한 인큐베이터를 만들 수 있었다. 살균 후에는 재사용도 가능한 미니 슬리핑백 유형의 디자인으로 아기가 전기와 접촉하지 않게 하고 열 손실을 최소화해 안전하면서도 안락한 느낌을 주는 개발도상국형 인큐베이터를 만든 것이다. 가격도 25달러에 불과했다.

보급형 인큐베이터는 플라스틱 전열 기구를 이용해 팩을 충전하거나 전기가 없을 경우에는 온수를 이용해 20분 동안 팩을 데워 사용할 수 있도록 디자인되었다. 데운 팩의 온도는 아기의 생존에 적절한 섭씨 37도에 맞춰진다. 데워진 팩을 침낭 모양의 인큐베이터 안쪽에 넣고 그 안에 아기를 눕히면 되고 한 번 데워진 온도는 4시간 동안 유지된다. 우리가 흔히 겨울철에 침대에서 안고 자는 보온 물병의 원리를 적용한 것이다.

Chapter 3

2단계: 해석하기(Define)

문제 정의

서비스 디자인을 잘 하려면 무엇이 중요할까? 여러 요인이 있겠지만 해결하고자 하는 문제를 제대로 파악해야 한다. 문제를 날카롭게 정의할수록 솔루션도 정확하게 도출할 수 있다.

문제 정의하기Define란, 서비스 디자인 프로세스에서 가장 중요한 단계 중 하나로, 사용자의 욕구Needs와 불편한 점Pain Point을 파악하고 그에 맞는 목표와 범위를 설정하는 과정이다.[109] 그러므로 문제 정의하기를 잘한다면 서비스 디자인의 방향성을 찾아 효율

---

[109]   윤성원, 「보이지 않는 서비스 보이는 디자인」, 한국디자인진흥원, 2021.

성을 높이고, 목적과 범위를 명확하게 정할 수 있다. 더불어 결과물을 평가하고 검증할 수 있는 기준도 마련할 수 있다.

문제 정의하기 방법론

문제 정의하기를 위한 방법론은 왜-어떻게 사다리, 이해관계자 매핑, 페르소나, 고객여정지도, 5Whys 모델, 스위스 치즈 모델 등 다양하게 존재한다.

1. 왜-어떻게 사다리

왜-어떻게 사다리^{Why-how laddering}란, 사용자의 욕구나 불편한 점을 깊이 있게 파악하기 위해 '왜?'와 '어떻게?'라는 질문을 반복하는 방법이다. 왜-어떻게 사다리를 진행하는 방법은 다음과 같다.

단계	내용
1	사용자의 욕구나 불편한 점을 정리한다. 사용자 인터뷰나 고객여정지도 등의 리서치를 통해 데이터를 수집한다.
2	사용자의 욕구나 불편한 점에 대해 '왜?'라는 질문을 던진다. 이 질문은 사용자의 욕구나 불편한 점이 발생하는 근본적인 원인이나 동기를 파악하기 위한 것이다.
3	사용자의 욕구나 불편한 점에 대해 '어떻게?'라는 질문을 던진다. 이 질문은 사용자의 욕구나 불편한 점을 해결하기 위한 방법이나 대안을 탐색하기 위한 것이다.

4	'왜?'와 '어떻게?'라는 질문을 번갈아 가며 반복한다. 이 과정에서 사용자의 욕구나 불편한 점이 어떤 가치나 목표와 연결되는지, 어떤 방식으로 해결할 수 있는지를 파악한다.
5	왜 어떻게 사다리 타기의 결과를 문서화하고 팀원과 공유한다. 왜 어떻게 사다리 타기를 트리 형태로 시각화한다.

예를 들어 병원에서 빠르고 정확하게 진단받고 싶다는 사용자의 욕구가 있을 경우 다음과 같이 적용할 수 있다.

왜?	건강과 안전을 보장하고 싶다.
어떻게?	의료기관에서 최신의 진단 기술과 장비를 사용한다.
왜?	사용자의 증상과 질병을 정밀하게 파악하고 적절한 치료를 제공할 수 있다.
어떻게?	의료기관에서 인공지능, 빅데이터, 클라우드 등의 4차 산업혁명 기술을 활용한다.

2. 이해관계자 매핑

이해관계자 매핑Stakeholder Mapping이란, 서비스와 관련된 다양한 이해관계자들을 식별한 후 그들의 관심사, 동기, 영향력, 관계 등을 파악하고 시각화하는 방법이다. 이해관계자란 서비스를 제공하거나 이용하거나 서비스에 영향을 받거나 끼치는 모든 사람이나 조직을 말한다. 예를 들어 병원 서비스의 이해관계자에는 환자, 의료진, 간호사, 병원 직원, 보험사, 정부, 제약사, 기부자, 언론 등이 있다.

이해관계자 매핑은 서비스를 시스템적으로 이해하고 분석하는 데 도움이 되며, 서비스의 문제점, 취약점, 기회를 발견하고 개선할 수 있다. 또한 이해관계자들 간의 협업과 커뮤니케이션을 촉진하고, 서비스의 목표와 비전을 공유하며 이해관계자들의 만족도와 참여도를 높일 수 있다.

이해관계자 매핑을 하는 이유는 먼저 서비스의 전체적인 맥락과 구조를 파악하고 그 영향력과 범위를 확인하기 위해서다. 서비스와 관련된 다양한 이해관계자들을 인식하고 그들의 역할과 책임, 기대와 요구, 감정과 태도, 행동과 행위 등을 이해할 수 있다. 뿐만 아니라 이해관계자들 간의 상호작용과 의존성, 협력과 갈등, 영향의 주고받음 등을 분석할 수 있다. 관계의 질과 정도를 평가할 수 있다. 또한 이해관계자들의 관점과 목소리를 반영하고, 서비스의 가치와 의미를 공감하며, 관련된 비전과 목표를 공유할 수 있다. 이를 통해 이해관계자들의 참여와 지지를 얻을 수 있다. 서비스의 성공과 실패에 대한 책임과 권한을 분배할 수 있으며, 서비스의 품질과 효과를 향상할 수 있다.

이해관계자 매핑은 먼저 서비스의 목적과 범위를 정의한 후 서비스를 제공하거나 이용하고 이에 영향을 받는 이해관계자들을 식별한다. 이해관계자들을 구분하는 기준은 서비스에 따라 다를 수 있다. 예를 들어 내부와 외부, 직접과 간접, 활동적과 수동적 등의 기준으로 구분할 수 있다.

둘째, 이해관계자들의 특성과 특징을 파악하고 그들의 관심사, 동기, 영향력, 관계 등을 조사한다. 이해관계자들에게 인터뷰나 설문조사 등을 실시하여 이를 파악할 수 있다. 또한 관련된 자료나 문헌을 검토할 수 있고 관찰을 통해 정보를 수집하기도 한다.

셋째, 이해관계자들을 시각화하고 상호 간의 연결 관계를 표현한다. 이해관계자들을 다양한 기호나 색상으로 구분하고, 그들의 위치나 크기를 통해 중요도 및 영향력을 나타낸다. 이해관계자들 간의 관계를 선이나 화살표로 표시하여 그들의 협력 정도나 갈등 정도를 두께나 색상으로 표현하면 명료한 시각화 자료를 만들 수 있다. 이해관계자 맵을 작성할 때에는 다양한 관점과 차원을 고려해야 한다. 파악한 내용은 명확하고 간결하게 표현하며 필요한 경우 주석이나 설명을 추가하면 명확한 지도를 만들 수 있다.

넷째, 이해관계자 맵을 검토하여 서비스의 문제점, 취약점, 기회를 발견하고 개선할 수 있다. 이해관계자 맵을 통해 서비스의 전체적인 맥락과 구조를 파악함으로써 이해관계자들의 특성과 상호작용 및 이익과 요구 사항, 갈등과 협력 등을 명확하게 찾을 수 있다.

- 서비스의 영향력과 범위를 확인하고 목적과 비전을 명확하게 정의한다.
- 서비스의 목표와 지표를 설정하고 성과와 효과를 측정하고 평가한다.
- 서비스와 관련된 다양한 이해관계자들을 인식하고, 그들의 역할과 책임, 기대와 요구, 감정과 태도, 행동과 행위 등을 이해한다.
- 이해관계자들의 관점과 목소리를 반영하고, 서비스의 가치와 의

미를 공감하며 서비스의 비전과 목표를 공유한다.

- 이해관계자들 간의 상호작용과 의존성, 협력과 갈등, 영향력을 분석하고, 관계의 질과 정도를 평가한다.
- 관계의 개선과 강화를 위한 전략과 방안을 수립하고, 관계의 유지와 관리를 위한 체계와 절차를 구축한다.
- 관계의 변화와 발전을 위한 기회와 도전을 탐색하고, 관계의 위기와 위험을 예방하고 대응한다.
- 이해관계자들의 참여와 지지를 얻고 서비스의 성공과 실패에 대한 책임과 권한을 분배한다.
- 서비스의 품질과 효과를 향상하고 혁신과 발전을 촉진한다.
- 서비스의 표준과 규범을 확립하고 지속성과 확장성을 보장한다.

다섯째, 이해관계자 맵을 활용하여 서비스의 설계와 개발→실행과 운영→평가와 개선→확산 등의 다양한 단계에서 이해관계자들과 협업하고 커뮤니케이션할 수 있다.

- 서비스의 설계와 개발 단계: 이해관계자 맵을 통해 서비스의 문제와 욕구Needs 정의→아이디어와 콘셉트 발굴→프로토타입과 시나리오 제작→테스트와 피드백을 수행한다. 이때 이해관계자들을 서비스의 공동 창조자로 삼아 그들의 참여와 창의성을 촉진하고, 의견과 피드백을 수용함으로써 그들의 만족도와 신뢰감을 높인다.
- 서비스의 실행과 운영 단계: 이해관계자 맵을 통해 서비스의 구현

및 확산 계획→서비스의 운영과 관리 수행→서비스의 모니터링과 조정을 실시한다. 이때 이해관계자들을 서비스의 공동 실행자로 삼아 그들의 협력과 책임감을 강화하고, 그들로부터 지원과 도움을 받고, 그들의 성과와 기여를 인정하고 보상한다.

- 서비스의 평가와 개선 단계: 이해관계자 맵을 통해 서비스의 성과와 효과 측정→서비스의 문제점과 취약점 발견→서비스의 개선과 최적화를 위한 방안 수립 및 실행을 추진한다. 이때 이해관계자들을 서비스의 공동 평가자로 삼아 그들의 데이터와 증거를 활용하고, 그들의 학습과 성장을 지원한다.

- 서비스의 확산과 확장 단계: 이해관계자 맵을 통해 서비스의 홍보와 마케팅 계획→서비스의 확산을 위한 전략과 방법 수립→서비스의 지속성과 확장성을 검증한다. 이때 이해관계자들을 서비스의 공동 확산자로 삼아 적극적인 홍보와 소통을 통해 그들의 인지도와 평판을 높이고, 그들과 가치와 의미를 공유한다.

페르소나

페르소나Persona는 어떤 제품 또는 서비스를 사용할 만한 목표 인구 집단 안에 있는 다양한 사용자 유형들을 대표하는 가상의 인물이다. 이 캐릭터에 사용자의 목표, 행동, 태도, 관점, 니즈 등을 반영해 구체적으로 표현할 수 있다. 페르소나는 사용자의 데이터와 인터뷰를 바탕으로 만들어지며, 실제 사용자와 유사하고 신뢰할 수 있는 캐릭터로 만들어야 한다. 페르소나는 서비스 디자인에서 사용자 중심의 관점을 유지하고, 그들의 욕구Needs를 파악하고, 서비스의 콘셉트와 시나리오를 개발하는 데 도움이 된다.

페르소나 개념을 디자인에 처음 도입한 사람은 인터렉션 디자인과 소프트웨어 개발 공학 분야의 전문가인 앨런 쿠퍼Alan Cooper 이다. 그는 사용자가 어떤 기능을 자주 사용하는지, 어떤 어려움을 느끼는지 상상하면서 컴퓨터 프로그램을 개발했는데 자신이 제안하는 디자인의 장점을 부각시키기 위해 페르소나를 체계화했다. 페르소나는 리서치(인터뷰, 쉐도잉, 관찰) 수행 과정에서 접했던 사용자들의 주요 행동이나 의도에서 공통분모를 찾아낸 후 이를 바탕으로 만들 수 있다.

서비스 디자인에서 페르소나를 사용하는 이유는 첫째, 사용자의 다양성을 인식하고 특정 사용자 그룹에 초점을 맞출 수 있기 때문이다. 둘째, 사용자의 욕구와 행동을 이해하고 서비스의 문제점과 개선점을 발견할 수 있다. 셋째, 사용자와의 공감을 높이고, 사용자의 목소리를 팀과 이해관계자들에게 전달할 수 있다. 넷째, 사용자의 경험을 시각화하고 서비스의 콘셉트와 시나리오를 구체화할 수 있다.

그렇다면 페르소나를 어떻게 만들 수 있을까? 페르소나는 다음과 같은 과정을 통해 만들 수 있다.

- **사용자 조사**: 사용자의 데이터를 수집하고 그들과 인터뷰를 진행한다.
- **사용자 분석**: 사용자의 데이터를 정리하고 그들의 특징과 행동 패턴을 파악한다.
- **사용자 그룹화**: 사용자를 유사한 특징과 행동 패턴을 가진 그룹으로 분류하고 각 그룹의 핵심 특징과 니즈를 정의한다.
- **페르소나 생성**: 각 사용자 그룹을 대표하는 페르소나를 결정하여 페르소나의 이름, 사진, 인구통계학적 정보, 배경, 성격, 목표, 니즈, 행동, 태도, 관점 등을 작성한다.
- **페르소나 검증**: 페르소나가 실제 사용자와 일치하고 신뢰할 수 있는지 검증하고 필요한 경우 수정한다.

페르소나를 만들기 위해서는 다음과 같은 다양한 정보가 필요하다. 정보가 구체적이고 많을수록 정확한 페르소나를 만들 수 있다. 그리고 이러한 데이터는 인터넷 검색, 설문조사, 인터뷰, 관찰, 테스트, 분석 등의 방법으로 수집하고 분석할 수 있다.

구분	내용
기본 정보	연령, 성별, 직업, 교육 수준, 가족 구성, 소득 등 고객의 인구통계학적 특성을 나타내는 데이터이다.
행동 데이터	고객의 웹사이트 방문 기록, 제품이나 서비스의 사용 패턴, 구매 이력, 장바구니 담기, 위시리스트 등 고객의 행동을 나타내는 데이터이다.

선호 데이터	고객의 제품이나 서비스에 대한 선호도, 만족도, 평가, 리뷰, 피드백 등 고객의 의견을 나타내는 데이터이다.
목표 데이터	고객이 제품이나 서비스를 사용하는 이유, 목적, 동기, 문제, 니즈 등 고객의 목표를 나타내는 데이터이다.

페르소나를 만드는 과정에 필요한 분석 방법은 여러 가지가 있다. 먼저 사용자의 데이터를 유사한 특징과 행동 패턴을 가진 그룹으로 분류하는 클러스터 분석 방법이다. 이를 통해 각 그룹의 핵심 특징과 니즈를 파악하고 페르소나를 생성할 수 있다.

인물그림	인적사항	서비스 이용현황
서비스 불편감	서비스 이용목표	주요 목표

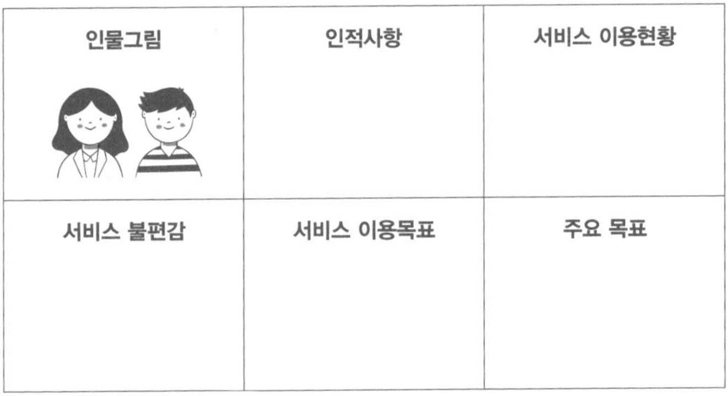

페르소나 제작요인

팩트 분석을 통해 위 그림과 같이 사용자의 데이터를 몇 개의 주요 요인으로 요약할 수 있다. 이를 통해 사용자의 성격, 선호, 태도 등을 파악하고 페르소나를 생성할 수 있다.

사용자와의 인터뷰를 통해 사용자의 목표, 니즈, 문제, 행동,

태도, 관점 등을 직접적으로 이해하는 질적 방법을 사용할 수도 있다. 사용자의 행동을 직접 관찰하거나 비디오 녹화를 통해 사용자의 행동을 분석하는 질적 방법도 있다.

테스트 분석은 사용자에게 제품이나 서비스를 사용하게 하고, 그 과정을 측정하거나 평가하는 방법이다. 이를 통해 사용자의 행동, 선호, 만족도, 피드백 등을 얻고 페르소나를 생성할 수 있다.

이러한 분석 방법들은 서로 보완적으로 사용할 수 있으며, 페르소나를 만드는 데 필요한 다양한 정보를 제공받을 수 있다.

페르소나 활용의 이점은 방대한 리서치 데이터를 요약해주므로 그 의미를 분석하고 디자인의 방향성을 결정하는 데 도움을 준다는 점이다. 또한 잠재 사용자들의 심리 상태를 파악하고 그들의 서비스에 대한 욕구를 찾는 데 도움을 준다. 서비스 개발 과정에서 이해관계자들을 설득시키고 의사결정을 돕는 도구적 역할도 한다.

페르소나를 작성할 때는 실제 인물처럼 상상할 수 있도록 사진이나 그림을 사용하면 좋다. 이때 유명 연예인 사진을 사용하거나 그림을 너무 축약해서 그리면 현실성이 떨어질 수 있기 때문에 최대한 현실감 있는 인물로 표현해야 한다. 이름도 유명인보다는 일반인 이름을 사용하는 것이 좋다. 특성을 강조하기 위한 별명 또는 은유적 이름(예: 박원칙, 나아파, 최예민 등)을 사용하기도 하는데 이는 페르소나를 실존 인물로 인지하는 것을 방해하기 때문에 바람직하지 않다.

이렇게 다양한 방법과 분석 과정을 거쳐 만들어지는 페르소나를 병원 서비스 디자인 측면에서 예시해보면 다음과 같다.

- **이름**: 김민수
- **나이**: 35세
- **직업**: 회사원
- **배경**: 결혼 5년차. 아이는 없음. 부모님은 경기도에 거주. 건강에 관심이 많으나 바쁜 일상으로 운동과 식단 관리가 어려움. 최근에 고혈압이 발견되어 병원에 자주 방문함
- **성격**: 책임감이 강하고 성실하고 친절함. 하지만 스트레스를 잘 풀지 못하고, 감정을 표현하지 못함
- **목표**: 건강한 삶을 살고, 가족과 행복하게 지냄. 일과 삶의 균형을 찾고 싶음
- **니즈**: 병원에서 자신의 건강 상태를 정확하고 친절하게 설명해주고 적절한 처방과 치료를 해주기를 원함. 또한 병원 방문이 쉽고 편리하고, 비용이 저렴하고, 서비스가 만족스럽고, 환경이 깨끗하고 안전하길 바람
- **행동**: 병원을 선택할 때는 인터넷 검색, 지인 추천, 보험 혜택 등을 고려함. 병원 방문 전에는 예약을 하고, 방문 후에는 후기를 남김. 병원에서는 의사와 간호사의 말을 잘 듣고, 필요한 검사와 치료를 받음. 병원에 대한 만족도는 서비스의 질과 친절도에 영향을 많이 받음
- **태도**: 병원에 대해 긍정적이고, 병원을 신뢰하고 존중함. 하지만 병원 방문이 번거롭고, 비용이 부담스럽고, 대기 시간이 길다고 느낌
- **관점**: 병원은 자신의 건강을 관리하고 개선하는 곳이라고 생각

함. 병원은 전문가들이 모여 있는 곳이므로 의사와 간호사의 말을 잘 따르고 의견을 잘 수용함. 병원은 자신의 건강 정보를 보호해주는 곳이라고 믿음

고객여정지도

고객이 불만이나 불편을 느끼는 곳은 어디일까? 그 문제점을 파악하고 명확한 지점을 파악하기 위해서는 고객이 우리 조직에 어디에서부터 접촉을 시작하고 어디서 끝나는지 전체 동선을 파악해야 한다.

고객여정지도Customer Journey Map는 서비스를 이용하는 고객의 경험을 시간의 흐름에 따라 변화하는 감정과 행동으로 시각화할 수 있는 도구다. 서비스와 고객이 상호작용하는 터치포인트Touch point를 바탕으로 구성된다. 서비스 상호작용과 그에 따라 고객이 느끼는 감정을 이해하기 쉬운 방식으로 표현하는 고객여정지도는 서비스를 전체적 맥락에서 고객 중심으로 살펴볼 수 있게 해준다.[110]

고객여정지도는 1990년대 초반 마케팅과 브랜드 전략 분야에서 처음 제안되었다. 당시에는 고객의 구매 결정 과정을 이해

---

110   서비스디자인 usable.co.kr, https://www.servicedesign.tistory.com.

하고 영향을 미치기 위한 도구로 사용되었다.[111] 고객여정지도의 발전은 2000년대 중반부터 서비스 디자인 분야에서 활용되었다. 서비스 디자인의 선구자들은 고객여정지도를 서비스와 고객이 상호작용하는 터치포인트를 분석하고 개선하기 위한 도구로 활용하였다. 예를 들어 영국의 서비스 디자인 컨설팅 회사인 엔진 Engine이 2004년에 고객여정지도를 이용하여 영국 국립보건서비스NHS의 응급실 서비스를 개선하는 프로젝트를 수행한 것이 좋은 예라 할 수 있다.

고객여정지도를 발명한 학자는 명확히 알려져 있지 않지만 개념과 방법을 체계화하고 널리 알리는 데 기여한 학자들은 다음과 같다.

- 마크 턱돈Marc Stickdorn: 오스트리아의 서비스 디자인 전문가이며, 『서비스 디자인 교과서This is Service Design Thinking』과 『이것이 서비스 디자인이다This is Service Design Doing』이라는 책의 공동 저자이다. 그는 이 책들에서 고객여정지도의 정의, 목적, 구성 요소, 작성 방법 등을 상세히 설명하였다.
- 크리스 리스돈Chris Risdon: 미국의 서비스 디자인 교육자이며, 『경험 매핑: 여정, 블루프린트, 그리고 다이어그램으로 가치를 만들어내는 완벽한 가이드Mapping Experiences: A Complete Guide to Creating Value through Journeys, Blueprints, and Diagrams』라는 책의 저자이다. 그는 이 책에서

---

111   후레쉬데스크, https://www.Freshdesk.com.

고객여정지도를 비롯하여 다양한 서비스 디자인 매핑 도구에 대해 소개하였다.

- 케리 보다인Kerry Bodine: 미국의 고객 경험 컨설턴트이며, 『외부에서 안으로: 고객을 비지니스의 중심에 두는 힘Outside In: The Power of Putting Customers at the Center of Your Business』라는 책의 공동 저자이다. 그는 이 책에서 고객여정지도를 통해 고객 경험을 개선하고 비즈니스 성과를 높이는 방법에 대해 설명하였다.

고객여정지도를 그리는 이유는 고객을 깊이 이해하기 위해서다. 서비스업에서는 고객을 이해하는 것이 성공의 첫 걸음이다. 고객여정지도를 그릴 경우 장점은 다음과 같다.

- 고객의 니즈, 인식, 유형 등을 파악할 수 있다.
- 서비스의 강점과 약점, 개선이 필요한 부분pain point을 발견할 수 있다.
- 서비스의 품질과 만족도를 측정하고 개선할 수 있다.
- 서비스의 혁신적인 아이디어와 솔루션을 도출할 수 있다.
- 서비스의 비전과 목표를 공유하고 협업할 수 있다.

서비스 디자인에서 전체적인 고객여정지도를 파악하고 문제를 해결하기 위한 접근을 해야 하는 이유는 '최소한의 법칙'에서도 찾을 수 있다.

최소한의 법칙

독일의 화학자 리비히Liebig이 제시한 법칙으로 '최소양분율'이라고도 불린다. 이는 '리비히의 물통'이라는 개념을 통해 설명된다. 리비히의 물통은 높이가 서로 다른 나무판으로 이루어진 물통에 물을 채우면 가장 낮은 높이의 나무판까지만 물이 차는 원리를 이야기한다.

식물이 정상적으로 생육하기 위해서는 여러 무기 성분이 적당한 비율로 공급되어야 한다. 만일 이들 성분 중 한 가지가 부족하면 식물의 생육은 그 부족한 성분에 의해 지배적으로 영향을 받으며, 비교적 다량으로 공급되는 성분량과는 관계가 없다.

이 법칙은 서비스 분야에도 적용이 된다. 고객이 해당 조직과 접촉하는 모든 접점 중에서 어느 한 접점에서 불만족을 느꼈다면 다른 접점에서의 서비스가 좋았다 하더라도 그 조직은 최소한의 기준이 적용된 접점의 점수로 서비스를 평가받게 된다.

고객여정지도를 그리기 위해서는 다음과 같은 여러 단계를 거쳐야 한다.

단계	내용
1단계	고객여정지도의 목적과 범위를 정의한다. 어떤 서비스와 고객에 대해 그릴 것인지, 어떤 목표와 결과를 얻고자 하는지를 명확히 한다.
2단계	고객여정지도에 대한 가설을 설정한다. 가설 설정을 진행할 때 고객의 니즈, 인식, 유형 등이 포함되고 이를 이해하는 것이 중요하다.
3단계	고객들이 솔루션 및 서비스를 경험하는 것을 관찰하고 인터뷰한다. 이전 단계에서 조사한 여정에 대한 자료를 분석하고, 이를 수정할 부분이 있다면 수정하고 보완하여 새로운 인사이트를 개발한다.
4단계	고객여정지도를 작성한다. 고객여정지도는 다음과 같은 요소로 구성된다. **페르소나(Persona):** 서비스를 이용하는 대표적인 고객의 특성과 행동을 정의한 가상의 인물이다. **시나리오(Scenario):** 서비스를 이용하는 고객의 목적과 상황을 정의한 스토리다. **단계(Stage):** 서비스를 이용하는 고객의 전체 과정을 시간 순으로 배열하고, 큰 단위로 구분한 것이다. 예를 들어 '예약', '도착', '진료', '결제', '후속' 등이 있다. **터치포인트(Touch point):** 서비스와 고객이 상호작용하는 접점을 의미한다. 예를 들어 '웹사이트', '앱', '전화', '안내판', '접수창구', '의사', '청구서' 등이 있다. **감정(Emotion):** 서비스를 이용하는 고객이 느끼는 감정을 표현한다. 예를 들어 '만족', '불만족', '행복', '불안', '신뢰', '불신' 등이 있다. **기회(Opportunity):** 서비스를 개선하거나 혁신할 수 있는 기회를 도출한다. 예를 들어 '예약 시스템을 간편하게 만든다', '진료 전에 필요한 정보를 미리 제공한다', '결제 방식을 다양화한다' 등이 있다.
5단계	고객여정지도를 공유하고 검증한다. 고객여정지도를 작성한 후에는 고객과 관련자들과 공유하고 피드백을 받는다. 고객여정지도가 고객의 실제 경험과 일치하는지, 서비스의 목적과 결과에 부합하는지를 확인한다.

구분	모델탐색/검색	비교분석	인지, 흥미	상세정보 탐색	구매검토	구매전환
행동	카테고리 상품 직접 검색 또는 키워드로 타겟 카테고리 검색	상품 리스트 결과물 중 다양한 상품 비교	상품군에 대한 추가 검색 심화 및 정보 습득 요구 강화	특정 상품에 대한 상세정보 접근으로 세부제품 정보 탐색	구매 대상 상품을 장바구니 담기로 예비 구매행위 참여	결제/주문으로 최종 구매 전환
감정	청바지 하나 사야겠다	음, 어떤 상품이 좋은 거지?	이 브랜드가 괜찮은걸?	후기도 좋고 괜찮은데, 살까?	일단 장바구니 담아두고, 혹시 더 싼 게 있나 보자	좋아, 구매완료! 이제 배송만 기다리자
개선 과제	사용자 의도에 맞는 범위/카테고리 탐색접근이 쉽지 않은 어려움	제품들간의 핵심 비교지표를 확인하기가 어려운 리스트 정보 구성	검색 심화를 돕기 위한 필터 옵션의 활용도 낮음	제품 구매 검토로 넘어가기 위한 필수정보(리뷰 등)가 지나치게 소극적으로 다뤄짐	장바구니를 담은 뒤 무조건 장바구니로 이동하게 하여 구매를 강요하는 듯한 불편함	결제완료 메시지만 띄우고 세부 정보를 보여주지 않아 배송정보가 잘 입력되었는지 불안함
해결 방안	카테고리 세분화 및 검색엔진 대응 검색어 인덱싱	최저가 비교, 판매자 평가 등 제품 비교에 필요한 핵심지표 강화	사이즈 조건, 우수 판매자 필터 등 유사 제품 간의 구매 차이가 생기는 세부 필터조건 강화	필수 안내정보, 다른 구매자 리뷰정보에 대한 접근성 강화 및 컨텐츠 강화	장바구니를 담은 뒤 다른 상품을 더 탐색하겠는지에 관한 팝업 노출로 사용자 선택권 강화	결제완료시 최종결제 완료된 상품정보 및 배송지 정보를 요약하여 제공

고객여정지도 예시

OO대학병원은 환자의 진료 과정에서 느끼는 감정과 만족도를 파악하고 개선하기 위해 다음과 같은 고객여정지도를 작성하였다.

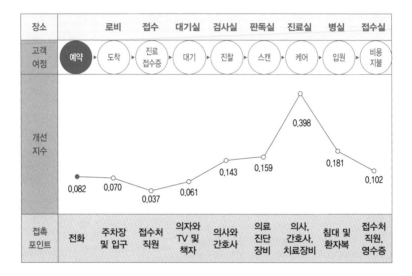

OO대학교 병원의 고객여정지도

이 병원의 고객여정지도는 환자가 예약부터 진료, 입원, 수술, 퇴원까지 거치는 단계별 터치포인트와 감정을 시각화하였으며, 각 단계에서 발생하는 문제점과 개선 방안을 제시하였다. 예를 들어 예약 시스템을 웹사이트와 앱으로 통합하거나, 진료 전에 필요한 정보를 문자로 안내할 수 있다. 수술 전에 환자와 의사가 대화할 수 있는 시간을 마련하거나 퇴원 후에 환자의 상태를 확인하고 관리하는 등의 방법이 있다.

5whys 모델

5Whys 모델은 문제의 근본 원인을 찾아내고 해결하기 위해 사용하는 효과적인 기법 중 하나이다. 다섯 번의 '왜?'라는 질문을 연속적으로 던지며 문제의 근본 원인을 찾아내는 방법이다.

1950년대 토요타Toyota 자동차에서 처음 개발되었으며 이후 제조, 서비스, IT 등 다양한 분야에서 문제 해결에 사용되고 있다.

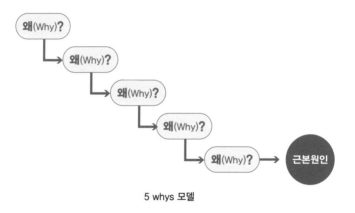

5 whys 모델

5Whys 모델은 간단해 보일 수 있지만 문제 해결 과정에서 흔히 발생하는 증상에 집중하는 것이 아니라 근본 원인을 찾는 데 도움을 준다. 이 기법을 효과적으로 활용하면 조직이나 팀 내에서 문제 해결 프로세스를 향상시킬 수 있다.

5Whys 모델을 사용하는 방법을 살펴보자. 먼저 문제를 정의한다. 문제는 명확하고 구체적으로 표현되어야 한다. 다음으로 '왜?'

라는 질문을 5번 반복한다. 그리고 각 질문에 대한 답을 찾는다. 답은 사실과 데이터를 기반으로 해야 하며, 주관적인 판단이나 가정을 피해야 한다. 근본 원인을 찾을 때까지 2~3회 반복한다. 근본 원인은 문제를 해결하기 위해 조치를 취할 수 있는 원인을 말한다.

문제와 원인을 시각적으로 표현하는 그래프나 다이어그램을 사용하면 원인과 결과 간의 관계를 더 잘 이해할 수 있다. 예를 들어 피쉬본 다이어그램이나 5Whys 템플릿을 사용할 수 있다.

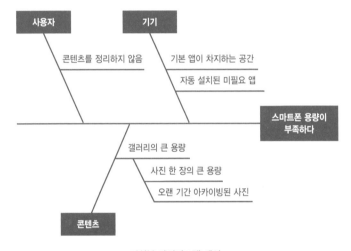

피쉬본 다이어그램 예시

이와 같은 과정을 통해 문제 해결을 위한 효과적인 해결책을 도출한다. 해결책은 근본 원인에 직접적으로 영향을 줄 수 있는 것이어야 하며, 실행 가능하고 측정 가능해야 한다.

5Whys 모델의 장점은 다음과 같다. 먼저 표면적인 원인을 넘어 근본적인 원인을 파악할 수 있다. 이를 통해 문제를 근본적으

로 해결하고 재발을 방지할 수 있다. 다음으로, 문제 해결에 필요한 정보를 수집하고 분석하며 문제에 대한 더 깊은 이해와 통찰력을 얻을 수 있다.

또 다른 장점으로 문제 해결을 위한 효과적인 해결책을 도출할 수 있으며, 이를 통해 문제에 대한 책임과 행동을 명확히 할 수 있다. 또한 간단하고 저렴하게 적용할 수 있고, 복잡한 도구나 전문가가 필요하지 않아 누구나 쉽게 사용할 수 있다.

5Whys 모델 사례

1. 맥도날드의 5Whys

- **문제**: 맥도날드의 특정 지점에서 고객 서비스 지연이 발생했다.
- **왜?(1)**: 고객 서비스 지연이 발생한 이유는 주문 처리 시간이 예상보다 오래 걸렸기 때문이다.
- **왜?(2)**: 주문 처리 시간이 오래 걸린 이유는 주방에서 주문을 처리하는 데 시간이 더 많이 걸렸기 때문이다.
- **왜?(3)**: 주방에서 주문 처리 시간이 많이 걸린 이유는 재고 관리가 미흡해 주방에서 필요한 재료가 부족했기 때문이다.
- **왜?(4)**: 재고 관리가 미흡한 이유는 해당 지점의 주문 패턴을 예측하지 못해 적절한 재고를 유지하기 어려웠기 때문이다.
- **왜?(5)**: 해당 지점의 주문 패턴을 예측하지 못한 이유는 영업시간 중 고객의 주문을 분석하고 예측하는 시스템이 부족했기 때문이다.

- **근본 원인**: 고객의 주문을 분석하고 예측하는 시스템이 부족하다는 사실을 알았다.
- **해결책**: 고객의 주문을 실시간으로 모니터링하고 분석하는 시스템을 도입하고, 재고 관리를 최적화하여 주문 처리 시간을 단축하고 고객 서비스의 효율성을 향상시켰다.

2. 약 복용 오류의 5Whys

- **문제**: 환자가 처방한 약과 다른 약을 복용하였다.
- **왜?(1)**: 환자가 다른 약을 복용한 이유는 약사가 잘못된 처방전을 읽었기 때문이다.
- **왜?(2)**: 약사가 잘못된 처방전을 읽은 이유는 처방전이 불분명하게 쓰여 있었기 때문이다.
- **왜?(3)**: 처방전이 불분명하게 쓰여 있었던 이유는 의사가 급하게 쓰고 확인하지 않았기 때문이다.
- **왜?(4)**: 의사가 급하게 쓰고 확인하지 않은 이유는 환자가 많고 시간이 부족했기 때문이다.
- **왜?(5)**: 환자가 많고 시간이 부족했던 이유는 의료 인력이 부족하고 진료 시스템이 비효율적이었기 때문이다.
- **근본 원인**: 의료 인력이 부족하고 진료 시스템이 비효율적이라는 사실을 알았다.
- **해결책**: 의료 인력을 증원하고 진료 시스템을 개선하여 의사의 부담을 줄이고 처방전의 명확성을 높였다.

3. 재입원율이 높은 오류에 대한 5Whys

- 문제: 환자의 재입원이 자주 발생한다.

- 왜?(1): 환자의 재입원률이 높은 이유는 환자가 집에서 적절한 관리를 받지 못했기 때문이다.

- 왜?(2): 환자가 집에서 적절한 관리를 받지 못한 이유는 환자와 보호자가 질환에 대한 충분한 교육을 받지 못했기 때문이다.

- 왜?(3): 환자와 보호자가 질환에 대한 충분한 교육을 받지 못한 이유는 의료진이 교육을 제공하는 데 시간과 자원이 부족했기 때문이다.

- 왜?(4): 의료진이 교육을 제공하는 데 시간과 자원이 부족했던 이유는 의료진의 업무량이 과중하고 교육 자료가 부족했기 때문이다.

- 왜?(5): 의료진의 업무량이 과중하고 교육 자료가 부족했던 이유는 의료 기관의 인력 배치와 교육 체계가 미흡했기 때문이다.

- 근본 원인: 의료 기관의 인력 배치와 교육 체계가 미흡하다는 사실을 알았다.

- 해결책: 의료 기관의 인력 배치와 교육 체계를 개선하여 의료진의 업무 부담을 줄이고 환자와 보호자에게 질환에 대한 교육을 제공할 수 있도록 하였다.

스위스 치즈 모델

스위스 치즈 모델Swiss Cheese Model은 사고 발생의 원인과 과정을 설명하는 이론으로, 제임스 리즌James Reason이 1990년에 제시하였다.[112]

이 모델에서는 사고를 유발할 수 있는 잠재적 결함을 스위스 치즈 구멍에 비유하는데, 사고는 여러 단계의 방어 시스템이 모두 실패할 때 발생한다고 설명한다. 사고의 원인을 인적 과실뿐만 아니라 조직적, 시스템적, 환경적 요인까지 고려해야 한다는 점에서 기존의 사고 발생 모델과 차별화되는 모델이다.

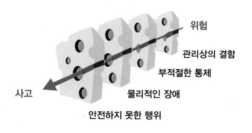

스위스 치즈 모델의 개념도

---

112   Reason, J. 1990. Human Error. Cambridge University press.

스위스 치즈 모델에서 각 치즈 조각은 사고를 막기 위한 방어 장치나 안전 요소를 의미하고, 구멍은 그 안에 숨겨진 결함이나 위험 요인을 말한다. 이 모델은 사고가 발생하기 위해서는 여러 가지 결함이 동시에 존재하고, 그 구멍이 일직선으로 정렬되어야 한다는 것을 보여준다. 즉 한 가지 결함이나 실수만으로는 사고가 발생하지 않고, 여러 단계에서의 방어 장치가 모두 실패해야만 사고가 발생하게 된다는 것이다.

이 모델은 사고의 원인을 인적 과실이나 단순한 실수로 귀결시키는 것이 아니라, 시스템적이고 조직적인 요인을 고려하여 분석하고 예방하는 데에 유용하다.

스위스 치즈 모델을 의료 안전에 적용해보면, 의료 사고는 의사나 간호사 같은 의료진의 실수로 인해 발생하는 것이 아니라 의료 시스템 내에서 여러 가지 결함이 겹쳐 발생하는 것이다. 예를 들어 환자의 약물 복용에 대한 정보가 잘못 전달되거나, 의료 기기의 고장이나 오작동이 발생하거나, 의료진의 피로나 스트레스가 쌓이거나, 의료 수가나 보험 제도가 적절하지 않거나 하는 등의 다양한 요인이 사고의 원인이 될 수 있다.

이러한 요인들은 각각의 치즈 조각에 있는 구멍에 해당하며 이 구멍들이 우연히 또는 필연적으로 일치하게 되면 환자에게 상해나 사망을 초래할 수 있는 사고가 발생하게 된다. 따라서 의료 사고를 예방하고 환자의 안전을 보장하기 위해서는 각 단계에서의 방어 장치를 강화하고, 구멍을 줄이고, 구멍의 위치를 바꾸는 등의 노력이 필요하다.

스위스 치즈 모델은 사고 발생의 복잡성과 다양성을 이해하는 데 유용하다. 사고 예방을 위해서는 각 단계에서 발생할 수 있는 잠재적 결함을 파악하고 이를 방지하기 위한 조치를 마련하는 것이 중요하다. 스위스 치즈 모델의 장단점은 다음과 같다.

장점	단점
사고 원인을 단순화하거나 일방적으로 귀결시키는 것이 아니라, 복잡하고 다양한 요인들의 상호작용을 고려하여 사고를 분석하고 예방할 수 있다.	사고 발생의 근본 원인을 파악하고 개선하는 데에 한계가 있다. 또한 구멍의 위치와 크기가 무작위로 변한다는 가정이 현실과 일치하지 않을 수 있다.

스위스 치즈 모델 분석 사례

1. 2006년 영국에서 발생한 잘못된 혈액형 수혈 사고 사례

환자에게 다른 혈액형의 혈액을 수혈하여 사망한 사고로 여러 단계에서의 결함과 실패가 겹쳐서 발생했다. 예를 들어 혈액형 검사를 실시한 실험실에서는 혈액형을 잘못 판독하였고, 수혈을 담당한 간호사는 환자의 신분증과 혈액형을 확인하지 않았다. 병원의 수혈 절차와 교육이 미흡하였다. 이러한 잠재적 결함들이 겹치면서 치명적인 사고로 이어졌다.

2. 2010년 한국에서 발생한 잘못된 약물 투여 사고 사례

환자에게 잘못된 약물을 투여하여 사망한 사고로 이 역시 여러 단계에서의 결함과 실패가 겹쳐서 발생했다. 예를 들어 처방전을 작성한 의사는 약물 이름을 잘못 적었고, 약사는 처방전을 확인하지 않았다. 간호사는 약물의 효능과 부작용을 알지 못했다. 이러한 잠재적 결함들이 겹쳐 치명적인 사고로 이어졌다.

Chapter 4

3단계: 생각하기(Ideate)

아이디어 생각하기

아이디어 생각하기Ideate는 서비스 디자인 프로세스의 중요한 단계로 사용자의 욕구Needs와 문제를 해결하기 위한 다양한 아이디어를 발견하고 탐색하는 활동이다.

아이디어 생각하기에는 브레인스토밍, 브레인라이팅, HMW 질문법, 마인드매핑, 스캠퍼SCAMPER, SWOT와 TOWS, 아이디어 카드, 아이디어 매트릭스, 스케치 등 다양한 방법과 도구들이 있다.

브레인스토밍

브레인스토밍Brainstorming은 1930년 광고업을 하는 오스본Alex

Faickney Osborn에 의해 제안되었으며 오늘날에도 다양한 분야에서 활용되고 있다. 브레인스토밍은 정해진 시간 내에 최대한 많은 아이디어를 내도록 하는 집단 토의 방법이다.

'Brain + Storming'이라는 이름처럼 특정한 문제에 대해 두뇌에서 폭풍이 치듯 떠오르는 아이디어를 쏟아내는 방식이다. 브레인스토밍을 진행하기 위해서는 네 가지 규칙을 반드시 지켜야 한다.

- **비판금지**批判禁地: 타인의 발언을 절대 비판하지 않는다. 남의 발언은 물론이고 자신의 아이디어도 스스로 비판하지 않아야 한다. 일단 판단을 유보하고 과감히 아이디어를 표현하는 것이 중요하다.
- **자유분방**自由奔放: 자유롭게 떠오르는 아이디어들을 거침없이 내뱉도록 한다. 반사적으로 떠오르는 생각들을 거르지 않고 바로 표현해야 한다. 자유롭게 발상할 수 있도록 즐겁고 편안한 분위기를 만드는 것이 중요하다.
- **다다익선**多多益善: 아이디어를 완성시킬 수 있는 멋진 아이디어를 도출하고 욕심을 부릴 필요가 없다. 브레인스토밍 중에는 자신 또는 남의 아이디어를 평가하지 않고 오로지 많은 아이디어를 내는 데에만 집중해야 한다. 좋은 아이디어를 추려내는 작업은 이후 수렴적 사고 과정에서 하면 되기 때문이다.
- **편승환영**便乘歡迎: 회의 중 도출된 모든 아이디어는 공동의 소유다. 그러므로 남의 아이디어를 활용하여 자유롭게 내 아이디어로 덧

붙일 수도 있고 문제점을 개선하여 더 좋은 아이디어로 바꾸는 것도 가능하다.

브레인스토밍은 다음과 같은 순서로 진행하는 것이 일반적이다.

- 주제 선정 및 일정 소개
- 브레인스토밍의 네 가지 규칙 설명
- 브레인스토밍 과정 설명
- 창의적 사고를 촉진시키기 위한 팀 빌딩 활동 진행
- 브레인스토밍 수행
- 회의 마침
- 참가자들에게 다음 회의 예고 및 해산

브레인스토밍에서 회의 주제는 한 가지만 선정해야 한다. 선정된 주제는 정해진 답이 없고 다각적으로 검토할 수 있는 형태가 바람직하다. 회의 주제에 대한 정답을 미리 정하지 않고 다양한 논의를 진행하여 미처 보지 못한 것을 찾아낼 수 있도록 하는 것이 바람직하다.

브레인스토밍은 6~8명이 진행하며 가급적 비슷한 위치에 있는 사람들이 좋다. 부득이 상급자가 회의에 참여할 경우 미리 동일한 팀원 자격임을 인지시켜야 한다. 브레인스토밍은 참가자들에게 익숙한 곳보다는 새로우면서도 편안한 분위기에서 진행하는 것이 효과적이다. 좌석은 서로 얼굴을 쳐다보며 대화할 수 있도록 원형이나 U자형으로 배치하면 좋은 회의 분위기를 연출할 수 있다. 시간대는 오전 시간에 집중하는 것이 바람직하고 최소 20분 이상 최대 1시간 이내로 실행하는 것이 좋다.

브레인스토밍을 보다 원활하게 진행하기 위해 추가 옵션을 적용할 수 있다. 예를 들어 삼진아웃제는 브레인스토밍의 네 가지 규칙을 어기는 사람에게 스티커 붙이기 등의 경고를 주어 3회 이상 위반하면 회의에 참석하지 못하도록 하는 방법이다. 좌석 위치를 바꾸는 것도 좋은 자극이 될 수 있다.

브레인라이팅

'침묵의 집단 발상법'이라 불리는 브레인라이팅Brain Writing 기법은 독일에서 개발된 창의적 사고방식이다. 브레인라이팅은 자신이 생각한 것을 직관적으로 써내는 토론 기법이다. 6명의 참가자가 3가지의 아이디어를 5분 내에 즉각적으로 써내는 기법이라는 의미로 '635기법'이라고도 불린다.

브레인스토밍은 최대한 자유롭고 편안한 분위기에서 진행되지만 남들 앞에서 말하기를 주저하는 사람이나 상급자가 참석할 경우 효과적으로 회의가 진행되기 힘든 경우도 많다. 수줍음을 타거나 내성적인 성격의 소유자는 회의가 끝날 때까지 조용히 듣기만 하는 경우도 있다. 반면에 말하기를 즐기거나 나서기를 좋아하는 사람의 경우 발언권을 독점하고 회의를 주도하는 부작용도 있다. 이런 부작용을 보완하기 위한 기법이 브레인라이팅이다.

브레인라이팅은 조용한 분위기에서 차분하게 자신의 생각을 글로 정리할 수 있게 하는 것이 중요하다. 각자 글로 써서 내면 되기 때문에 몇몇 사람에게게만 발언 기회가 주어질 위험도 없다.

　브레인라이팅의 절대 원칙은 '침묵하는 것'이다. 아이디어 발상 시간에는 절대 침묵을 지키도록 하고 이를 어길 경우 벌칙을 부여할 수 있다. 브레인라이팅 회의를 진행하려면 미리 아이디어를 기입할 양식을 준비해두어야 한다. 브레인라이팅 진행 순서는 다음과 같다.

- 주제와 일정 설명
- 팀원 각자에게 양식을 한 장씩 배분
- 여분의 양식은 책상 한가운데에 비치
- 침묵을 유지하면서 각자 세 가지 아이디어를 5분 내에 양식에 작성
- 아이디어 기입 후 책상 가운데에 있는 양식과 바꾸거나 옆 사람과 순차적으로 교환
- 이미 작성된 세 가지 아이디어와 결합하여 개선된 아이디어 추가 기입
- 멈추라는 지시가 있을 때까지 양식을 바꿔가며 아이디어 발상 계속 진행

HMW 질문법

혁신적인 관점을 얻기 위해서는 습관적으로 '왜 그럴까(why?)'라고 질문할 필요가 있다. 이는 고객에게 질문하기에 앞서 기획자나 의사결정자 스스로 고객이 진정으로 원하는 것이 무엇인지에 대한 호기심과 궁금증을 가져야 한다는 것을 의미한다. 고객이 원하는 욕구Needs를 발견해야만 그것을 창의적인 방법으로 접근하여 문제를 해결할 수 있다.

디자인 씽킹에서 널리 활용되고 있는 HMW 질문법은《하버드 비즈니스 리뷰》에 "톱 이노베이터들이 활용하는 비밀의 질문법The Secret Phrase Top Innovators Use by Warren Berger"이라는 글로 소개되었다.[113] 1970년대 초 민 바사더Min Basadur가 프록터 앤 갬블the Proctor & Gamble에서 활용하기 시작한 창의적 질문법이 바로 HMW이다. 이 질문법은 "어떻게 하면 OO니즈를 해결할 수 있을까(How might we)?"라고 묻는 것이다.

> **우 리 가**　어떻게　**하 면**
> 어떻게　**할 수 있을까?**

---

113   "The Secret Phrase Top Innovators Use by Warren Berger", 《Harvard Business Review》, 2012, 09.

바사더와 P&G사의 동료들은 경쟁사 제품을 따라잡기 위해 "어떻게 하면 더 나은 초록색 스트라이프 비누를 만들 수 있을까?"를 고민했는데 좋은 아이디어가 떠오르지 않았다. 그때 바사더가 "어떻게 하면 소비자에게 한층 더 상큼한 느낌을 주는 비누를 만들 수 있을까?'라는 확장적이고 긍정적인 질문을 제시함으로써 몇 시간 안에 수백 개의 가능성 있는 아이디어가 도출되었고 성공적인 제품을 만들었다고 한다.

바사더의 HMW 질문법은 경쟁 제품을 뛰어넘기 위한 'Can'의 질문이 아니라 긍정적 가능성을 열어주고 고객을 만족시키기 위한 'Might'의 질문이었다. 바사더의 주장에 따르면, 사람들은 주로 '어떻게 OO을 할 수 있을까?(How can we do this?)' 또는 '어떻게 OO을 해야 할까?(How should we do that?)'라고 질문을 하는데 이렇게 'Can'이나 'Should'로 시작되는 질문은 '진짜 할 수 있을까?'라는 생각, 즉 가능성을 제한하는 느낌이 들게 한다는 것이다.

반면 'Might'는 아이디어를 내는 사람들에게 보다 자유롭게 가능한 옵션을 떠올리도록 돕는다. 또한 'We'라는 말은 혼자가 아니라 참여자들이 함께 아이디어를 발전시키도록 자극하는 역할을 한다.

HMW 질문법은 여러 컨설팅 회사에서부터 구글, 메타 플랫폼스, 마이크로소프트 같은 글로벌 기업들이 오랫동안 활용해온 아이디어 발상법이기도 하다. 그중에서도 아이디오의 찰스 워렌 Charles Warren이 구글로 이직했을 때 HMW 질문법을 적극 활용하면서 알려지게 되었다. 또한 워렌과 같은 동료였던 폴 애덤스Paul

Adams도 이 질문법을 페이스북에 소개하면서 널리 확산되었다.

디자인 회사인 아이디오에서는 모든 디자인 챌린지를 HMW 질문으로 시작한다. 구글 디자인 스프린트도 HMW 질문을 바탕으로 첫 번째 단계를 시작한다.

하지만 모든 방법론에는 한계가 있듯 HMW 질문법에도 주의할 점이 있다. 먼저 질문의 내용은 고객이 겪고 있는 어려움보다는 고객의 충족되지 않은 욕구Unmet needs에 대한 것이 좋다. 예를 들면 '어떻게 하면 고객이 사용하는 안경의 성에를 제거할 수 있을까?'라는 문장은 고객이 느끼는 성에의 불편에 초점을 맞추고 있지만 '우리가 어떻게 하면 고객들이 좀 더 선명하게 볼 수 있도록 개선할 수 있을까?'라는 문장은 고객이 안경에 기대하는 욕구를 해결하고자 하는 것이다. 더구나 우리We가 함께 말이다.

두 번째 주의사항은 질문을 제대로 해야 한다는 것이다. 너무 넓거나 좁을 경우 문제 해결에 접근하기 어려워진다.

예를 들어 '어떻게 하면 환자들이 병원을 편하게 이용할 수 있을까?'라는 질문은 병원에서의 모든 불편함을 다 찾아내야 하므로 범위가 너무 넓다. 또한 '어떻게 하면 환자들이 이용하는 키오스크의 터치 버튼을 쉽게 조작할 수 있도록 만들까?'는 기능적 니즈를 해결하기 위한 너무 구체적인 질문에 해당한다. '혼잡한 대기 시간의 불편함을 줄이기 위해 다른 기능적인 보완 대책을 마련할 수 없을까?'라는 질문은 환자들의 접수 및 대기 문제에 대한 맥락적 문제 해결을 묻고 있으므로 다양한 아이디어를 떠올리도록 도울 수 있다.

HMW 질문법 진행 방법

'우리는 (사용자의) ~한 장애 요인에 대하여 어떤 (OO서비스)를 통해 해결할 수 있을까?'라는 HMW 질문에는 1. 어떻게 2. 우리가 3. 서비스(제품, 솔루션) 4. 사용자의 욕구(Needs) 5. ~를 통해 해결할 수 있을까? 등의 5가지 요소로 이루어져 있다.

이 5가지 요소를 구성할 때 가장 중요한 점은 사용자의 욕구에 초점을 두어야 한다는 것이다. 사용자의 욕구를 빼고 질문을 구성하게 된다면 기존에 우리가 습관적으로 사용했던 질문(예를 들어 어떻게 하면 성에가 생기지 않는 안경을 만들 수 있을까?)으로 돌아가게 된다. 이러한 점을 고려한 HMW 질문법은 다음과 같은 단계로 진행할 수 있다.

step 1.   팀원 각자 HMW 질문(어떻게 하면)을 작성한다.(약 5분) 고객의 시각Point of View에서 각자 중요한 문제들을 하나의 포스트잇에 하나의 아이디어를 적는다. 이때 HMW 문장에 페르소나를 대입하여 상상력을 발휘한다. 상상을 통해 '이런 사람에게는 어떤 걸 해주면 좋을까'와 같이 고민할 수 있는 질문을 만든다.

step 2.   핵심 문제를 선정한다.(약 10분) 각 팀원이 제출한 질문들을 모아 투표할 수 있는 환경을 만든다. 비슷한 질문이 있다면 통합해도 된다.

step 3.   해결할 핵심 문제를 선정(투표)한다.(약 15분) 각 HMW를 RVI(Real, Valuable, Inspiring) 기준으로 평가한다. 평가 기

준은 생생하고 구체적인 단어로 작성되어 있는지, 여러 번의 '왜?'를 거쳐 심층적인 원인을 담고 있는지 점검한다. 또한 페르소나가 아닌 모든 사람에게 적용해도 되는 내용인지 점검하고 상식적으로 알 수 있는 식상한 이야기는 아닌지를 기준으로 평가하면 좋다.

step 4. 투표를 합산한다.(약 15분) 모든 팀원의 투표가 완료되면 후보별 점수를 합산한다. 고득점인 HMW를 고르는 것이 아니다. 다수결이 아닌 종합적으로 의견을 살펴보는 방식이 필요하다.

step 5. 해결할 핵심 문제를 확정한다.(약 15분) 선정된 HMW가 적합한지 팀원들과 자유롭게 얘기해보고 우리 프로젝트가 풀어야 할 핵심 문제를 확정한다.

HMW 기법은 초기 문제(고객 니즈)에서 시작할 수도 있지만 디자인 씽킹을 진행하는 각 단계마다 적용할 수 있다. 고객여정지도가 만들어졌을 때 다양한 여정 단계 중 문제가 있는 단계에서 HMW 질문을 할 수 있다.

또한 HMW 질문법은 아이데이션ideation 도구로서뿐만 아니라 리서치 데이터를 정리하기 위해서도 사용할 수 있다. 프로젝트 중간 시점에 어떤 리서치 자료가 필요한지, 어떤 부분의 리서치를 더 진행해야 하는지 등을 찾아내는 도구로서도 유용하다. 즉 HMW 질문법은 우리의 사고방식을 확장하고 더 유연한 생각이 필요한 부분에서는 어디든 활용할 수 있는 방법이다.

의료 기관 HMW 질문법 활용 사례

- 어떻게 하면 의료인 인력 부족에 대응할 수 있을까? 이 질문은 의료 기관에서 인력 수급에 어려움을 겪는 경우에 사용할 수 있다. 예를 들어 비인기 진료과목에 대한 지원 증가, 전문 간호사 제도 인정, 출산과 육아에 대한 지원 강화를 통해 출산 후 병원 복귀 환경 마련, 신생아실 시설 운영 지원 및 신생아 전문 인력 필수 근무 의무화 등의 아이디어를 생각해볼 수 있다.

- 어떻게 하면 환자들이 병원에서 더 편안하고 안전하게 치료받을 수 있을까? 이 질문은 환자 만족도와 안전을 높이기 위해 사용할 수 있다. 환자들에게 치료 과정과 비용을 명확히 설명하고 동의를 구하는 것, 환자들의 개인 정보와 의료 정보를 보호하는 것, 환자들의 피드백을 수집하고 반영하는 것, 환자들에게 치료와 관련된 교육과 상담을 제공하는 것, 환자들에게 치료 후에도 지속적인 관리와 지원을 제공하는 것 등의 아이디어를 생각해볼 수 있다.

- 어떻게 하면 의료 기관에서의 감염을 예방하고 관리할 수 있을까? 이 질문은 의료 기관에서의 감염이라는 심각한 문제를 해결하기 위해 사용할 수 있다. 의료인과 환자 모두에게 손 씻기와 마스크 착용 등의 기본적인 방역 수칙을 준수하도록 교육하고 강조하는 것, 의료 기관 내의 공기와 물의 청결도를 관리하고 감시하는 것, 의료 기구와 장비의 소독과 관리를 철저히 하는 것, 감염 의심 환자와 확진 환자를 격리하고 치료하는 것, 감염 발생 시 신속하고 정확하게 보고하고 대응하는 것 등의 아이디어를 생각해볼 수 있다.[113]

마인드매핑

마인드매핑Mind Mapping은 주제와 관련된 아이디어, 단어, 이미지 등을 중심 개념에서 뻗어 나가는 나무 형태로 표현하는 시각적인 도구다.[115]

마인드매핑은 창의적인 사고를 촉진하고, 정보를 구조화한다. 기억력을 향상시킬 뿐 아니라 문제 해결에 도움이 되는 방법이다. 마인드매핑은 1970년대에 토니 부잔Tony Buzan이 고안한 방법으로 뇌의 양반구를 동시에 활용하는 것이 특징이다.[116] 마인드매핑은 전체 내용이 한눈에 들어오는 형태로 정리되어 있어 서로 다른 개념들 간의 연결도 손쉽게 이해되며, 원인에 대한 분석을 하다 보면 자연스럽게 대책도 수립할 수 있다.

마인드매핑 사용 방법은 첫째, 커다란 전지 또는 화이트보드와 색 펜을 준비한다. 둘째, 문제의 주제를 중앙에 이미지로 표시한다. 셋째, 중앙의 주제로부터 가지를 하나씩 만들어 나간다. 이 가지 위에 단어, 그림 또는 심벌을 넣는다. 이때 첫 번째 가지는 굵게 그린다. 넷째, 연결된 가지에서 더 세부적인 가지를 연결한다.

---

114   신은진, "의사탓일까, 약 탓일까? '의료사고'대처 어떻게", 《조선일보》, 2021. 01. 13.

115   마인드온맵, https://www.mindonmap.com.

116   마인드마이스터, https://www.mindmeister.com.

이때 세부 가지는 첫 번째 가지보다 얇게 그려야 한다. 다섯째, 중앙에 어떤 문제의 주제에 대해 기술했다면 세부 가지는 원인 위주가 되어야 한다. 중앙의 주제가 달성하고자 하는 목표라면 세부 가지는 이를 이루기 위한 방법들이 되어야 한다. 즉 가지들은 상위 항목과 연관되는 키워드를 포함한다. 키워드들은 읽기 쉬워야 하고 추후 지속적인 가지 확장에 연결될 수 있어야 한다.

마인드매핑의 장점은 무엇일까. 인간의 뇌는 무수히 많은 신경세포들 간의 연접(시냅스)을 통해 구성되어 있다. 이러한 복잡한 연결 네트워크에 의한 사고를 방사적 사고라고 한다. 방사적 사고를 노트 위에 그려낸 것이 마인드맵이다. 즉 인간 뇌의 작동 원리와 유사한 형태로 사고의 내용이 정리되는 것이 마인드매핑이다. 둘째, 인간의 주의 집중 시간은 제한되어 있다. 인간의 주의 집중의 특징은 선택과 집중에 있기 때문에 대개 5~7분 정도밖에 되지 않아 오랫동안 특정 주제에 집중할 수 없다. 마인드매핑은 짧은 시간 내에 폭발하는 많은 아이디어와 생각을 종이 위에 핵심 단어 중심으로 잘 정리할 수 있는 효과적인 방법이다.[117]

마인드매핑의 단점은 한 사람에 의해 마인드매핑이 좌우될 수 있다는 점이다. 팀 활동을 하더라도 리더의 의견에 따라 마이드 매핑이 형성될 수 있다. 따라서 모든 사람이 의견을 제시할 수 있도록 해야 한다. 둘째, 마이드 맵 작성이나 핵심 문제에 대한 원인 분석 또는 해결안을 작성할 때 핵심 문제에 대한 전체 원인

---

117   Miro, https://www.miro.com.

을 발굴하고 각 원인별로 세부 원인을 작성하는 것이 필요하다. 그러지 않으면 세부 원인이 다른 원인의 상위 원인이 되어 계속 반복되는 경우가 발생할 수 있다.

마인드매핑은 다양한 분야와 상황에서 활용할 수 있다. 학습 분야에서 마인드매핑을 통해 강의 내용, 독서 내용, 시험공부 자료 등을 정리하고 복습할 수 있다. 업무적으로는 프로젝트 계획, 회의록, 보고서, 프레젠테이션 등을 작성하고 발표할 수 있다. 특히 창작 분야에서는 글쓰기, 그림 그리기, 음악 만들기 등의 창의적인 활동에서 영감을 얻고 구체화할 수 있다.

문제 해결 분야에서는 문제를 파악하고, 원인을 분석하고, 대안을 모색하고, 평가하고, 실행할 수 있다.

스캠퍼

스캠퍼SCAMPER 기법은 미국의 광고회사 비비디오BBDO사의 최고 경영자였던 오스본Alex F. Osborn이 1950년대에 개발한 체크리스트법을 보완하여 1971년에 발전시킨 것으로 사고 영역을 일정하게 제시함으로써 구체적인 방안이 도출될 수 있도록 유도하는 아이디어 발상법이다.

스캠퍼 기법은 창의적인 아이디어를 촉진하고 혁신적인 문제 해결을 돕는 방법론으로 다음과 같은 7가지 키워드의 앞 글자를

따서 만든 단어다.[118]

- S : Substitute(대체하기)
- C : Combine(결합하기)
- A : Adapt(적용하기)
- M : Modify/Magnify/Minify(변형/확대/축소하기)
- P : Put to other use(다른 용도로 사용하기)
- E : Eliminate(제거하기)
- R : Reverse(역발상하기)

스캠퍼SCAMPER 기법은 이 7가지 키워드를 기존의 제품이나 서비스, 과정이나 방법에 적용하면서 질문하고 브레인스토밍하는 것이 핵심이다. 이를 통해 새로운 아이디어를 도출하고 현재의 문제에 대한 대안적인 솔루션을 구성하거나, 누락되는 아이디어가 생기지 않도록 할 수 있다.

S: Substitute(대체하기): 대체하기란, 기존의 제품이나 서비스, 과정이나 방법에서 재료나 부품, 기능이나 특징, 장소나 시간 등을 다른 것으로 바꾸어보는 것이다. 다음과 같은 질문들을 통해 대체하기를 시도할 수 있다.

---

118   한광식, "SCAMPER 기법", 《뉴스앤잡》, 2021. 02. 17, https://newsnjob.com.

- 재료를 다른 것으로 바꾸면 어떻게 될까?
- 부품을 다른 것으로 바꾸면 어떻게 될까?
- 기능을 다른 것으로 바꾸면 어떻게 될까?
- 특징을 다른 것으로 바꾸면 어떻게 될까?
- 장소를 다른 것으로 바꾸면 어떻게 될까?
- 시간을 다른 것으로 바꾸면 어떻게 될까?
- 방법을 다른 것으로 바꾸면 어떻게 될까?
- (예시) 코로나19 팬데믹으로 인해 대면 수업이 어려워진 상황에서 오프라인 수업을 온라인 수업으로 대체하여 학생들의 학습을 지원할 수 있다.

C : Combine(결합하기): 결합하기란, 기존의 제품이나 서비스, 과정이나 방법에서 비슷한 기능이든 아주 다른 기능이든 두 가지 이상의 요소를 혼합해서 새로운 것을 만들어내는 것이다.

- 이 제품과 다른 제품을 결합하면 어떻게 될까?
- 이 서비스와 다른 서비스를 결합하면 어떻게 될까?
- 이 과정과 다른 과정을 결합하면 어떻게 될까?
- 이 방법과 다른 방법을 결합하면 어떻게 될까?
- 이 기능과 다른 기능을 결합하면 어떻게 될까?
- 이 특징과 다른 특징을 결합하면 어떻게 될까?
- 이 장소와 다른 장소를 결합하면 어떻게 될까?
- (예시) 블렌디드 러닝은 온라인 학습과 대면 학습을 결합하여 학

습 효과를 극대화하는 교육 방식이다.

A: Adapt(적용하기): 적용하기란, 다른 산업이나 분야에서 성공적으로 적용된 아이디어를 현재의 문제에 맞게 수정하여 적용하는 것이다. 또는 기존의 아이디어를 새로운 것에 적용하여 다른 문제에 대한 솔루션으로 사용하는 것이다.

- 이 아이디어를 다른 산업이나 분야에 적용하면 어떻게 될까?
- 이 아이디어를 다른 문제에 적용하면 어떻게 될까?
- 이 아이디어를 다른 환경이나 상황에 적용하면 어떻게 될까?
- 이 아이디어를 다른 고객이나 사용자에게 적용하면 어떻게 될까?
- 이 아이디어를 다른 목적이나 목표에 적용하면 어떻게 될까?
- 이 아이디어를 다른 제품이나 서비스, 과정이나 방법에 적용하면 어떻게 될까?
- (예시) 비행기는 새가 나는 원리에서 따온 것이고 벨크로는 엉겅퀴 가시에서 영감을 얻은 것이다.

M: Modify/Magnify/Minify(변형/확대/축소하기): 변형/확대/축소하기란, 기존의 제품이나 서비스, 과정이나 방법에서 모양이나 색깔, 소리, 크기, 길이, 횟수, 첨가물 등을 바꾸어보는 것이다.

- 모양을 바꾸면 어떻게 될까?
- 색깔을 바꾸면 어떻게 될까?

- 소리를 바꾸면 어떻게 될까?
- 크기를 크게 하면 어떻게 될까?
- 크기를 작게 하면 어떻게 될까?
- 길이를 길게 하면 어떻게 될까?
- 길이를 짧게 하면 어떻게 될까?
- 횟수를 늘리면 어떻게 될까?
- 횟수를 줄이면 어떻게 될까?
- 다른 것을 첨가하면 어떻게 될까?
- (예시) 볼링장이 있는 건물 외부의 대형 볼링핀은 확대법을 이용한 것이고, 골프장을 축소시킨 게이트볼은 축소법을 이용한 것이다.

P: Put to other use(다른 용도로 사용하기): 다른 용도로 사용하기란, 기존의 제품이나 서비스, 과정이나 방법을 다른 목적이나 목표, 환경이나 상황, 고객이나 사용자에게 적용하여 새로운 가치를 창출하는 것이다.

- 이 제품을 다른 목적이나 목표에 사용하면 어떻게 될까?
- 이 제품을 다른 환경이나 상황에 사용하면 어떻게 될까?
- 이 제품을 다른 고객이나 사용자에게 사용하게 하면 어떻게 될까?
- 이 서비스를 다른 목적이나 목표에 사용하면 어떻게 될까?
- 이 서비스를 다른 환경이나 상황에 사용하면 어떻게 될까?
- 이 서비스를 다른 고객이나 사용자에게 사용하게 하면 어떻게 될까?

- 이 과정을 다른 목적이나 목표에 사용하면 어떻게 될까?
- 이 과정을 다른 환경이나 상황에 사용하면 어떻게 될까?
- 이 과정을 다른 고객이나 사용자에게 사용하게 하면 어떻게 될까?
- 이 방법을 다른 목적이나 목표에 사용하면 어떻게 될까?
- 이 방법을 다른 환경이나 상황에 사용하면 어떻게 될까?
- 이 방법을 다른 고객이나 사용자에게 사용하게 하면 어떻게 될까?
- (예시) 스카치테이프와 더불어 3M의 대표적 제품인 포스트잇은 원래 접착력이 약한 접착제였지만, 메모용지로 사용하면서 세계적인 제품이 되었다.

E : Eliminate(제거하기): 제거하기란, 기존의 제품이나 서비스, 과정이나 방법에서 필요 없거나 불필요한 재료나 부품, 기능이나 특징, 단계나 절차 등을 줄이거나 없애보는 것이다.

- 재료를 줄이거나 없애면 어떻게 될까?
- 부품을 줄이거나 없애면 어떻게 될까?
- 기능을 줄이거나 없애면 어떻게 될까?
- 특징을 줄이거나 없애면 어떻게 될까?
- 단계를 줄이거나 없애면 어떻게 될까?
- 절차를 줄이거나 없애면 어떻게 될까?
- (예시) 아이폰은 버튼이나 포트를 줄이거나 없애면서 심플하고 스마트한 디자인을 추구했다.

R: Reverse(역발상하기): 역발상하기란, 기존의 제품이나 서비스, 과정이나 방법에서 앞뒤나 좌우, 위아래를 뒤집거나 거꾸로 하여 새로운 것을 만들어내는 것이다.

- 앞뒤를 바꾸면 어떻게 될까?
- 좌우를 바꾸면 어떻게 될까?
- 위아래를 바꾸면 어떻게 될까?
- 거꾸로 하면 어떻게 될까?
- 반대로 하면 어떻게 될까?
- 순서를 바꾸면 어떻게 될까?
- 방향을 바꾸면 어떻게 될까?
- (예시)『전국책』「제책」에 나오는 우화('화사첨족'이라는 말로 초나라 장군 소양을 설득해 제나라로의 침공을 막은 진나라 사신 진진의 이야기)는 역발상의 좋은 사례입니다.

그렇다면 코로나19 팬데믹으로 인해 의료진과 환자의 접촉이 어려워진 상황에서 원격진료와 자가진단을 가능하게 하는 의료혁신 방법들을 스캠퍼 기법을 통해 어떻게 진행할 수 있을까?

- S: Substitute(대체하기): 환자와 직접 대면하는 의료진을 대체하여 챗봇이나 디지털 기기가 환자들의 기본적인 정보 관리 및 모니터링을 수행할 수 있다.

예를 들어 의료진이 직접 투입되어 실시간으로 상담하는 대신 AI 기반 챗봇으로 대체하여 상담을 제공할 수 있다. 예약 시스템에 통합된 챗봇은 콜센터 안내 요원을 대체하여 환자들이 적합한 의료 전문가를 찾고, 예약 및 일정 변경, 환불 등을 가능하게 할 수 있다. 또한 전통적인 의료기기를 대체하여 스마트폰과 연동되는 웨어러블 기기를 사용하여 환자의 건강 상태를 모니터링할 수 있다.

- C : Combine(결합하기): 다른 산업이나 분야에서 성공적으로 적용된 기술이나 아이디어를 의료에 결합하여 혁신적인 제품이나 서비스를 만들 수 있다.

예를 들어 인공지능과 의료를 결합하여 진단이나 치료를 보조할 수 있다. 게임과 의료를 결합하여 재활이나 교육을 돕는 애플리케이션을 만들 수 있다. 블록체인과 의료를 결합하여 의료 정보를 안전하게 공유할 수 있다. 바이오와 의료를 결합하여 유전자 치료나 유기체 공학을 가능하게 하는 것들을 생각해볼 수 있다.

- A : Adapt(적용하기): 자연이나 생명체에서 영감을 얻은 아이디어를 의료에 적용하여 혁신적인 제품이나 서비스를 만들 수 있다.

예를 들어 새가 나는 원리에서 따온 비행기를 의료용 드론에 적용하여 의료 물자나 약품을 배달할 수 있다. 엉겅퀴 가시에서 영감을 얻은 벨크로를 의료용 붕대나 체내 카메라에 적용하여 부착력을 강화할 수 있다. 문어 빨판의 원리를 응용한 '뚜러뻥'을 의료용 접착제에 적용하여 출혈을 막을 수 있다. 거미줄의 강도와 탄성에서 영감을 얻은 바이오 실을 의료용 실에 적용하여 상처를 봉합할 수 있다. 해파리의 발광성 물질에서 영감을 얻은 바이오 센서를 의료용 센서에 적용하여 질병을 감지할 수 있다.

- M : Modify/Magnify/Minify(변형/확대/축소하기): 기존의 의료기기나 약품, 치료 방법 등을 변형하거나 확대하거나 축소하여 새로운 효과나 편리함을 제공할 수 있다.

예를 들어 의료용 마스크의 색깔을 바꾸어 공기청정제의 효과를 시각화할 수 있다. 의료용 로봇의 크기를 축소하여 체내 카메라나 수술 로봇으로 사용할 수 있다. 의료용 패치의 크기를 확대하여 전신을 감싸는 스마트 슈트로 사용할 수 있다. 약물의 투여 횟수를 줄이거나 없애기 위해 지속적으로 약물을 분비하는 임플란트나 바이오 잉크로 사용할 수 있다. 의료용 장갑에 다른 기능을 첨가하여 체온이나 혈압, 맥박 등을 측정하는 스마트 장갑으로 사용할 수 있다.

- P : Put to other use(다른 용도로 사용하기): 기존의 의료기기나 약품, 치료 방법 등을 다른 문제나 니즈에 맞게 적용하여 새로운 솔루션을 제공할 수 있다.

예를 들어 코로나19 팬데믹으로 인해 의료진과 환자의 접촉이 어려워진 상황에서, 기존의 원격진료나 자가진단을 가능하게 하는 의료기기나 앱을 적극적으로 활용할 수 있다. 기존의 의료용 마스크나 손 소독제를 일상생활에서 필수품으로 사용할 수 있다. 기존의 의료용 로봇이나 드론을 의료 물자나 약품의 배달이나 환자의 간호에 사용할 수 있다. 기존의 의료용 패치나 센서를 건강관리나 운동에 사용할 수 있다.

- E : Eliminate(제거하기): 기존의 의료기기나 약품, 치료 방법 등을 간소화하거나 최적화하여 효율성이나 편리성을 높일 수 있다.

예를 들어 의료용 마스크의 끈을 없애고 이어폰처럼 귀에 걸 수 있는 마스크를 만들 수 있다. 의료용 로봇의 복잡한 조작을 없애고 음성 인식이나 제스처 인식으로 제어할 수 있는 로봇을 만들 수 있다. 의료용 패치의 배터리나 회로를 없애고 바이오전지나 피부전도를 이용하여 전력을 공급할 수 있는 패치를 만들 수 있다. 의료용 약물의 부작용이나 알레르기를 없애고 맞춤형 약물을 제조할 수 있는 방법을 만들 수 있다. 의료용 침을 없애고 초음파나 레이저로 통증 없이 치료할 수 있는 방법을 고려해볼 수 있다.

- R : Reverse(역발상하기): 기존의 의료기기나 약품, 치료 방법 등을 반대로 생각하거나 재배열하여 새로운 효과나 가치를 제공할 수 있다.

예를 들어 의료용 마스크의 안쪽과 바깥쪽을 바꾸어 공기 중의 유해물질을 제거할 수 있다. 의료용 로봇의 환자와 의사의 역할을 바꾸어 환자가 자신의 상태를 직접 진단할 수 있다. 의료용 패치의 흡수와 방출의 방향을 바꾸어 피부의 노폐물을 제거할 수 있다. 의료용 약물의 효능과 부작용의 정도를 바꾸어 부작용을 최소화할 수 있다. 의료용 침의 치료와 자극의 강도를 바꾸어 자극을 최대화할 수 있다. 의료용 센서의 수집과 전송 방식을 바꾸어 데이터의 보안을 강화할 수 있다.

SWOT와 TOWS

혁신을 위해서는 벤치마킹을 비롯하여 다양한 정보 수집searching 활동을 하게 된다. 다음 단계는 수집된 다양한 정보를 다시 분류하는 과정을 거치는데, 이 단계에서 가장 많이 이용하는 기법이 SWOT 분석이다. SWOT 분석은 수집된 정보 또는 다양하게 발상된 아이디어를 정리할 때에도 활용되므로 수렴적 사고 방법 중하나이기도 하다.

SWOT 분석은 1960년경 스탠퍼드 대학의 앨버트 험프리Albert S. Humphrey 교수가 개발한 SOFT 분석과 전략적 적합성에 초점을 둔 하버드 비즈니스 스쿨의 케네스 앤드류Kenneth R. Andrews가 개발한 분석법이 시간이 지나면서 SWOT라는 내용으로 정리된 것이다.

SWOT 분석은 강점Strength, 약점Weakness, 기회Opportunity, 위협Threat 의 머리글자를 모아 만든 분석 도구다. 내적인 면을 분석하는 강점·약점 분석과 외적 환경을 분석하는 기회·위협 분석으로 나누기도 한다. 긍정적인 면을 보는 강점과 기회 그리고 반대로 위험을 불러오는 약점, 위협을 저울질하는 도구이기도 하다. 보통 X, Y축으로 2차원의 사분면을 그리고 하나의 사분면에 하나씩 배치하여 연관된 사항들을 우선순위로 분석한다.

SWOT 분석은 수집된 내용을 정리하기 위한 강력한 도구임에는 틀림이 없다. 계획을 수립하거나, 혁신을 추진할 때 또는 컨설팅을 하거나, 무엇인가를 분석할 때 가장 많이 사용하는 분석법이다.

그런데 SWOT의 단순한 나열식 분석에 회의를 느끼고 'SWOT의 단순한 나열이 무슨 효용이 있을까?', '나열된 내용을 잘 활용하는 것이 더 중요하지 않을까?'라는 생각을 통해 분석된 내용을 활용한 매칭 전략을 도출한 사람이 샌프란시스코 대학의 하인츠 웨이리치Heinz Weihrich 교수다. 웨이리치는 SWOT 분석에서 나온 내용을 매칭하여 'TOWS 매트릭스'를 발전시켜 오늘날까지 활용되도록 하였다.

	강점 Strengths	약점 Weakness
기회 Opportunities	SO 최대- 최대 전략	WO 미니- 맥시 전략
위협 Threats	ST 맥시- 미니 전략	WT 미니- 미니 전략

TOWS 기법

TOWS 분석은 SWOT 분석을 기반으로 한다. 두 분석법에는 어떤 차이가 있을까? 외부 환경 분석을 우선시하는 TOWS 분석은 '어디서 싸워야 이길 수 있을까?'를 먼저 고민하는 입장이다. 다시 말해서 기업이 이익을 내기 적합한 시장과 시장 내의 위치를 먼저 결정Positioning하고 포지션에 적합한 내부 역량에 대해 고민하는 것이다. 내부의 역량 분석을 먼저 하는 SWOT 분석은 '어떻게 싸워야 쉽게 이길 것인가?'를 먼저 고민하는 입장이다. 기업이 가지고 있는 강점과 약점에 입각해 경영 전략을 세우자는 것이다.

경영 전략을 수립할 때, 전략적 위치(어디서 싸우면 쉽게 이길 것인가?)를 먼저 결정할 것인가, 아니면 내부 역량(어떻게 싸워야 쉽게 이길 것인가?)에 맞춰 전략을 세울 것인가는 경영 전략을 수립하는 기업 입장에서는 첫 번째 단추가 되는 것이다.

이와 같은 차이 때문에 TOWS 분석에서는 SWOT 분석과 다르게 요소들을 배치해야 한다. TOWS를 이용하여 SO 전략(시장 선점 전략, 공격적 전략), ST 전략(시장 침투 전략, 다각화 전략), WO 전략(전략적 제휴, 핵심 역량 집중 전략), WT 전략(시장 철수, 방어 전략)을 수립하게 된다.

SO 매트릭스	S1	S2	S3	S4
01				
02				
03				
04				

TOWS 분석의 활용

그림은 TOWS 분석을 활용하여 세부적인 전략을 세우는 데 사용하는 표이다. 강점Strengths 네 개와 기회Opportunities 네 개를 조합하는 표이다.

위의 표대로 적용해본다면 모두 4 × 4 = 16개의 SO 전략이 나올 수 있다. 같은 방식으로 SO, ST, WO, WT 전략별로 각각 16개의 세부 전략을 만들 수 있으니 TOWS 분석을 제대로 활용한다면 총 64개의 다양한 전략을 만들 수 있다.

아이디어 수렴 기법

아이디어 발산 기법을 통해 수집된 아이디어들은 대부분 SWOT와 TOWS 분석을 통해 정리되고 전략 방향이 정해지게 된다. 수렴적 기법은 SWOT와 TOWS 외에도 아이디어 카드와 아이디어 매트릭스, 스케치 등을 통해 수렴되는데 각각의 내용을 살펴보면 다음과 같다.

아이디어 카드

아이디어 카드 기법은 1960년 일본의 인류학자 가와키타 지로Kawakita Jiro가 개발한 기법으로 창안자의 이름을 따서 KJ 기법이라고도 한다.

아이디어 카드 기법 흐름

이 기법은 먼저 브레인스토밍을 통해 얻은 결과물을 카드화하는 것부터 시작한다. 카드에는 의견, 질문, 아이디어, 관찰 결과 등을 적는다. 카드 개수는 보통 50~100개 정도가 적당하다.

다음 단계는 뜻이 가장 가까운 카드끼리 모아서 소그룹으로 만든다. 소그룹의 이름을 정하고, 소그룹의 의미를 설명하는 문장을 적는다. 소그룹 개수는 보통 10~20개 정도가 적당하다. 이렇게 같은 방법을 반복한다. 차례차례 상위 그룹으로 정리해가며 10묶음 이내가 될 때까지 진행한다. 상위 그룹의 이름을 정하고, 상위 그룹의 의미를 설명하는 문장을 적는다. 상위 그룹 개수는 보통 3~5개 정도가 적당하다.

끝으로 전체 그룹의 이름을 정하고, 전체 그룹의 의미를 설명하는 문장을 적는다. 전체 그룹의 이름은 주제와 일치하거나 포괄적으로 표현할 수 있다.

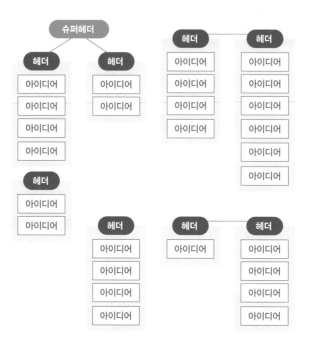

주제: ***의 문제를 해결하는 방안은?

아이디어 카드법 예시

아이디어 매트릭스

아이디어 매트릭스는 문제나 주제를 정하고, 그와 관련된 두 개의 변수를 선택한다. 예를 들어 새로운 음료를 개발한다면 음료의 종류와 맛이라는 두 개의 변수를 선택할 수 있다.

두 개의 변수를 가로축과 세로축에 배치하고 각 변수에 해당하는 여러 요소를 나열한다. 예를 들어 음료 종류에는 커피,

차, 주스, 스무디 등이 있고, 맛에는 달콤한, 쓴, 산, 짠, 매운 등이 있다.

각 셀에 두 개의 요소의 조합을 표시하고 그 조합에 따른 아이디어를 발상한다. 예를 들어 커피와 산 맛의 조합에는 레몬 커피, 차와 매운 맛의 조합에는 고추차, 주스와 짠 맛의 조합에는 토마토 주스 등과 같은 새로운 아이디어가 도출될 수 있다.

스케치

스케치란, 아이디어를 빠르고 간단하게 그림으로 표현하는 기법이다. 문제 해결이나 아이디어 발상을 위한 브레인스토밍을 거친 후 거기서 얻은 정보를 시각화하고 구체화하고 발전시키는 데 도움이 된다.

스케치의 장점은 아이디어를 눈에 보이는 형태로 만들어서 전달력을 높여준다는 점이다. 글로만 설명하는 것보다 그림으로 보여주는 것이 더 쉽고 명확하게 이해할 수 있다. 둘째, 아이디어를 구체화하고 검증하는 과정에서 새로운 아이디어를 발견하거나 개선할 수 있다. 그림을 그리면서 아이디어의 핵심과 문제점을 파악하고, 다른 관점이나 해결책을 생각해볼 수 있다. 셋째, 아이디어를 다양하게 시도하고 비교할 수 있다. 스케치는 빠르고 간단하게 그릴 수 있기 때문에 여러 가지 아이디어를 그려보고, 장단점을 분석하여 최적의 솔루션을 선택할 수 있다. 넷째, 아이디어를 공유하고 피드백을 받을 수 있다. 스케치는 다른 사람들과 소통하고 협업하는 데에도 유용한 도구다.

스케치를 잘 하기 위해서는[119] 다음과 같은 점을 명심하는 것이 좋다.

① 스케치는 완벽한 그림을 그리기 위한 것이 아니라 아이디어를 표현하기 위한 것이라고 생각하는 것이다.

② 먼저 두드러진 형태와 선을 그리고, 그 다음에 디테일을 추가하는 순서로 진행하는 것이 좋다. 큰 틀을 잡고 점차 구체화해가는 방식으로 스케치한다.

③ 다양한 도구와 재료를 활용할 수 있다. 종이와 연필뿐만 아니라 마커, 색연필, 수채화, 스티커, 컴퓨터 등 다양한 도구와 재료를 사용해 스케치를 풍부하고 흥미롭게 만들 수 있다.

④ 다른 사람들의 스케치를 참고하고 피드백을 받는 것이 중요하다.

---

119   요즘 IT, "아이디어를 솔루션으로 바꾸는 구글의 아이디어 스케치 방법", https://www.yozm.wishket.com.

Chapter 5

4단계: 개발하기(Prototype)

프로토타입

프로토타입Prototype은 사전적 의미로 '제품이나 서비스의 초기 버전 또는 시제품'을 의미한다. 프로토타입은 아이디어를 시각화하고 구체화하며, 문제점을 발견하고 개선하는 데 도움을 준다.[120] 사용자의 피드백을 수집하고, 제품이나 서비스가 사용자의 요구를 충족시킬 수 있는지 검증하는 데 중요한 역할을 한다.

프로토타입은 여러 형태와 수준이 있다. 간단한 종이 모형부터 소프트웨어 시뮬레이션, 인터랙티브 웹 프로토타입까지 다양

---

[120]   위키백과, "프로토타입", https://www.wikipedia.org.

한 형태로 개발될 수 있다. 프로토타입은 정확도와 완성도에 따라 다음과 같이 구분할 수 있다.

- **낮은 정확도의 프로토타입**: 초기 단계에서 사용되며 일부 시각적 디자인, 콘텐츠의 핵심 요소, 약간의 상호작용을 포함한다. 기획 단계에 머물러 있던 계획을 테스트 가능한 실물로 만드는 데 사용된다.
- **높은 정확도의 프로토타입**: 최종 제품과 매우 유사하며 출시 가능성을 테스트하고 고객의 최종 승인을 받기 위해 주로 제작된다. 모든 사양과 완벽한 디자인 및 구조를 갖춘 고성능 프로토타입이다.

프로토타입은 단순한 생각에서 아이디어를 시각화하여 콘셉트를 구체화한다. 생각만으로는 미처 발견하지 못한 문제점을 발견하고 수정하는 과정을 거쳐 제품이나 서비스의 최종 디자인과 특성을 결정할 수 있다. 또한 프로토타입을 실제 사용자에게 시연하고 피드백을 수집할 수 있으며, 피드백을 토대로 이를 수정하고 개선할 수 있다.

의료기기 프로토타입과 실제 개발된 수술용 장비

이 단계에서 좀 더 나아간다면 시장 가치를 더하여 사용자의 반응을 점검하는 MVP(Minimum Viable Product, 최소기능제품) 단계로 이어질 수 있다. 뿐만 아니라 프로토타입은 실제 제품의 안정성을 평가하는 데에도 도움이 된다. 또한 앞으로 새로운 모델이 필요한지, 아니면 현재의 모델에서 발전시켜야 하는지 여부를 평가하는 데에도 도움이 된다. 프로토타입을 수행하는 과정은 다음과 같다.

구분	내용
아이디어 정의	· 개발하고자 하는 제품이나 서비스의 목표를 분명히 정의한다. · 이 과정에서 이해관계자들과의 협업을 통해 어떤 요구사항, 기능이 필요한지 확인한다.
디자인/개발	· 제품이나 서비스의 인터페이스, 기능을 다양한 형태로 디자인한다. · 디자인 후에는 디자인된 각각의 요소를 구현한다. 이때 많은 기능이 동시에 구현될 필요는 없고, 핵심되는 최소한의 기능만을 구현하여 기본적인 동작을 시험한다. 이 단계에서 개발자가 없다면 노코드 툴을 통해 직접 개발시간과 비용을 절감할 수 있다.
테스트와 평가	· 프로토타입을 실제 사용자에게 시연하고, 피드백을 수집한다.
피드백 수용과 재설계	· 피드백을 토대로 프로토타입을 수정하고 개선한다. · 이 단계에서 좀 더 나아간다면 시장 가치를 더하여 사용자의 반응을 점검하는 MVP 단계로 이어질 수 있다.

프로토타입은 다양한 분야에서 활용될 수 있다. 웹사이트 프로토타입은 웹사이트의 구조, 디자인, 내용, 기능 등을 시각화하고 테스트할 수 있다.

웹사이트의 프로토타입은 종이 모형, 와이어프레임, 목업Mock

up, 인터랙티브 프로토타입 등의 형태로 제작될 수 있다.

의료기기의 프로토타입은 의료진과 환자의 안전과 편의를 고려하여 제품의 기능과 효과를 검증하는 데 사용된다. 3D 프린팅, CNC 가공, 사출 성형 등의 방법으로 제작될 수 있다. 세부적인 의료기관 프로토타입은 다음과 같은 다양한 사례들이 있다.

알루미늄 의료기기 프로토타입

- 보건의료 빅데이터 분석 플랫폼: 보건의료 빅데이터 분석 플랫폼은 의료 기관, 보건복지부, 국민건강보험공단, 보건산업진흥원 등의 다양한 의료 데이터를 통합하고, 분석하고, 활용할 수 있는 플랫폼이다. 이 플랫폼은 의료 데이터의 표준화, 품질 관리, 보안 관리, 접근 관리 등을 수행하며, 의료 데이터를 기반으로 한 인공지능, 머신러닝, 딥러닝 등의 고급 분석 기술을 제공한다. 의료 서비스 개선, 의료 정책 수립, 의료 연구 활성화, 의료 산업 발전 등에 기여할 수 있다.[121]

---

121   SAS블로그 인사이트, https://www. Sas.com/ko_kr/solutions/ai-mic/blog/

- **인공지능 의료진단 시스템**: 인공지능 의료진단 시스템은 인공지능 기술을 활용하여 의료 영상, 유전체, 혈액 검사 등의 의료 데이터를 분석하고, 질병의 진단과 예측 및 치료 등을 지원하는 시스템이다.[122] 딥러닝, 자연어 처리, 컴퓨터 비전 등의 인공지능 기술을 이용하여 의료 데이터의 패턴을 인식하고, 의료 지식과 결합하여 의사결정을 돕는다.[123] 암, 당뇨병, 심장병, 뇌졸중 등 다양한 질병의 조기 진단, 정확한 진단, 개인별 맞춤형 치료 등에 활용될 수 있다.

- **3D 프린팅 의료기기**: 3D 프린팅 의료기기는 3D 프린팅 기술을 이용하여 의료용 장비나 인공 기관을 제작하는 기기다. 환자의 신체적 특성에 맞게 맞춤형 의료기기를 제작할 수 있으며, 기존의 의료기기보다 저렴하고 효율적으로 생산할 수 있다. 보철, 보조 기구, 임플란트, 인공 관절, 인공 피부, 인공 혈관 등 다양한 의료기기를 제작할 수 있다.

- **빠른 진료 상담을 위한 의사 데이터베이스 앱**: 사용자가 원하는 진료 분야와 지역을 입력하면 가까운 병원이나 클리닉의 의사 목록과 상담 가능 시간을 보여주는 앱이다. 사용자가 원하는 의사를 선택하고, 증상과 의료 기록을 입력하면, 의사와 실시간으로 채팅하거나 영상 통화를 할 수 있다. 의료 서비스의 접근성과 편의성

---

ai-and-medical-industry.html.

122 보건산업진흥원, 「의료인공지능의 윤리와 전망」, 『보건산업정책연구』 3(1), 2023.

123 김서연, 「빅제이터시대 의료 바이오분야 빅데이터 분석 활용 사례」, 『삼성 SDS 인사이트레포트』, 2017.

을 높이고 의료 비용을 절감할 수 있다.[124]

- **AI 개인 트레이너 앱**: 사용자의 건강 데이터와 목표를 기반으로 AI가 맞춤형 운동 계획과 식단을 제공한다. 사용자는 스마트폰이나 스마트워치 등의 기기로 자신의 심박수, 칼로리 소모량, 수면 패턴 등의 생체 신호를 측정하고, AI가 분석하고 피드백을 준다. 사용자의 건강과 체력을 향상시키고 질병 예방과 관리에 도움을 줄 수 있다.[125]

- **스마트폰으로 심전도 측정하는 앱**: 스마트폰의 카메라와 플래시를 이용하여 손가락의 피부 저항을 측정하고 이를 심전도로 변환하는 앱이다. 심장 박동수, 부정맥, 심근경색 등의 심장 질환을 감지하고, 사용자에게 적절한 조치를 권장한다. 실제 심전도 기계와 비교했을 때 95% 이상의 정확도를 보였으며, 심전도 검사가 어려운 지역이나 상황에서도 사용할 수 있다.[126]

- **스마트폰으로 청력 검사하는 앱**: 스마트폰의 마이크와 스피커를 이용하여 청력을 검사하는 앱이다. 다양한 주파수와 음량의 소리를 재생하고, 사용자가 소리에 응답하도록 한다. 이를 통해 사용자의 청력 수준과 손상 정도를 측정하고 청력 보조 기기나 전문가 상담을 추천한다. 이 앱은 실제 청력 검사와 비교했을 때 90% 이상의 정확도를 보였으며, 청력 검사가 필요한 사람에게 저렴

---

124   이은정, 「팬데믹에 등 떠밀린 의료, AI에 풍덩」, 『삼성 SDS 인사이트레포트』, 2023.

125   AppMaster, "2024년 스타트업을 위한 50가지 최고 앱 아이디어", 2022, https://appmaster.io.

126   문상선, "의료 AI 인공지능, 8가지 활용 기술과 적용 분야", 데이터헌트, 2023.

하고 편리한 서비스를 제공한다.[127]

- **스마트폰으로 안구 건조증 검사하는 앱**: 스마트폰의 카메라와 플래시를 이용하여 안구 건조증을 검사하는 앱이다. 사용자의 눈을 촬영하여 눈꺼풀의 깜빡임 횟수, 눈물의 양, 안구 표면의 건조 정도 등을 분석한다. 이를 통해 사용자의 안구 건조증 수준을 측정하고, 인공눈물이나 안과 진료를 추천한다. 실제 안과 검사와 비교했을 때 85% 이상의 정확도를 보였으며, 안구 건조증이 흔한 현대인에게 유용한 서비스를 제공한다.[128]

프로토타입과 프리토타입

프로토타입Prototype과 프리토타입Pretotype은 제품이나 서비스의 개발 과정에서 사용되는 개념이다. 두 개념의 가장 큰 차이점은 목적에 있다.

프로토타입은 제품이나 서비스의 초기 버전 또는 시제품을 의미하며, 아이디어를 구체화하고 검증하는 데 사용된다. 프리토타입은 제품이나 서비스의 가장 간단한 형태를 의미하며 아이디어의 가치와 수요를 빠르게 확인하는 데 사용된다.[129]

---

127   이은정, 「팬데믹에 등 떠밀린 의료, AI에 풍덩」, 『삼성 SDS 인사이트레포트』, 2023.

128   임이랑, "미국 헬스케어분야 인공지능(AI) 활용 사례", 《KOTRA 해외시장뉴스》, 2023.

129   알베르토 사보이아, 『아이디어 불패의 법칙』, 이지연 옮김, 인플루엔셜, 2020.

프로토타입은 '아이디어를 어떻게 구현할지'에 초점을 두는 반면, 프리토타입은 '아이디어를 왜 구현해야 하는지'에 초점을 둔다. 프리토타입은 프로토타입보다 더 적은 시간과 비용으로 만들 수 있으며 실패를 빠르게 인식하고 학습할 수 있다.

아이디어의 상품화 과정

프리토타입은 제품이나 서비스의 가장 간단한 형태로 아이디어의 가치와 수요를 빠르게 확인하는 데 사용된다. 구글의 최고 혁신 전문가 알베르토 사보이아Alberto Savoia는 그의 책『아이디어 불패의 법칙』을 통해 프리토타입의 유형을 다음과 같이 구분하였다.

- 메커니컬 터크 프리토타입Mechanical Turk Pretotype: 기계가 하는 것처럼 보이게 하지만 사람이 실제로 작동시키는 방법이다. 예를 들어 폴드포유Fold4U를 옷을 접어주는 기계라고 소개하는데 실제로는 사람이 옷을 접어서 배달하는 서비스였다.
- 피노키오 프리토타입Pinocchio Pretotype: 실제 기능을 하지 않지만 기능을 하는 것처럼 보이게 하는 방법이다. 팜 파일럿은 휴대용 컴퓨터의 프리토타입으로 실제로는 작동하지 않는 목업Mock up이었다. 그러나 사용자들은 그것이 작동한다고 생각하고 사용해 보았다.

- 원 나잇 스탠드 프리토타입One Night Stand Pretotype: 한 번만 사용할 수 있는 프리토타입으로 사용자의 반응을 측정하는 데 사용된다. 예를 들어 스마트 경적은 자동차 경적을 스마트폰으로 조작할 수 있는 기능이라고 소개하지만 실제로는 무선 조종기로 작동시켰다.

비즈니스 모델

비즈니스 모델Business Model이란 사업에서 이익을 창출하는 방식을 말한다.[130] 타깃 고객은 누구이고, 상품이나 서비스에 대한 대가를 지불하는 고객은 누구이며, 필요한 자원과 프로세스는 무엇인지 구조화하는 것이다.[131]

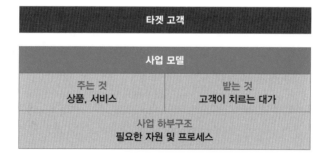

타겟 고객	
사업 모델	
주는 것 상품, 서비스	받는 것 고객이 치르는 대가
사업 하부구조 필요한 자원 및 프로세스	

비즈니스모델 구조화 틀

---

130   남대일, 『성공하는 스타트업을 위한 101가지 비즈니스 모델이야기』, 한스미디어, 2018.

비즈니스 모델에서 가장 많이 활용되는 것은 비즈니스 모델 캔버스이다. 비즈니스 모델 캔버스는 스위스 로잔대학교 교수인 예스 피그누어Yves Pigneur와 그의 제자 알렉산더 오스터왈더Alexander Osterwalder가 창안한 비즈니스 모델 프레임워크로 한 장의 캔버스에 비즈니스 모델의 핵심 구성 요소를 담고 고객 가치 창출 과정을 도식화할 수 있다는 특징이 있다. 그들은 『비즈니스 모델의 탄생Business Model Generation』이라는 저서에서 비즈니스 모델에 대해 다음과 같이 정의하였다. "비즈니스 모델이란, 하나의 조직이 어떻게 가치를 창조하고 전파하며 포착해내는지를 합리적이고 체계적으로 묘사해낸 것이다."[132]

기업이 어떻게 고객 가치를 창출하고, 전파하는지 그리고 이로 인해 어떻게 수익을 창출하는지에 대한 원리를 이해하려면 9가지 빌딩 블록을 이해해야 한다. 이 빌딩 블록이 비즈니스 모델 캔버스를 구성하는 9가지 요소다.

- **고객 세그먼트**: 사업이 어떤 고객을 대상으로 하는지, 고객의 특성과 니즈는 무엇인지를 정의한다.
- **가치 제안**: 고객에게 제공하는 상품이나 서비스의 가치는 무엇인지, 고객의 문제를 어떻게 해결하거나 만족시키는지를 설명한다.

---

131   이노무브, "비즈니스모델은 무엇인가?", Https://www.innomove.com.

132   피그누어, 오스터왈더 공저, 『비즈니스 모델의 탄생』, 유효상 옮김, 비즈니스북스, 2021.

- **채널**: 고객에게 가치 제안을 전달하는 방법은 무엇인지, 고객과 어떻게 소통하고 관계를 유지하는지를 나타낸다.
- **고객 관계**: 고객을 확보하고 유지하기 위해 사용되는 방법이다. 고객과 어떻게 상호작용하고 어떤 관계를 구축할 것인지를 나타낸다.
- **수익원**: 사업이 어떤 방식으로 수익을 창출하는지, 고객이 얼마나 지불하고자 하는지를 표현한다.
- **핵심 자원**: 사업을 운영하기 위해 필요한 자원은 무엇인지 나타낸다. 물리적, 인적, 지식적, 금융적 자원 등을 포함한다.
- **핵심 활동**: 사업을 수행하기 위해 필요한 활동은 무엇인지 표현한다. 가치 제안을 만들고 전달하고 유지하기 위한 활동들을 포함한다.
- **핵심 파트너**: 사업을 지원하기 위해 필요한 파트너는 누구인지 표현한다. 외부의 공급자나 협력자 등을 포함한다.
- **비용 구조**: 사업을 운영하기 위해 발생하는 비용은 무엇인지 표현한다. 고정비와 변동비, 비용 절감과 가치 창출의 균형 등을 고려한다.

비즈니스 모델 캔버스는 다음과 같은 질문에 답할 수 있다.

- 고객은 누구이고, 어떤 문제나 니즈를 가지고 있는가?
- 고객에게 어떤 가치를 제공하고, 어떻게 차별화할 수 있는가?
- 고객과 어떻게 소통하고, 어떻게 가치를 전달할 수 있는가?

- 어떤 수익원을 가지고, 얼마나 수익을 창출할 수 있는가?
- 어떤 핵심 자원과 핵심 활동이 필요하고, 어떤 비용이 드는가?
- 어떤 핵심 파트너와 협력할 수 있고, 어떤 이익을 얻을 수 있는가?

비즈니스 모델 캔버스의 활용 순서를 보면, 먼저 핵심 타깃이 될 고객 세그먼트를 중심으로 어떤 가치를 제안하여 어떤 채널을 통해 고객 관계를 유지하고 수익을 발생시킬지를 제안하는 앞부분을 작성한다. 이어서 어떤 핵심 자원을 이용하여 구체적인 활동을 만들어낼 것인지 그리고 누가 핵심적인 파트너가 될 수 있는지를 파악한 후 그에 따른 비용을 산출한다.

일반적인 비즈니스모델 캔버스 작성 순서

비즈니스 모델 캔버스를 작성할 때는 먼저 각 블록에 해당하는 내용을 스티커나 메모지에 적어서 붙인다. 한 블록에 여러 개의 내용을 적을 수 있다. 이어서 블록 사이의 관계를 화살표나 선으로 표시한다. 예를 들어 고객 세그먼트와 가치 제안 사이에는 고객들의 욕구Needs와 가치 제안의 적합도를 나타내는 선을 그린다. 세 번째 단계에서는 블록의 중요도나 우선순위를 색깔이나 크기로 구분한다. 가장 중요한 고객 세그먼트나 가치 제안은 빨간색이나 큰 글씨로 표시한다. 끝으로 블록의 내용이나 관계에 대한 가설이나 검증 방법을 주석으로 달아둔다. 예를 들어 가치 제안이 고객의 욕구를 충족하는지를 알아보기 위해 어떤 실험을 할 것인지 적어둘 수 있다.

비즈니스 모델 캔버스를 적용한 사례를 살펴보면 다음과 같다.

주요 파트너 🔗	주요 활동 📋	가치 제안	고객 관계 ♥	고객 구분 👥
• 투자자 • 퍼포먼스 광고 업체	• 고객공감 콘텐츠/이벤트 기획 제작 • 플랫폼 고도화 • 플랫폼 홍보 • 배달음식점 확보/서비스영역 확대	• 21세기 최첨단 찌라시 - 앱 하나로 우리 동네 모든 배달음식을 편리하게 주문 가능 • 21세기 최첨단 찌라시 - 거래수수료 무료 - 신규 광고상품 - 배달대행 제공 등	• 다양한 이벤트 • 체계적인 교육, 상담 등(배민아카데미)	• 배달음식을 주로 시켜 먹는 1인 가구 • (배달)음식점을 운영하는 자영업자
	주요 자원 🛢️ • 배달음식점 연합체 • (충성)이용자 수 • 리뷰 등 콘텐츠 • 브랜드파워 • 배민라이더스 커버리지		**채널** 🚚 • TV 광고/SNS • 스마트폰 앱 • 이메일/전화 • 사장님 전용 앱 • 포스 연동 소프트웨어	

비용구조 👛	수익 흐름 💰
• 고정비용(투자 포함) - 인건비, 사무실, 광고비, 서버비, 배달대행 인프라 운영 • 변동비용 - 광고비, PG수수료, CS비용	• 배달음식점 광고비 - 우선 노출 등 정액제 광고 - 키워드 입찰방식 최상단 노출 광고(슈퍼리스트)

배달의 민족 비즈니스모델 캔버스

핵심파트너	핵심활동	가치제안	고객관계	고객세그먼트
서울대학교 의과대학, 서울대학교병원, 서울대학교치과병원, 서울대학교암병원, 보건복지부, 국민건강보험공단, 보험사, 의료기기 공급자, 약품 공급자, 연구기관, 협력병원 등	진료, 검사, 수술, 입원, 약제, 의료정보관리, 의료연구교육, 마케팅 등	최고 수준의 의료진과 장비, 다양한 진료과목과 특수진료센터, 첨단 의료정보 시스템, 친절하고 신속한 서비스, 분당서울대병원 브랜드 등	콜센터, 예약챗봇, 홈페이지, 환자경험, 구전, 충성도 관리	질병이나 부상을 입은 환자, 건강검진이나 예방접종을 원하는 건강한 사람, 의료정보를 찾는 사람 등
	핵심자원		채널	
	의료진, 간호사, 의료기사, 의료기기, 의료정보시스템, 병원시설, 분당서울대병원 브랜드, 의료연구성과		오프라인 병원 방문, 온라인 예약 및 상담, 모바일앱, SNS, 블로그, 유튜브 등	

비용구조	수익원
인건비, 장비 유지비, 약품비, 소모품비, 전기-수도-가스비, 환경 개선비, 교육비, 연구비, 마케팅비 등	진료비, 검사비, 수술비, 입원비, 약제비, 보험급여, 후원금, 연구비 등

○○대학병원 비지니스모델 캔버스[133]

---

133 세일즈포스 닷컴, "2023년 의료분야의 디지털 혁신은 어떻게 발전할까요?", 2023, https://www.salesforce.com.

구성 요소	내용
고객 세그먼트	의료기관, 보험사, 의료 연구 기관, 의료 정보 서비스 등
가치 제안	의료 데이터를 분석하고 진단하고 치료하는 등의 가치 제공 정확성과 객관성, 효율성과 개인화 향상
채널	온라인 플랫폼, API, 클라우드 서비스, 의료 기기와의 연동 등
수익원	의료기관이나 보험사로부터의 수수료나 라이센스료, 광고 수익, 데이터 판매 등
비용 구조	데이터 수집 및 관리 비용, AI 모델 개발 및 유지 비용, 컴퓨팅 파워 비용, 마케팅 비용 등
핵심 자원	AI 알고리즘, 의료 데이터베이스, 컴퓨팅 파워, 의료 전문가, 의료 AI 브랜드 등
핵심 활동	데이터 수집, AI 모델 개발, AI 모델 테스트, AI 모델 배포, 의료 서비스 제공, 고객 관리 등
핵심 파트너	의료기관, 보험사, 의료 연구 기관, AI 개발자, AI 플랫폼 제공자, 의료 기기 제조사 등

의료 AI 인공지능 비즈니스 모델 캔버스

비즈니스 모델은 비즈니스 모델 캔버스 외에도 다양한 종류가 있다.[134]

- **구독 모델**: 고객이 정기적으로 상품이나 서비스를 이용하기 위해 일정한 비용을 지불하는 모델이다. 예로 넷플릭스, 스포티파이, 유튜브 프리미엄 등이 있다.
- **프리미엄 모델**: 기본적인 상품이나 서비스는 무료로 제공하고 추가적인 기능이나 편의를 원하는 고객에게는 유료로 제공하는 모델이다. 예로 에버노트, 드롭박스, 스케치업 등이 있다.
- **프리미엄 모델**: 특정 대상에 무료로 상품과 서비스를 제공하며 그것을 기반으로 다른 비즈니스와 고객을 연결시키는 모델이다. 예로 광고, 스카이프, 질레트, 오픈소스 등이 있다.
- **프랜차이즈 모델**: 성공적인 비즈니스 모델을 다른 사업자에게 라이센스 형태로 판매하고 그로부터 수수료나 로열티를 받는 모델이다. 예로 맥도날드, 스타벅스, 서브웨이 등이 있다.
- **레이저 모델**: 하나의 상품이나 서비스를 저렴하게 판매하고 그것과 연관된 다른 상품이나 서비스를 고가로 판매하는 모델이다. 예로 잉크젯 프린터와 잉크 카트리지, 비디오 게임기와 게임 소프트웨어 등이 있다.

---

134   이노무브, "비즈니스모델은 무엇인가?", https://www.innomove.com.

린 스타트업

의료 서비스 디자인에서 린 스타트업^{Lean Startup}이란, 의료 서비스를 제공하는 기업이나 조직이 린 스타트업의 원칙과 방법론을 적용하여 고객의 문제와 요구에 맞는 혁신적인 서비스를 빠르고 저렴하게 개발하고 검증하는 것을 말한다.

최소한의 가설을 세우고 최소기능제품^{MVP}을 만들어 고객의 반응을 측정하고, 학습하고, 반복하는 과정을 통해 서비스를 지속적으로 개선하는 방식이다.[135]

의료 서비스 디자인은 의료 서비스의 전체적인 흐름과 접점을 시각화하고, 고객의 경험과 감정을 단계별로 표현함으로써 서비스의 핵심 기능과 가치를 빠르게 테스트하는 방식으로 진행된다.[136] 의료 서비스 디자인에서 '린 스타트업'은 두 가지 방식(의료 서비스 디자인 + 린 스타트업)을 결합하여 의료 서비스의 품질과 효율성을 높이고, 고객의 만족도와 충성도를 높일 수 있는 전략적 접근법이다. 여기에서 사용하는 도구는 다음과 같다.

- 서비스 분석 도구: 서비스의 현재 상태와 문제점을 파악하고, 고객

135 　나이다 그룬덴, 찰스 해굿 공저, 『린 주도 병원디자인』, 우재연 옮김, 디자인
리서치앤플래닝, 2013.

136 　채드, "병원에서 만난 디자이너들", 브런치, 2022, https://brunch.co.kr/@
chadchoi/5.

의 요구와 통찰을 얻기 위한 도구다. 예를 들면 인터뷰, 에스노그라피, 쉐도잉, 마인드맵, 이슈카드, 벤치마킹, 생태 지도, 이해관계자 맵, 고객 경험 지도, 서비스 이미지 등이 있다.[137]

- **서비스 콘셉트 도구**: 서비스의 비전과 원칙을 수립하고 서비스의 핵심 가치와 콘셉트를 정의하기 위한 도구다. 예를 들면 친화도 분석, 시스템 맵, 인터랙션 테이블, 그룹 스케칭, 레고 플레이, 브레인스토밍, 서비스 블루프린트, 비즈니스 모델 캔버스 등이 있다.[138]

- **서비스 아이디어 도구**: 서비스의 구체적인 기능과 디자인을 개발하고 다양한 아이디어를 발전시키기 위한 도구다. 예를 들면 터치포인트 매트릭스, 터치포인트 매핑, 서비스 이스케이프, 과업 분석 그리드, 과업 분석표, 스토리보드, 역할 대본, 증거 만들기 등이 있다.

- **서비스 실행 도구**: 서비스의 품질과 효과를 평가하고 서비스를 구현하고 운영하기 위한 도구다. 예를 들면 서비스 프로토타입, Oz 마법사, 사용성 테스트, 휴리스틱 분석, 유즈 케이스, 가이드라인, 템플릿, 경험 프로토타입 등이 있다.

이와 같은 다양한 도구들은 서비스 디자인의 전 과정을 체계적으로 수행할 수 있도록 도와준다. 의료 서비스 디자인 린 스타트업

---

137   천홍석, 「병원 서비스 개선을 위한 디자인 개발 및 인공지능 메신저(챗봇)를 활용한 스마트 병원 플랫폼 개발」, 『산업통상자원부 디자인역량강화사업 최종보고서』, 2022.

138   한국디자인진흥원, 「의료서비스디자인 실행매뉴얼」, 2013.

에서는 고객의 문제와 해결책의 궁합, 솔루션과 시장의 궁합, 고객 창출, 기업 설립 등의 단계에 맞게 적절히 도구를 활용할 수 있다.

린 스타트업의 개념을 구분하기 위해서는 디자인 씽킹 및 애자일 기법과 비교하여 살펴볼 수 있다.[139]

구분	특징	의의
디자인 씽킹 (Design Thinking)	기술적으로 구현할 수 있고 고객 가치와 시장 기회로 전환 가능한 비즈니스 전략을 사람들의 니즈와 맞추기 위해 디자이너의 감성과 방법론을 활용하는 분야이다.	디자이너가 전통적인 영역을 넘어서 관여할 수 있도록 허용하는 선례를 제공. 구성원에게 각자의 역할에서 당면한 문제를 디자인 방법론을 활용해서 해결하도록 장려한다.
애자일 (Agile Software Development)	프로세스나 툴보다 개인과 상호작용하고, 막연한 문서보다 작동하는 소프트웨어를 빠르게 제작한다. 계약협상보다 고객과의 협업을 중시하고, 계획을 고수하기보다 변화에 대응한다.	소프트웨어 개발자들은 오랫동안 애자일 방법론을 사용해왔고, 디자이너들에게는 도전해야 할 새로운 프로세스가 된다.
린 스타트업 (Lean Startup)	프로젝트 위험을 최소화하고 팀이 빨리 만들고 배우게 하기 위해 '제작-측정-학습'이라는 순환 피드백을 활용한다. 최소기능제품(MVP)을 만들고 신속하게 출시하여 가급적 빨리 학습 과정에 진입할 수 있게 한다.	기존의 소프트웨어 개발 기법보다 더 빠르게 고객 피드백을 반영하며 빠르게 프로토타이핑해서 가설을 테스트함. 실제 고객과의 접촉 빈도를 증가시켜 불필요한 낭비를 줄이고, 테스트를 통해 부정확한 시장 가설은 초기에 버릴 수 있다.

---

139   박영준, 「린스타트업 기반 창업기회 발굴을 위한 서비스 디자인 프로세스에 관한 연구」, 『디지털디자인학연구』 15(4), 2015.

린 스타트업을 추진하기 위해서는 다음과 같은 생각을 염두에 두고 시작해야 한다. 린 스타트업은 초기 단계의 회사라면 모두 적용 가능하며, 불확실성 속에서 성공하기 위한 새로운 방식의 관리 도구다.

린 스타트업은 돈벌이를 위해 존재하는 것이 아니라 지속 가능한 사업을 어떻게 만들지 학습하기 위해 필요하다. 그러므로 만들고 측정하고 배우는 피드백 순환을 빠르게 하는 것이 린 스타트업의 목적에 맞는 활동이라고 할 수 있다. 이와 같은 린 스타트업은 기존 전략과 어떻게 다를까?

구분	기존 전략	린스타트 업
전략 수립	구체적인 비즈니스 계획 기반	비즈니스 모델과 가설 기반
신제품 개발 프로세스	제품 개발, 단계적 절차 수립 및 실행	고객 탐구, 시장 테스트, 가설 검증
엔지니어링	개발 전 모든 사양을 기획 및 제품에 포함	최소 기능을 갖춘 제품을 신속하게 개발하고 반복적으로 검증
성과 측정	대차대조표, 현금 흐름표, 손익보고서 등 전통적 재무제표 수치	고객 획득 비용, 고객 생애 가치, 서비스 이탈율 등 측정 수치 중심
조직	세부 기능에 따른 조직 구성	신속한 제품 출시와 개선 중심의 조직 구성
실패에 대한 관점	예외적인 사항으로 경영진 교체 및 조직 개편으로 해결	실패를 사전에 예상하고 이를 기존 아이디어의 개선이나 사업 방향 전환의 기반으로 활용
실행 속도	완전한 데이터 중심의 신중한 결정 및 실행	수집한 데이터에 기반한 빠른 결정 및 실행

표에서 보는 바와 같이 린 스타트업은 기존 전략과 여러 측면에서 다르다. 기존 전략이 안정된 환경 속에서 비교적 장기간에 걸쳐 전략을 추진했다면 린 스타트업은 오늘날과 같이 급변하는 환경 속에서 실패를 예상하고 크고 담대하기보다는 작고 빠르게 반복적으로 적용할 수 있다.

최소기능제품

서비스 디자인을 통해 제품이나 서비스를 실현하려고 할 경우 처음부터 완벽을 추구하기보다는 최소기능제품 MVP를 먼저 개발하고 실험과 반복을 통해 완벽을 지향하는 단계적인 추진이 필요하다. 최소기능제품은 다음과 같은 의미를 가진다.

- Minimum(최소)
- Viable(기능)
- Product(제품)

최소기능제품은 프로젝트를 완성했을 경우 또는 창업 아이디어가 있을 경우, 그것이 어느 정도의 고객 호응을 얻을 수 있는지 반응을 살피기 위해 최소 비용으로 빠르게 만드는 '핵심 기능만을 담은 제품(또는 서비스)'을 의미한다.

최소기능제품이 필요한 이유는 많은 프로젝트 또는 스타트업이 실패하는 이유 중 하나가 가설 검증을 거치지 않은 상태에서 제품 제작에 많은 시간과 비용을 투자하기 때문이다. 이와 같은 무모한 시도는 오늘날과 같이 급변하는 환경에서 실패할 경우 그 리스크를 해당 조직이 그대로 떠안게 된다. 최소기능제품은 핵심 아이디어 제품의 시장 적합도를 따져보고, 고객이 이를 필요하다고 인식하고 반응하는지 먼저 확인한 후 제품 또는 서비스를 고도화할 수 있다. 그러므로 고도화가 완료된 제품이나 서비스가 아니다.

이와 같은 최소기능제품의 이점은 여러 가지가 있다. 먼저 시간 및 비용을 절감할 수 있다. 기본적으로 빠른 시간 내에 최소 비용(혹은 비용을 전혀 들이지 않고)으로 핵심 기능만을 담은 제품을 만드는 것이 핵심이기 때문이다.

둘째, 수익성 판단과 고도화 전략에 도움이 된다. 최선의 시나리오는 최소기능제품으로 제품의 '성공 가능성'을 확인하고 고도화 단계로 넘어가 상용 버전을 구현하는 것이다. 이때 잠재적 결함 및 오류를 최소화할 수 있는 솔루션을 고민할 수 있다. 또한 최소기능제품을 통해 성공 가능성이 있지만 처음 구상했던 제품의 기능과 사용자가 실제 원하는 기능이 완벽히 일치하는지 확인할 수 있다. 이를 통해 제품과 고객 사이의 균형을 맞춰 핵심 아이디어를 성공적인 제품으로 출시할 수 있다.

셋째, 사업 리스크 최소화이다. 최소기능제품을 통해 좋지 않은 시나리오가 나올 경우도 종종 있다. 진행 과정에서 예상과 달리 잠재 고객의 호응이 없어 실패할 수 있다. 하지만 최소기능제품 자체가 최소 비용으로 빠른 시간 내에 제작하는 것이므로 실패하더라도 사업 리스크를 최소화할 수 있다. 또한 이런 실패를 확인한 조직은 피보팅Pivoting 기회를 만들 수 있다.

피보팅

'축을 옮기다'는 의미를 지닌 스포츠 용어다. 피봇Pivot에서 유래된 말로 농구, 핸드볼, 배드민턴 등의 구기 종목에서 한 발을 축으로 회전한다는 뜻이다. 하지만 비즈니스에서는 다른 의미로 쓰인다. 주로 시장 상황이 좋지 않거나 예상한 만큼 성과가 나오지 않을 때, 기존 사업 아이템을 다른 방향으로 전환하는 것을 의미한다.

Chapter 6

5단계: 실험하기(Test)

테스트하기

테스트^{Test}하기는 서비스의 프로토타입을 실제 사용자와 이해관계자에게 테스트하여 서비스의 효과와 만족도를 평가하고 서비스의 개선점과 방향을 도출하는 단계다. 테스트하기는 서비스 디자인의 핵심적인 활동으로 서비스의 성공 여부를 결정하는 데 중요하다. 모든 고객은 아니지만 일부 고객과 이해관계자가 1차적으로 평가해주기 때문이다.

테스트하기의 목적은 서비스의 가정과 가치를 검증하고, 서비스의 장점과 단점을 파악하기 위해서다. 서비스의 사용성과 접근성을 향상시키고 서비스의 문제와 오류를 수정하기 위한 목적도 있다. 서비스의 경험과 감성을 강화시키고, 서비스의 만족도와 충성도를 높일 뿐만 아니라 혁신과 차별화를 도모하고 서비스의 경쟁력과 지속성을 강화할 수 있다.[140]

서비스 디자인에서 테스트하기 방법은 다양하지만 일반적으로 다음과 같은 과정을 따른다.

- 테스트 목표와 방법을 정의하고 테스트 계획을 수립한다. 테스트의 목적, 범위, 기간, 참여자, 방식, 도구, 지표 등을 결정하는 단계다.
- 테스트 참가자와 장소를 선정하고 테스트 자료와 도구를 준비한다. 테스트에 필요한 프로토타입, 스크립트, 설문지, 카메라, 녹음기, 타이머 등을 준비한다.
- 테스트를 진행하고, 테스트 결과와 피드백을 수집하여 테스트 데이터를 분석한다. 테스트 참가자의 행동, 반응, 의견, 만족도, 문제점 등을 꼼꼼히 관찰하고 기록하는 것이 중요하다.
- 테스트 결과를 정리하고 테스트 인사이트와 리포트를 작성하여 테스트 러닝과 공유한다. 테스트 결과를 시각화하고, 테스트에서 얻은 통찰과 교훈, 개선점과 방향, 제안 사항 등을 작성하고 관련자들과 공유한다.

테스트하기 과정에서 고객을 참여시켜 공동 창조하는 것이

---

140   최민영 외, 「서비스·경험디자인 이론서」, 한국디자인진흥원, 2022.

매우 중요하다. 고객과의 공동 창조를 위한 고객 참여 방법은 다양하다. 예를 들어 고객의 욕구와 피드백을 파악하기 위해 설문조사, 인터뷰, 포커스 그룹 인터뷰[FGI] 등을 실시할 수 있다. 또한 고객을 제품이나 서비스의 개발 과정에 참여시킴으로써 공감과 신뢰를 높일 수 있다. 예를 들어 공동 디자인 워크숍, 공동 프로토타이핑, 공동 테스트 등을 통해 고객의 의견과 아이디어를 수집하고 반영할 수 있다.[141] 테스트하기의 사례는 다음과 같다.

한국보건의료정보원에서 추진한 국립병원 정보화 사업은 국립병원의 병원 정보 시스템을 클라우드 기반으로 구축하고, 의료 서비스의 효율성과 품질을 높이기 위한 목적으로 진행되었다.

스마트한 사용
모바일 기반의 의료서비스 및 환자 중심의 의료정보 통합제공

스마트한 클리닉
스마트 기기, 통계, AI기반, 스마트 진료기반 구축

스마트한 정책
의료정보 표준을 통한 데이터 활용 및 정책수립 지원

스마트한 운영
통합 클라우드 기반 안정성 및 인프라 강화

클라우드 기반 차세대 국립병원 정보시스템 구성도

---

141   김윤경, "신규고객 유치를 위한 53가지 아이디어", 어센트 코리아, 2022, 07.17, Https://www.ascentkorea.com.

이 사업에서는 의료인, 의료 기관, 의료 IT 등 종합적인 구성원이 참여하는 테스트베드Test Bed로 활용되었다. 의료 서비스의 수요자인 환자와 공급자인 의료인이 함께 새로운 병원 정보 시스템의 개발과 검증에 참여하였다.

테스트하기 방법은 사용성 테스트, 두 가지 제품을 비교하여 평가하는 A/B 테스트, 서비스 사파리 등 다양하게 존재한다. 이중에서 사용성 테스트나 A/B 테스트는 일반적으로 많이 사용하는 기법이므로 여기에서는 서비스 사파리에 대해 살펴보도록 하겠다.

구분	내용
사용성 테스트 (Usability testing)	서비스의 프로토타입이나 실제 서비스를 사용자에게 제공하고, 사용자의 행동과 반응을 관찰하고 평가하는 테스트이다. 서비스의 사용성, 접근성, 만족도 등을 측정하고, 그 문제점과 개선점을 발견할 수 있다.[142]
A/B 테스트 (A/B testing)	서비스의 두 가지 버전(A와 B)을 각각 다른 사용자 그룹에 제공하고, 사용자의 행동과 반응을 비교하는 테스트이다. 서비스의 효과와 성과를 측정하여 최적화된 버전을 선택할 수 있다.
서비스 사파리 (Service safari)	서비스의 프로토타입이나 실제 서비스를 사용자에게 실제 환경에서 경험하게 하고, 사용자의 피드백을 수집하는 테스트이다. 서비스의 경험과 감성을 강화하고, 서비스의 혁신과 차별화를 도모할 수 있다.[143]

서비스 사파리

서비스 사파리Service safari는 서비스를 이해하기 위한 연구 방법이다. 특정 서비스, 서비스의 유형, 서비스의 범위에 대한 정보를 찾기 위해 실제로 서비스를 체험하고 관찰한다.

서비스 사파리를 통해 서비스의 특징, 장점, 단점, 문제점, 개선점, 기회 등을 발견하고 인사이트를 도출할 수 있다. 서비스 사파리는 고객 입장에서 서비스를 바라보는 가장 쉬운 방법이다. 서비스의 경험과 감성을 강화하고 서비스의 혁신과 차별화를 도모할 수 있다.[144]

서비스 사파리를 진행하기 위해서는 먼저 필드 리서치를 떠나기 전에 그곳에서 어떤 것들을 관찰할지 생각하고 관찰 문서를 만드는 것이 좋다. 데스크 리서치에서 찾은 인사이트를 기반으로 무엇을 관찰할지 정리할 수 있다. 이 단계에 너무 매몰되지 말고 최대한 열린 마음으로 선입견 없이 관찰하여 더 다양한 인사이트를 도출하는 것이 바람직하다. 관찰할 대상은 사물, 사람, 상품(또는 서비스) 등이다.

준비가 끝났으면 자신의 경험을 기록할 수 있도록 녹음기, 메모지, 카메라 등을 가지고 현장으로 가서 관찰 문서를 기반으로 관찰을 시작하고 녹음, 메모, 카메라로 자신의 생각을 기록한다.

- **특이사항/장점**: 관찰한 사물, 사람, 상품/서비스를 바탕으로 특이사항/장점 도출

---

142   한국디자인진흥원 디자인혁신실, 「서비스디자인이란」, 한국디자인진흥원, 2019.

143   차한비, 「서비스디자인이란 무엇인가?」, SD4G LAB, 2022.

144   오픈엔진20, "서비스사파리", 2014. 02. 13, https://www.m.blog.naver.com/opengine20.

- 페인 포인트: 관찰한 사물, 사람, 상품/서비스를 바탕으로 페인 포인트 도출
- 기회 요소: 특이사항/장점을 기반으로 현재는 없지만 앞으로 기대되는 부분 도출

세 번째 단계는 기록한 자료를 바탕으로 인사이트를 도출한다. 관찰 기록을 시각화하고 통찰과 교훈, 개선점과 방향, 제안 사항 등을 작성하고 관련자들과 공유한다.[145]

예를 들어 병원의 환경과 서비스를 개선하고 새로운 IT 서비스를 제안하기 위한 목적으로 프로젝트를 진행할 경우 해당 병원을 방문하여 다양한 서비스를 체험하고 관찰할 것이다. 그리고 다음과 같은 인사이트를 얻을 수 있을 것이다.

- 병원 방문 전후에도 병원과의 소통과 정보를 원하는 고객이 많다.
- 병원 내에서도 안내 절차와 진료실 접근 방법 및 대기 시간 등에 대한 안내를 원하는 고객이 많다.
- 병원의 공간과 분위기에 따라 고객의 감정과 만족도가 달라진다.
- 병원의 편의 시설과 부가 서비스에 대한 고객의 욕구와 기대가 높다.

이렇게 찾은 인사이트를 바탕으로 병원 방문 전후에 고객들에게 SMS나 앱을 통해 병원과 관련된 정보와 안내를 제공하는 서비

---

145   김강현, "병원서비스 디자인5", 《헬스조선》, 2020. 04. 27.

스, 병원에서 고객들에게 키오스크나 태블릿을 통해 진료 절차와 진료실 접근 방법 및 혼잡도나 대기 예상 시간을 알려주는 서비스, 병원 공간과 분위기를 개선해 고객 만족도를 높이는 서비스, 병원 편의 시설과 부가 서비스를 강화하고 고객의 욕구와 기대를 충족시키는 서비스 등을 찾아낼 수 있다. 그리고 그에 부합하는 서비스가 제대로 개발되었는지 평가하고 테스트할 수 있다.

완벽한 설득 프레젠테이션

화룡점정畵龍點睛이란 말을 들어본 적 있는가? 용을 그린 다음 마지막으로 눈동자를 그린다는 뜻으로 가장 요긴한 부분을 처리해 일을 끝내는 것을 의미하는 사자성어다.

프로젝트가 완료되어 테스트하는 과정에서 고객 또는 이해관계자에게 그 내용을 설명하고 설득하기 위한 프레젠테이션은 프로젝트의 대미를 장식하는 단계다. 아무리 훌륭한 프로젝트를 수행했다 하더라도 내용이나 결과가 해당 대상(이해관계자, 궁극적으로 고객)에게 아무런 감흥을 주지 못하거나 고객을 설득하지 못한다면 결과는 실패로 돌아간다.

프레젠테이션은 청중과의 연결이 중요하다. 즉 청중과 정보나 아이디어 또는 주장을 공유해야 한다. 메시지를 효과적으로 전달하기 위한 구조화된 접근 방식이며, 최종 목표는 설득이다.

발표자의 내용을 청중이 듣고 설득되어야 목표가 완료된다. 프레젠테이션 방법은 슬라이드 쇼, 연설, 데모, 비디오는 물론 멀티미디어 프리젠테이션까지 다양한 옵션이 있다.

프레젠테이션의 목적은 상황에 따라 그리고 발표자가 달성하고자 하는 바에 따라 달라질 수 있다. 그중에서 비즈니스 세계에서 프레젠테이션은 일반적으로 의견을 제시하고 제품이나 서비스의 판매 및 홍보를 하는 데 사용된다.

프레젠테이션을 잘 수행하기 위해서는 먼저 프레젠테이션의 목적을 명확히 정의하고 SMART 기준을 적용하는 것이 중요하다. 또한 청중의 지식 수준, 관심사, 기대치, 문화적 배경 등을 조사하고 분석해야 한다. 나보다는 나의 프레젠테이션을 듣는 청중, 즉 '그분'들이 중요하다.[146] 그러므로 내가 하기 쉬운 것보다는 청중과의 연결을 위해 적절한 언어, 톤, 스타일을 선택해야 한다.[147]

SMART 기준

1954년 피터 드러커Peter Drucker가 『경영의 실체』에서 제시한 기법으로 1981년에 경영 컨설턴트 조지 도란George T. Doran이 경영학 저널에 소개하면서 대중화되었다.

SMART는 효과적으로 목표를 달성할 수 있는 영어 단어

---

146 George T. Doran, 'There's S.M.A.R.T. Way to Write Management Goals and Objective', management review, 1981.

147 김경민 외, 『소통과 설득을 위한 프레젠테이션』, 국립경상대학교 출판부, 2023.

로 된 5가지 조건인 Specific(구체적), Measurable(측정가능), Achievable(달성가능), Relevant(관련성이 있는), Time-bounded(시간제한이 있는)의 첫 글자로 구성되었다.

SMART 기준은 목표 설정에 있어 명확하고, 측정 가능하고, 달성 가능하고, 현실적이고, 기한이 정해진 방식을 가능하게 한다.

프레젠테이션을 잘하기 위해서는 타고나는 것도 있지만 후천적인 노력으로도 충분히 가능하다. 완벽한 프레젠테이션을 위해서는 청중을 사로잡고 메시지를 효과적으로 전달할 수 있는 몇 가지 핵심 요소가 포함된다.

- **명확하고 흥미로운 소개**: 매혹적인 이야기, 놀라운 사실, 생각을 자극하는 질문 또는 강력한 인용문을 사용하여 처음부터 청중의 관심을 사로잡아야 한다. 프레젠테이션의 목적을 명확하게 설명하고 청취자와 연결을 설정하는 것이 필요하다. 처음 도입 부문에 청중을 사로잡지 못하면 이후 과정은 더 어려워진다.
- **콘텐츠**: 프레젠테이션을 섹션이나 요점으로 나누고 그 사이를 부드럽게 연결해야 한다. 각 섹션은 다음 섹션으로 매끄럽게 흘러가며 응집력 있는 내러티브를 만들어야 한다. 명확한 제목과 부제목을 사용하여 청중이 제대로 따라오도록 해야 한다.
- **매력적인 비주얼**: 이미지, 그래프 또는 비디오와 같은 시각적 보조 도구를 사용하여 프레젠테이션의 효과를 높인다. 읽기 쉬운 글꼴과 적절한 색 구성표가 포함된 깨끗하고 정돈된 디자인을 사

용해야 한다.

- **발표와 제스처**: 청중과 눈을 맞추고, 제스처를 사용하여 핵심 사항을 강조하고, 목소리 톤을 다양하게 바꾸어 프레젠테이션을 역동적으로 유지하면 설득력이 높아진다.
- **명확하고 기억에 남는 결론**: 강력한 결론, 행동 촉구 또는 생각을 자극하는 질문을 제공하여 청중에게 지속적인 인상을 남기도록 해야 한다. 결론이 서론과 연결되어야 한다. 프레젠테이션의 핵심 메시지를 한마디로 정리할 수 있어야 한다. 청중은 복잡하고 다양한 내용을 원하지 않는다. 머리에 남는 딱 한마디가 중요하다.

구체적인 예를 들어보겠다. 먼저 도입부에서는 흥미를 갖고 듣고 싶다는 욕구가 생기도록 해야 한다.

- 생각을 자극하는 질문으로 시작: "넌 ~해본 적 있니?"
- 놀라운 사실 또는 통계로 시작: "당신은 알고 계십니까?"
- 강력한 인용문으로 시작: "마틴 루터가 말했듯이…."
- 설득력 있는 이야기로 시작: "자, 상상해보세요, 당신은 …에 서 있습니다."
- 대담한 진술로 시작: "급변하는 디지털 시대에…."

다음으로 프레젠테이션에서 논의할 요점이나 핵심 아이디어를 명확하게 설명해야 한다. 그것이 이 프레젠테이션을 하는 목적이니까 말이다.

- 목적과 요점 설명: "이 프레젠테이션에서 우리는 세 가지 핵심 제안을 드릴 겁니다. 첫째,… 다음,… 마지막으로,… 우리는 …를 제안합니다."
- 배경 및 맥락 제공: "자세한 내용을 살펴보기 전에 기본 사항을 먼저 말씀드리겠습니다."
- 반론 또는 잠재적 우려 사항 해결: "하지만 우리는 …또한 고려해야 합니다."
- 요점 요약: "요약하자면, 우리는… 이제 우리의 초점을…."

프레젠테이션 스킬

청중을 설득하기 위해 프레젠테이션의 황금률이라 할 수 있는 메라비안 법칙을 활용하는 것이 좋다. 즉 '7%(말)'의 원칙을 적용하여 글로 내용을 채우기보다는 내용을 전달하는 자료 중심으로 구성하는 것이 좋다. '38%(소리)'를 위하여 Why 중심의 스크립트를 구성하여 '어떻게'보다 '왜 그런지'를 피력하는 것이 좋다. '55%(몸짓)'는 실전과 같은 환경에서 반드시 리허설을 해보는 것이다.

의사소통 전문가 돈 가버Don Gabor가 『대화의 기술』에서 제시한 비언어적 대화를 위한 'S.O.F.T.E.N 기법'도 효과적인 스킬 중 하나다. S.O.F.T.E.N은 '부드럽게 한다'는 뜻도 있지만 글자마다 각각의 의미를 지니고 있다.[148]

---

148   돈 가버, 『대화의 기술』, 김상영 옮김, 폴라리스, 2008.

설득의 법칙 SOFTEN

S(Smile): 미소
O(Open posture): 열린 자세
F(Forward lean): 몸 기울이기
T(Touch): 악수 등의 신체 접촉
E(Eye contact): 시선 마주치기
N(Nod): 고개 끄덕이기

- 'S'는 미소와 웃음Smile을 뜻한다. 찌푸린 얼굴이나 평범한 표정은 결코 고객이나 동료의 마음을 사로잡지 못한다. 프레젠테이션은 물론 비즈니스 대화에서 가장 중요한 첫마디는 언어적 표현이 아니라 환한 미소와 큰 목소리 등의 비언어적 표현임을 기억할 필요가 있다.

- 'O'는 열린 몸짓Open Gesture으로 비언어적인 부문에서 매우 중요하다. 비즈니스 대화에서 허리에 손을 얹거나 팔짱을 끼는 몸짓은 피해야 한다. 이 같은 제스처는 무의식적으로 고객을 적대시하거나 경계한다는 의미로 전달되기 때문이다.

- 'F'는 앞으로 기울이기Forward leaning이다. 상대의 말에 관심이 있다는 의미로 몸을 약간 앞으로 기울인 상태에서 듣는다는 뜻이다.

- 'T'는 악수 등의 신체 접촉Touch을 의미한다. 열 마디의 말보다 따뜻한 신체 접촉이 훨씬 더 효과적으로 의미를 전달할 수 있다.

- 'E'는 눈길 나누기Eye contact 법칙이다. 대화할 때 고객의 눈을 보

면서 말해야 한다. 상대가 말하고 있는데 상대의 얼굴을 보지 않고 주위를 둘러보는 자세는 금물이다.

- 'N'은 끄덕이기Nodding이다. "당신의 말씀을 저도 잘 듣고 있습니다"라는 의미를 효과적으로 전달하는 방법이다.

프레젠테이션의 최종 목표라고 할 수 있는 청중 설득을 위해 가장 중요한 것은 무엇일까? 그것은 청중의 머릿속에 내가 원하는 그림을 그릴 수 있도록 하는 딱 한마디다.

집 히스Chip Heath와 댄 히스Dan Heath는 『스틱! Made to Stick』이라는 책을 통해 청중의 머릿속에 딱 붙는 한마디를 만들 수 있는 6가지 법칙 'SUCCESS'를 제시하고 있다.[149] SUCCESS는 다음과 같은 내용의 앞 글자를 따서 만든 단어다.

- Simplicity(단순성): 단순 명쾌하다
- Unexpectedness(의외성): 의외성이 있다
- Concreteness(구체성): 구체적이다
- Credibility(신뢰성): 신뢰성이 있다
- Emotion(감성): 감정에 호소한다
- Story(이야기): 이야기를 만든다

『스틱!』에서는 이솝 우화처럼 쉬운 은유를 사용하고, 반전이

---

149   집히스, 댄히스 공저, 『스틱』, 안진환, 박슬라 옮김, 웅진지식하우스, 2022.

있고, 뜬구름 잡지 않고, 사례나 참고자료를 이용하고, 감성을 자극하는 이야기로 풀어서 말함으로써 스티커처럼 착 달라붙게 할 수 있다는 것을 강조한다.

단순성Simplicity이란 메시지는 반드시 단순하고 동시에 심오해야 한다는 의미다. '단순함=핵심+간결함'으로 나타낼 수 있으며, '핵심'을 찾으라는 말이다. 의외성Unexpectedness은 놀라움이 우리의 관심을 불러일으키고, 흥미는 우리의 관심을 지속시킨다는 의미다. 따라서 허를 찌르는 메시지, 상식의 범위를 벗어나 비범함과 탁월함의 수준으로 올라서야 메시지 전달이 효과적이다. 구체성Concreteness은 이솝 우화의 구체적인 이미지를 이해하라는 의미다. 추상적인 전략에서 구체적인 하위 목표로 분산하라는 말이다. 왜냐하면 나는 그 일을 오랫동안 고민해왔기 때문에 알 수 있지만 다른 사람은 내가 아는 것을 모르기 때문이다. 신뢰성Credibility은 정부 기관이나 전문가의 권위에 의해 신뢰성을 확보하거나 실제 스토리로 신뢰성을 확보해야 함을 말한다. 생생한 세부 사항, 비유적인 통계를 통해 신뢰성을 창출하는 것이 중요하다. 감성Emotion은 이성과 전혀 다른 측면에서 사람을 설득할 수 있다는 의미다. 분석은 생각을, 감정은 행동을 일으킨다. 이야기Story는 사람들을 고무시키고 자극하는 엄청난 위력이 있다. 연결성 없는 통계 장표 10개보다 스토리를 담은 하나의 장표에서 연상 시뮬레이션의 힘이 더 크게 나타날 수 있다.

Chapter 7

실행하기(Implement)

서비스 디자인 결과를 적용하는 실행 단계는 서비스 디자인 프로세스가 끝난 후 그것을 '어떻게 실행할까'에 대한 것이다.

이 단계에서는 서비스 디자인 프로세스에서 도출된 결과물을 실제 서비스로 구현하는 작업이 이루어진다. 서비스 실행은 단계별로 이루어지는데 각 단계별 주요 활동은 다음과 같다.

단계	내용
서비스의 구체화	서비스 디자인 프로세스에서 도출된 서비스 설계를 구체화하여 실제 서비스의 구조, 기능, 인터페이스 등을 결정한다.
실제 서비스 개발	서비스 설계에 따라 실제 서비스를 개발한다.
서비스 실행 및 피드백	개발된 서비스를 실행하고, 사용자의 피드백을 수집하여 서비스의 완성도를 높인다.

지속적인 유지 보수	서비스가 출시된 후에도 지속적으로 유지 보수를 수행하여 서비스의 품질을 유지하고 개선한다.

서비스 디자인 실행 단계는 서비스 디자인 프로세스의 모든 단계에서 도출된 결과물의 성공 여부를 결정하는 중요한 단계다. 이 단계에서 사용자 경험, 기술적 실행 가능성, 비즈니스 목표 등을 종합적으로 고려하여 성공적인 서비스를 실행하는 것이 중요하다. 서비스 디자인 실행 단계에서 고려해야 할 주요 사항은 다음과 같다.

- **사용자 경험**: 서비스의 사용자 경험은 서비스의 성공 여부를 좌우하는 가장 중요한 요소다. 따라서 사용자의 요구 사항을 파악하고 이를 충족하는 서비스 경험을 제공하는 것이 중요하다.
- **기술적 실행 가능성**: 서비스 디자인은 기술을 기반으로 구현된다. 따라서 서비스 설계에 문제가 없는지 사전에 충분히 고려해야 한다.
- **비즈니스 목표**: 서비스 디자인은 비즈니스 목표를 달성하기 위한 수단이다. 따라서 서비스 디자인이 비즈니스 목표를 어떻게 달성할 수 있고 성공 수준은 무엇으로 어떻게 판단할지 결정해야 한다.

서비스 디자인 실행의 단계별 세부 점검 내용을 살펴보면 다음과 같다.

1. **서비스의 구체화**: 서비스 구체화 단계에서는 다음과 같은 작업을 수행해야 한다.

   - **서비스 구조의 결정**: 서비스의 구성 요소와 그 관계를 결정한다.

   - **서비스 기능의 결정**: 서비스의 주요 기능을 결정한다.

   - **서비스 인터페이스의 결정**: 서비스의 사용자 인터페이스와 시스템 인터페이스를 결정한다.

2. **서비스 개발**: 서비스 개발 단계에서는 다음과 같은 작업을 수행해야 한다.

   - **서비스 개발 환경의 구축**: 서비스 개발에 필요한 환경을 구축한다.

   - **서비스 코드의 작성**: 서비스의 기능을 구현하기 위한 코드를 작성한다.

   - **서비스 테스트**: 개발된 서비스를 테스트한다.

3. **서비스 실행 및 피드백**: 서비스 실행 및 피드백 단계에서는 다음과 같은 작업을 수행해야 한다.

   - **기능 테스트**: 서비스의 기능을 테스트한다.

   - **사용자 경험 테스트**: 서비스의 사용자 경험을 테스트한다.

   - **전문가 테스트**: 전문가의 의견을 반영하여 서비스의 완성도를 높인다.

4. **지속적인 유지 보수**: 지속적인 유지 보수 단계에서는 다음과 같은 작업을 수행해야 한다.

   - **서비스 출시**: 서비스를 출시할 준비를 한다.

   - **서비스 유지 보수**: 서비스를 출시한 후에도 지속적으로 유지 보수를 수행한다.

서비스 디자인 구축 실무 노하우

구분	내용
단계별 구현 전략	서비스 실행은 복잡한 작업이다. 따라서 단계별로 실행 전략을 수립하여 목표를 달성하는 것이 효과적이다.
테스트 및 피드백	서비스 실행 단계에서 지속적으로 테스트를 수행하고 사용자의 피드백을 수집하여 서비스의 완성도를 높여야 한다.
유지 보수	서비스가 출시된 후에도 지속적으로 유지 보수를 수행하여 서비스의 품질을 유지하고 개선해야 한다.

1. 단계별 구현 전략

서비스 구축은 복잡한 작업이다. 따라서 단계별로 구현 전략을 수립하여 단계별로 목표를 달성하는 것이 효과적이다. 단계별 구현 전략을 수립하면 서비스 구축 과정을 효율적으로 관리하고, 예상치 못한 문제 발생 시에도 대응하기가 용이하다. 단계별 구현 전략을 수립할 때에는 다음과 같은 사항을 고려해야 한다.

- 서비스의 규모 및 복잡성: 서비스의 규모 및 복잡성에 따라 단계별 구현 전략을 수립해야 한다.
- 서비스의 우선순위: 서비스의 우선순위에 따라 단계별 구현 전략을 수립해야 한다.
- 서비스의 출시 일정: 서비스의 출시 일정을 고려하여 단계별 구현 전략을 수립해야 한다.

2. 테스트 및 피드백

서비스 실행 단계에서도 불의의 사고나 예상치 못한 문제가 발생할 수 있으므로 지속적으로 테스트를 수행하고 사용자의 피드백을 수집하여 서비스의 완성도를 높여야 한다.

테스트는 기능 테스트, 사용자 경험 테스트, 전문가 테스트 등이 있다. 기능 테스트는 서비스의 기능을 검증하는 테스트이고, 사용자 경험 테스트는 서비스의 사용자 경험을 검증하는 테스트이다. 전문가 테스트는 전문가의 의견을 반영하여 서비스의 완성도를 높이는 테스트이다. 사용자의 피드백은 서비스의 완성도를 높이는 데 매우 중요한 역할을 한다. 이때 다음과 같은 사항에 유의해야 한다.

- 다양한 사용자의 피드백을 수집해야 한다.
- 피드백을 분석하여 서비스에 반영할 수 있는 내용을 도출해야 한다.

3. 유지 보수

서비스가 출시된 후에도 지속적으로 유지 보수를 수행하여 서비스의 품질을 유지하고 개선해야 한다. 유지 보수를 통해 서비스의 품질을 유지하고, 사용자의 요구 사항을 충족시킬 수 있도록 하는 것이 중요하다. 유지 보수에는 다음과 같은 작업이 포함된다.

- **버그 수정**: 서비스 출시 후 발견된 버그를 수정한다.
- **기능 개선**: 서비스의 기능을 개선한다.
- **보안 업데이트**: 서비스의 보안을 강화하기 위한 업데이트를 수행한다.

가톨릭대학교 산하 병원의 환자 편의 개선 사례

가톨릭대학교 산하 직할 부속병원은 환자 대기 시간을 단축하기 위한 목적으로 다음과 같은 서비스 디자인을 적용하였다.[150]

- **진료 예약 시스템**: 환자는 진료 예약 시스템을 통해 원하는 시간에 진료를 예약할 수 있다.
- **진료 대기실 개선**: 진료 대기실을 개선하여 환자가 편안하게 대기할 수 있도록 하였다.
- **진료 안내 서비스**: 진료 안내 서비스를 통해 환자가 진료 순서를 확인할 수 있도록 하였다.

이러한 서비스 디자인의 적용으로 서울성모병원의 환자 대기 시간은 평균 15분 이상 단축되었다. 뿐만 아니라 서울성모병원은 환자의 요구 사항을 파악하고 이를 반영하여 환자 중심 서비스 개선을 시행하고 있는데 그중 하나가 환자용 모바일 앱이다.

---

150   서울성모병원, https://www.cmcseoul.or.kr.

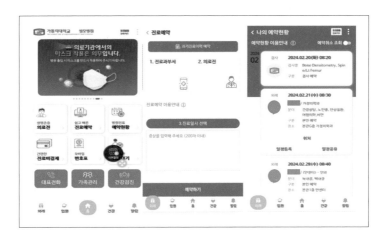

가톨릭대학교 산하 직할 부속병원 모바일 앱

가톨릭대학교 서울성모병원은 환자용 모바일 앱을 통해 환자가 병원 정보와 진료 일정을 확인할 수 있게 하였고, 환자가 진료 예약을 하고, 진료비를 결제할 수 있도록 하였다. 이러한 서비스 디자인의 적용으로 환자는 병원을 방문하지 않고도 다양한 서비스를 이용할 수 있게 되었다.

Part 4 [Future]

미래는 어떤가?

Chapter 1

면(面)의 시대와
디자인 씽킹

최근 인공지능의 발전 속도가 놀라울 정도로 빠르게 진행되고 있다. 인공지능은 각 전문 분야와 기술에서 독립적으로 발전하던 '점點의 시대'에서 각 점들이 이어지는 '선線의 시대'를 넘어 '면面의 시대'로 넘어가고 있다. 새로운 시대에는 새로운 대응 자세가 필요하다.

최근에 있었던 국제전자제품박람회The International Consumer Electronics Show(CES)와 세계경제포럼World Economic Forum에서는 다양한 내용들이 선보이고 논의되었지만 주목을 끈 것은 인공지능과 기후 변화에 대한 논의였다. 인공지능 분야에서도 특히 헬스케어 분야는 향후 산업 발전의 동력으로 급부상했다.

그동안 우리 일상생활이나 산업 분야에 활용되던 기술은 각 제품마다 독립적인 점의 형태로 발전해왔다. 각 점들은 2006년 스티브 잡스에 의해 서로 연결되어 아이폰을 탄생시킴으로써 '선線의 시대'를 맞이하였다. 이후 아이폰을 비롯한 휴대폰은 혁명적으로 세상을 변화시키며 아직도 최강자로 군림하고 있다.

선의 시대가 가져온 변화는 각각의 점들을 잇는 더하기(+)의 시대로 예측이 가능한 시대였다. 하나의 점을 또 다른 점과 연결만 하면 새로운 제품을 만들 수 있으니까 말이다. 우리는 각 점들을 연결하는 데 집중하며 수없이 많은 애플리케이션을 통해 이전에 경험하지 못한 신세계를 만들었다고 생각했다.

그런데 선의 시대가 가져온 근본적인 변화는 더하기(+)로 나타난 표면적인 변화가 아니라 그 변화가 가져온 데이터의 증가이다. 각 점과 선들이 만들어낸 빅데이터Big Data는 새로운 알고리즘 형성을 넘어 인공지능, 구체적으로는 마이크로소프트와 구글을 중심으로 출시되는 생성형 인공지능을 통해 단순한 선의 연결이 아닌 면의 시대를 예고하고 있다.

면의 시대란 무엇일까? 면은 여러 선으로 둘러싸인 다양한 요소들이 상호작용하는 장場이다. 그 안에 수많은 점과 선이 들어가고 이들이 상호작용을 통해 제곱(x^2)의 형태로 결과를 만들어낸다. 그 결과들은 현존하는 면적을 점점 더 넓히는 형태로 진화하며 우리의 예측을 넘어서는 미래를 만들어가게 될 것이다. 이를 면의 시대라고 명명하고자 한다.

면의 시대는 여러 선으로 둘러싸인 다양한 요소들이 연결되어 곱하기(X) 전략을 통해 제곱(x^2)의 결과를 시도한다. 선에서 면으로 넘어간다는 것은 단순한 수량의 증가가 아니라 질적인 변화임을, 진정한 시너지를 나타낼 것임을, 2차원에서 3차원으로 차원이 전환될 것임을 보여준다.

'면의 시대'의 대표적인 인물은 일론 머스크Elon Reeve Musk이다. 그는 테슬라, 스페이스 X, 솔라시티, 뉴럴링크 등의 기업을 창업하고 이끌면서 '제곱(x^2) 혁명'을 일으킨 선도자라고 할 수 있다. 그는 자신의 핵심 역량인 혁신과 리더십을 기반으로 전기차, 우주선, 태양광, 뉴럴링크, 하이퍼루프 등의 제품과 서비스를 통해 고객에게 새로운 경험과 가치를 제공하고자 꿈꾸고 있다. 그는 자신의 비전인 '다중 행성 인류'를 실천하는 중이다.

그 비전이 이루어지면 어떻게 될까? 각각의 사업들이 이루어낼 성과뿐만 아니라 뉴럴링크를 통해 인간의 지능을 향상시키고, 수억 대의 테슬라가 서로 연결되고, 스페이스 X를 통한 저궤도 위성이 상호 연결되어 하늘과 땅과 사람이 곱(X)해지면 어떤 면이 만들어질까? 지금 존재하는 지구가 비좁아 화성까지 꿈꾸는 그의 세계는 유토피아일까? 디스토피아일까?

면의 시대는 지금까지와는 다른 대응 자세가 필요하다. 제곱(x^2) 혁명을 유토피아로 만들기 위해 그리고 제곱(x^2) 혁명 시대에 생존하기 위해 우리가 추구해야 할 자세는 어떤 것일까?

먼저, 고객을 중심으로 생각해야 한다. 당연한 이야기지만 모든 기업 활동의 중심은 고객, 나아가 인간이 되어야 한다. 최근 국제전자박람회 및 세계경제포럼에서는 폭주하는 인공지능 기술 발전 속도에 경각심을 가지고 인간 중심의 인공지능 발전 필요성이 강조되었다. '무엇을 위한 제곱(x^2) 혁명인가?'의 결론에 인간이 있으면 유토피아이고, 인간이 없으면 디스토피아가 될 것이기 때문이다.

인공지능 개발과 관련해서는 인간 중심의 윤리적인 기준과 지침이 마련되어야 한다. 인간이 바라는 진정한 욕구를 정확히 파악하고 인간 중심의 미래 발전을 위해 사람들의 경험experience을 중심에 두어야 한다. 피상적인 데이터 중심의 연구가 아니라 인간으로서의 고객을 심도 있게 관찰하고, 같이 생활하고, 직접 고객이 되어보는 실천적인 방법을 통해 긍정적이고 선한 방향으로 인간을 이해하고자 하는 노력이 필요하다. 최근 유행하고 있는 'X'로, 사용자 경험UX, 고객 경험CX, 환자 경험PX과 같이 노력이 앞으로도 가장 중요한 'X'로 존중되어야 한다.

둘째, '제곱(x^2)의 사고'를 해야 한다. 제곱(x^2)의 사고란 '1+1=2' 수준의 사고가 아니라 '1X1=x^2'의 사고와 '+∝'를 꿈꾸는 사고를 의미한다. 이를 위해서는 유연한 기업 문화를 갖추고 창의성 향상을 위한 노력을 기울여야 한다. 세계가 인정하는 하버드 대학의 리더십 전문가 에이미 에드먼슨Amy C. Edmondson 교수는 "조직의 학습 성장을 위해 두려움 없는 조직을 추구해야 한다"며 침묵하는 조직의 위기를 지적하였다.

제곱(x^2)의 사고는 기업 활동의 중심인 '고객'을 중심에 두고 혁신적인 AI 기술을 곱하는 것은 물론 인간의 상상력과 담대한 목표를 추가함으로써 '제곱(x^2)의 성과'를 도모하는 사고이다.

제곱(x^2)의 사고 예시

고객 경험 × AI 기술 = 제곱

고객 경험 × AI 기술 × 상상력 = 세제곱

고객 경험 × AI 기술 × 상상력 × 담대한 목표 = 네제곱

제곱(x^2)의 사고는 곱하기를 전략으로 추진하여 제곱(x^2)의 성과를 추구하는 사고이다. 제곱(x^2)의 사고를 하기 위해서는 그동안 우리가 익숙하게 생각하던 이성적·논리적·과학적·합리적 사고를 넘어 감성적·비선형적·인문학적 사고를 더한 디자인 씽킹을 함께 추구해야 한다. 정책적인 과제에서는 영향을 미칠 수 있는 모든 요소를 고려한 '시스템적 사고'를 바탕으로 담대한 목표를 추구할 때 제곱(x^2)의 성과를 이룰 수 있다.

셋째, '제곱(x^2) 경영'을 실천해야 한다. 제곱(x^2) 경영이란, 기업이 자신의 핵심 역량을 다른 요소들과 연계함으로써 시너지를 극대화하는 것이다. 단순한 이익 추구를 넘어 자신의 비즈니스 모델을 끊임없이 혁신하고, 다양한 이해관계자와의 관계를 강화하며, 사회적 가치를 창출하는 것이다. 지속 가능한 성장을 추구함으로써 그 결과가 다방면에 영향을 미쳐 제곱(x^2)에 이를 수 있도록 하는 것이다. 선형적인 성장을 목표로 하는 것이 아니라 비선형적인 성장을 도모하는 것이다.

넷째, 다학제적Multidisciplinary 접근이 필요하다. 리처드 뷰캐넌 Richard Buchanan은 '디자인 사고의 사악한 문제들'이라는 글에서 과학

은 시간이 지나면서 점점 더 서로 단절되어 마침내 독자적인 전문 분야가 될 때까지 발전한다고 했다.[151] 즉 지금과 같은 세부 전문 분야에 머무르는 것은 점의 한계를 벗어날 수 없다. 서로 다른 분야가 만났을 때 지금까지 존재하지 않았던 새로운 영역이 나타나게 된다. 다학제적 접근을 통하여 인공지능은 불가능하지만 인간이 할 수 있는 감성적인 요인과 기존에 없던 것을 가능하게 하는 상상력이 필요하다. 인공지능이 각각의 점과 선을 연결하여 면을 만들듯 사람들도 나와 너 그리고 이異민족과 이異문화와의 협업을 통해 기존에 없던 제3의 사고를 해야 한다.

다섯째, 인간과 인공지능의 협업이 필요하다. 인공지능의 지식이나 능력은 기존에 인간들이 수행했던 행위의 결과물인 데이터를 기반으로 한다. 그 능력치 이상을 만들어낼 수 있는 것은 인간이다. 그러나 인간이 과거에 수행했던 일을 반복하거나 답습하는 수준으로 사고한다면 그것은 인공지능이 가장 잘할 수 있는 부분에 집착하는 것이다. 인공지능이 잘할 수 있는 부분과 사람이 잘할 수 있는 부분을 서로 인정하고 상호 침략자가 아니라 협력 파트너로 인정할 때 유토피아적 상생의 길이 만들어질 수 있을 것이다.

끝으로, 우리 일상의 모든 계획과 실천에서 '제곱(x^2) 혁명'이 고려되어야 한다. 크고 웅장한 일만 제곱(x^2) 혁명을 일으킬 수 있는 것이 아니다. 우리의 크고 작은 일상은 물론 우리가 생각하는

---

151   Richard Buchanan, Wicked Problems in Design Thinking, 1992.

모든 일에서 제곱(x^2)을 생각할 필요가 있다. 왜냐하면 크고 담대한 일도 작은 성과들이 모여 시작하는 것이다. 가만히 있으면 제로(0) 상태이므로 제로 상태가 발전적인 인공지능 곱하기와 만나면 다시 제로가 되기 때문이다. 또한 하나라도 잘못 생각(-)하면 곱하기의 결과는 상상할 수 없는 마이너스 제곱($-^2$)의 형태로 나타날 수 있기 때문이다. 그러므로 크고 담대한 제곱(x^2)의 형태가 긍정의 효과를 가져오기 위해서는 우리 일상의 모든 계획과 실천에서 제곱(x^2)을 알고 실천해야 할 것이다.

Chapter 2

디자인 씽킹과
미래 경영

　디자인 씽킹이란 사용자의 서비스 경험을 디자인하는 활동 및 이를 전문적으로 실행하는 디자인 영역이다.[152] 공감, 협업, 실험, 반복 등의 태도와 방법을 통해 창의적이고 혁신적인 문제 해결을 가능하게 한다.

　디자인 씽킹은 4차 산업혁명 시대에 적합한 사고방식으로 제품과 서비스, 경험을 개발할 때 사람을 중심으로 접근함으로써 고객의 만족도와 충성도를 높이고, 경쟁력을 강화할 수 있다. 제품과 서비스뿐만 아니라 조직 문화, 사회 문제, 교육 등 다양한 분야에 적용할 수 있으므로 사회적 가치와 영향력을 확대할 수 있다.

152　정병익, 『4차산업혁명시대, 디자인 씽킹이 답이다』, 학현사, 2019.

디자인 씽킹과 조직 문화

의료 기관에서 디자인 씽킹을 조직 문화로 구축할 수 있는 방법은 다음과 같다.

단계	내용
1	의료기관의 비전과 전략에 디자인 씽킹을 연결하고, 의료 서비스의 품질과 효율성을 높이기 위한 목표를 설정한다.
2	의료기관의 임직원들에게 디자인 씽킹의 개념과 특징, 적용 방법과 사례를 교육하고, 실제 문제 해결에 적용할 수 있도록 코칭하고 멘토링한다.
3	의료기관의 다양한 부서와 직무, 계층 간 협업과 소통을 촉진하기 위해 디자인 씽킹을 활용하는 커뮤니티를 구축하고 네트워크를 확장한다.
4	의료기관의 고객과 이해관계자의 니즈와 문제를 파악하고, 공감하고, 해결하기 위해 디자인 씽킹을 적용한 프로젝트를 진행하고, 프로토타입을 제작하고, 테스트하고, 개선한다.
5	의료기관의 문화와 체계를 변화시키기 위해 디자인 씽킹을 적용한 성과와 변화를 측정하고, 공유하고, 확산한다.

디자인 씽킹을 경영과 문화적인 차원으로 적극 활용하고 있는 의료 기관은 메이요 클리닉Mayo Clinic이다. 미국의 메이요 클리닉은 디자인 씽킹을 통해 환자의 경험과 만족도를 향상시키는 다양한 서비스를 개발하고 있다.

예를 들어 환자의 대기 시간을 줄이고, 환자의 의견을 수렴하고, 환자의 신체적·정신적·정서적 건강을 증진하기 위한 서비스 디자인 센터를 운영하고 있다.[153]

일반 기업으로는 P&G 그룹을 들 수 있다. 세계 최대의 생활 용품 제조업체 P&G는 디자인 씽킹을 통해 제품과 서비스, 브랜드, 비즈니스 모델을 혁신하고 있다.[154] P&G는 디자인 씽킹을 조직의 DNA로 만들기 위해 이를 내재화하고 디자인 씽킹을 적용한 성공 사례를 조직 내부에 공유함으로써 문화적으로 확산될 수 있도록 노력하고 있다.

의료 기관 서비스 디자인 방향

향후 국내 병원에 서비스 디자인을 본격적으로 적용하기 위해 우선 해결해야 할 과제는 무엇일까?

첫째, 최고 경영층의 관심이 필요하다. 로콕Locock은 최고 경영자와 중간 관리자의 헌신은 의료 질 향상에서 중요한 성공 요소이며 의료진의 저항은 변화에서 주요한 장애임을 지적하였다.[155] 변화에 대한 저항에 부딪혔을 때 최고 경영자가 변화에 저항하는 의료진을 설득하고 중간 관리자가 헌신적으로 일할 수 있는 여건을 조성해야 한다.

그러나 우리나라 대부분의 의료 기관 최고 경영자들은 서비스 프로세스 개선 활동 지원에 소극적이다. 왜냐하면 서비스 프로세

---

153   김수웅, 『디자인 씽킹』, 들녘, 2015.

154   정병익, 『4차산업혁명, 디자인씽킹이 답이다』, 학현사, 2019.

155   Locock L. Healthcare redesign: meaning, origins and application. BMJ Quality & Safety. 2003;12(1):53-7. 63 Quality Improvement in Health Care Korean Society for Quality in Health Care Review.

스 개선이 경영 성과 개선과 직접적인 관계가 없다고 여기기 때문이다.[156] 그런데 환자가 인지하는 의료 서비스의 질과 만족도, 서비스 가치 중 의료 서비스의 질이 의료 기관 재이용 의사에 가장 큰 영향을 끼친다. 그리고 환자가 인지하는 의료 서비스의 질은 의학적인 기술 제공 능력뿐만 아니라 제공된 서비스가 환자의 기대를 얼마나 충족했는지를 나타내는 기능적인 질을 의미한다.[157] 그러므로 의료의 질 향상과 서비스 혁신을 위한 서비스 디자인은 최고 경영자의 관심이 절대적으로 필요한 영역이다.[158]

둘째, 서비스 개선과 관련된 조직의 통합이 고려되어야 한다. 현재 국내 대부분의 병원은 조직 전체 차원에서 기획팀이 접근하고, 의료의 질 향상과 건강보험심사평가원 등 외부 평가에 대한 부문은 의료 질 향상팀, 고객 서비스와 관련된 부문은 CS팀에서 유사한 역할을 중복적으로 하고 있다. 그러므로 메이요 클리닉이나 클리블랜드 클리닉과 같이 혁신 및 환자 경험 향상을 위한 업무를 하나의 일로 간주하고 경영진과의 원활한 업무 연계가 이루

156   Choi KS, Jee YK, Lee Sh, Chae YM. Cognition and attitude of hospital CEOs toward healthcare quality improvement activity. Journal of Korean Society of Quality Assurance in Health Care. 2001;8(2):218-31.

157   Bopp KD. How patients evaluate the quality of ambulatory medical encounters: a marketing perspective. Journal of Health Care Marketing. 1990;10(1):6-15.

158   Choi KS. Cho WH, Lee S, Nam JM. Structural modeling of quality, satisfaction, value and purchase intention in health care service. Journal of Preventive Medicine & Public Health. 2000;33(4):426-35.

어지도록 조직을 통합하는 작업이 필요하다.

셋째, 디자인 씽킹 방법론에 대한 수용적 태도가 필요하다. 의료 기관에서 일상적인 분석 방법은 과학적, 정량적, 통계적 방법론이다. 이는 의료 기관의 업무 특성과 연관되어 있다고 볼 수도 있지만 공급자인 의료 기관의 입장이 반영된 것이다.

의료 기관을 이용하는 환자나 가족들은 정서적, 정성적, 감성적 측면에서 경험하기를 원하고 이것이 충족되지 않았을 경우 불만을 토로하게 된다. 그러므로 미래에는 두 가지 방법이 호환적으로 적용될 수 있는 접근이 필요하다.

디자인 씽킹 조직 문화 추진 사례

이와 같은 방향성에 따라 최근 시범적인 서비스 디자인을 적용하고 있는 병원은 가톨릭대학교 서울성모병원과 부천성모병원 그리고 혜원의료재단이다.

가톨릭대학교 서울성모병원과 부천성모병원은 그동안 국내 의료 기관에서 진행되었던 서비스 디자인의 일회적인 이벤트성 프로젝트의 한계를 인식하고 장기적인 안목으로 프로젝트를 진행하고 있다.

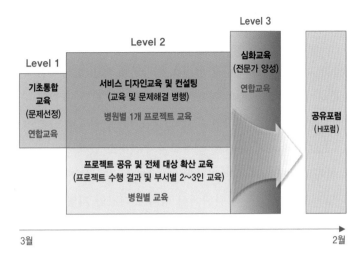

가톨릭대학교 서울성모병원과 부천성모병원 서비스 디자인 프로젝트

두 병원은 가톨릭대학교 보건의료경영연구소 및 하해호 컨설팅과 함께 서비스 디자인 교육을 기초부터 전문가 양성까지 레벨 1~3으로 나누어 1년 동안 실시하였다.

레벨 1에서는 프로젝트 추진을 위한 문제 선정과 서비스 디자인 교육을 실시하고 레벨 2에서는 이를 바탕으로 구체적인 컨설팅을 실시하였다. 이 과정에서는 단순한 교육이 아니라 실제 컨설팅을 진행하면서 체득할 수 있는 교육 방법을 선택하였고 컨설팅 수행 결과를 병원 내에 확산하여 구성원들이 서비스 디자인의 필요성을 공유할 수 있게 했다. 레벨 3에서는 레벨 1, 2과정에서 발굴한 요원과 부서에서 추천한 핵심 인재들을 대상으로 향후 전문적인 서비스 디자이너로서의 역할을 수행할 수 있도록 심화 교육을 실시하였다.

이와 같은 과정을 종합한 공유 포럼Healthcare Innovation에서는 두 병원의 사례 공유뿐만 아니라 서비스 디자인에 대한 전문적인 교육을 통하여 디자인 씽킹의 필요성을 재구축하고 있다. 그리고 다음해에 이어질 서비스 디자인 프로젝트의 기반을 확실히 하는 것을 목적으로 기관 내 디자인 씽킹 문화를 추진하고 있다.

혜원의료재단(부천세종병원, 인천세종병원, 부천시립노인전문병원)의 경우 2022년 실무팀 단위에서 서비스 디자인 기법을 통한 서비스를 개선하고 장기적으로는 조직 혁신을 도모하기 위한 서비스 디자인 매뉴얼 개발을 마친 상태다. 2023년부터는 5년 계획으로 3개 병원 전체를 대상으로 서비스 디자인 확산이라는 조직 문화를 추진하고 있다.

Part 5 [Example]

어떤 사례가
있는가?

Chapter 1

국내 의료 기관
서비스 디자인 사례

중환자실 비대면 보호자 면담
서비스 디자인 사례[159]

문제 배경

코로나 19가 한창일 때, 정기적으로 진행되던 중환자실 면회가 전면 중단되면서 중환자실 전화 폭주, 의료진과 보호자 간 소통의 어려움이 발생했다.

특히 환자에게 집중해야 할 중환자실에 시도 때도 없이 울리

---

[159] 가톨릭대학교 은평성모병원 신경계 중환자실 비대면 환자 면회 프로그램 어플 참고.

는 전화로 간호사는 보호자 전화 응대에 시달려야 했다. 또 응급
상황이 많은 중환자실에서 간호사의 말 한마디에 보호자가 오해
하고 상처를 받아 민원이 급증하였다.

발견 단계

보호자 인터뷰를 통해 다음과 같은 문제를 도출하였다.

내과계중환자실(MICU) 유근*님 보호자 하도*님(배우자)

1) 환자 상태에 대해 궁금한데 중환자실에서 먼저 전화 주는 경우는 매우
   드물다. 가끔 전화를 준다.
2) 전화 오는 경우도 동의서 받아야 하는 경우 등 필요할 때만이다.
3) 환자 상태가 궁금해서 중환자실에 전화하면 "무엇 때문에 전화하셨어
   요?"라고 반문하여 서운했다. 당연히 보호자로서 환자의 상태가 궁금해
   전화한 것인데 보호자의 마음을 알아주지 못해서 속상했다. (중환자실
   간호사가 바쁜 것에 대해서는 이해하고, 또 죄송하다.)
4) 문자라도 환자의 상태에 대해 정기적으로 받을 수 있으면 좋겠다. (정기
   적으로 보내준다는 말을 들었지만, 그 이후에 딱 3번 받았다.)

신경외과집중치료실(NCU) 이순* 보호자 조의*님(자녀)

1) 중환자실 간호사들이 바쁜 것을 잘 아니 전화하기가 불편했다. 매번 면
   담요청을 전화로 신청했는데 연결은 잘해주었다.
2) 어머니 상태에 대해 정기적으로 정보를 받았으면 좋겠다.
3) 의사 면담은 외래로 상담 신청해서 진행했다. 직접 외래로 안 오고 면담
   하면 더 좋을 것 같다.

외과중환자실(SCIU) 최대*님 보호자 최진*님(여동생)

1) 간이식 환자라 전담간호사가 이틀에 한 번씩 전화하여 환자의 상태를
   알려주시는 것에 감사하다.
2) 환자가 의식이 있는 경우 환자와 가족이 화상으로 면회할 수 있다면 환
   자가 더욱더 의지를 가지고 치료에 임할 수 있을 것 같다.

문제 정의

보호자와 비대면 예약 면회 시스템을 만들어 소통을 원활하게 하고 비효율적인 전화 업무를 줄이고자 하였다.

아이디어 생성

어떻게 하면 중환자실 보호자와 의료진이 잘 소통할 수 있을까? 먼저 보호자 및 의료진과 인터뷰를 진행하여 다음과 같이 세가지 방법으로 아이디어를 도출하였다.

비대면 면회 시스템   문자 전송   사전 설명

이어서 중환자 보호자 페르소나를 제작하여 구체적인 사항을 분석하였다.

비대면 면회 시스템

인터뷰와 페르소나 제작을 통해 다음과 같은 인사이트를 얻을 수 있었다.

- 보호자는 환자 상태에 대해 정기적으로 알림을 원한다.
- 의식이 있는 환자에게 가족의 얼굴을 보여주어 환자가 삶의 의지를 갖는 데 도움이 되길 바란다.
- 보호자는 중환자실에 전화하는 것을 부담스러워한다.

개발하기

아이디어 도출 과정에서 얻은 인사이트를 통해 아래 내용을 담은 중환자실 보호자 비대면 면회 프로그램 애플리케이션을 개발하기로 하였다.

중환자실 보호자 비대면 면회 프로그램 앱

- 비대면 면회 애플리케이션 알고리즘
- 카카오 인증을 통한 중환자 보호자 확인
- 환자 등록 및 일정 관리와 예약
- 면회실 입장 및 비대면 면회 진행

전달하기

개발된 시제품Prototype으로 비대면 면회 대상군을 선정하고 시행하였다. 참여한 보호자 의견 중에는 환자 얼굴을 볼 수 있어 안심되었다며 만족 의견이 많았으나 카카오 인증이 번거롭다는 의견도 있었다. 간호사들은, 환자 상태를 보호자에게 직접 보여주어 보호자의 안심도와 이해도가 높아졌으며 전화 문의가 줄어들었다는 긍정적 반응을 보였다. 그러나 새로운 프로그램에 대한 보호자의 디지털 이해도가 낮을 경우 이용이 불편하고 이를 해결하는 데 오래 걸려 비효율적이라는 의견도 있었다. 좀 더 쉽게 접근할 수 있는 방안이 필요했다.

후속 조치로 비대면 면회 프로그램 안내문을 제작하여 보호자에게 미리 안내하였고 QR 코드 접속으로 바로 등록할 수 있도록 편의성을 개선하였다.

신경계 중환자실 비대면 면회 안내

🔍 비대면 면회란?

병원 내원이 어려운 보호자분들이 장소, 시간에 구애 받지 않고 영상을 통해 면회를 할 수 있도록 중환자실에서 개발한 프로그램입니다.

📖 비대면 면회 방법

① 중환자실 입실 시 담당간호사에게 비대면 면회를 신청합니다.
② 담당간호사가 전송하는 문자를 클릭해서 비대면 면회 링크로 접속합니다.
  면회주소 : visit.voidoc.io
③ 카카오 톡으로 간편하게 로그인을 합니다.
④ 환자 등록번호를 입력합니다.
⑤ 면회실에서 대기 후 면회를 시작합니다!

비대면 면회
프로그램사용방법

🕐 자주하는 질문

Q. 비대면 면회시간은 어떻게 되나요?
A. 보호자 및 중환자실 상황에 따라 유동적으로 결정됩니다. 담당간호사에게 문의바랍니다.

Q. 핸드폰으로 visit.voidoc.io 에 접속했는데 오류가납니다.
A. 네이버, 사파리 등의 브라우저 사용시 오류 가능성이 높습니다. 크롬 브라우저 (chrome) 를 이용하여 접속해주세요.

Q. 카카오톡을 이용하지 않아서 로그인을 할 수가 없습니다.
  (카카오 로그인시 오류발생)
A. 카카오 로그인 아래에 있는 로그인 화면을 클릭하시고, 보호자 회원가입을 하시면 됩니다. 통신사 인증 후 로그인 가능합니다.

가톨릭대학교
은평성모병원

비대면 면회 프로그램 안내문

병원 디지털 사이니지 개선 사례

배경과 목적

규모와 관계없이 대부분의 병원에서는 환자들의 불만을 해소하고 의료 서비스에 대한 만족도를 향상하기 위해 노력한다. 환자들은 대기 공간에서 충분하고 정확한 정보를 제공받기를 원하며 대기 시간에 대해서도 알고 싶어 한다. 병원은 이에 대한 중요한 수단으로 진료 안내를 위한 디지털 사이니지^{signage}를 도입하여 정보를 제공할 수 있다.

은평성모병원은 개원 당시(2019년) 설치된 디지털 사이니지가 가독성이 떨어지고 정보 전달에서 미흡한 점이 발견되어 서비스 디자인을 적용하여 디자인 개선을 실시하게 되었다. 이 프로젝트의 목적은 직관성과 가독성이 향상되고, 제공되는 정보의 충분성이 확보되어 병원 이용 만족과 환자 경험 향상을 도모하고 궁극적으로 진료 만족에 긍정적인 영향을 줄 수 있도록 하는 것이었다.

내용과 방법

프로젝트 수행을 위한 활동 내용과 방법은 다음 표와 같은 내용으로 추진되었다.

근거 기반 디자인 과정			프로젝트의 근거 기반 디자인 과정 설계
과정		내용	내용
준비	1. 규정 (Define)	근거 기반 디자인 프로젝트의 목표와 목적 규정	TF팀을 조직하고 현장 관찰 및 인터뷰 등을 통하여 문제점 인지, 대상 설정, 목적 및 목표 규정
디자인 전 단계	2. 조사 (Find)	문헌 조사를 통하여 선행 연구와 연구가 부족한 분야 등을 이해함으로써 프로젝트의 기초 구축	병원 정보 안내 및 디지털 사이니지 관련 선행 연구 조사
디자인	3. 해석 (Interpret)	기존 근거의 관련성, 타당성, 일반화 등에 대하여 비판적으로 해석	선행 연구 분석
	4. 창출 (Create)	기존 근거를 디자인 가이드라인으로 변환하고, 이에 기반하여 디자인 콘셉트 창출	디자인 가이드라인 정리 및 TF팀 워크숍을 통한 디자인 원칙과 시안 작성
	5. 가설 (Hypothesize)	데이터를 수집, 분석, 해석하기 위한 가설 설정	도출한 디자인 원칙에 기반한 실험 연구의 가설 설정
	6. 수집 (Collect)	결과를 측정하는 데 사용할 프로젝트 성능 지표를 설정하고 현재 상태의 지표 수집	개선 전 설문조사 시행
실행	7. 관찰 (Monitor)	디자인 전략 및 연구 계획대로 시행되는지 관찰	업체 설명회 및 시현 등을 통한 관리
거주	8. 측정 (Measure)	연구 계획에 따라 거주 후의 성능 지표 측정	개선 후 설문조사 시행

- 발견Discover 단계에서는 서비스 디자인팀을 구성하고 현장 관찰과 인터뷰 등을 통하여 실태 및 문제점을 분석하였다.
- 규정Define 단계에서는 서비스 디자인팀 회의를 통해 가장 문제가 되는 두 곳을 대상으로 프로젝트의 목적과 목표를 규정하였다(외래 진료실, 약국).
- 발전Develope 단계에서는 디자인 가이드라인을 정리하고, 서비스 디자인팀 워크숍을 통하여 본 프로젝트에 적합한 디자인 원칙과 시안을 도출하였다.
- 전달Deliver 단계에서는 시현 등을 통하여 도출된 디자인 원칙이 잘 구현되는지 확인하며, 사용자 조사를 통해 개선 전후의 효과 분석과 진료 만족도에 영향을 미치는 요인을 분석하였다.

구분	외래 진료실				약국	
구분	대대기		소대기			
구분	개선 전	개선 후	개선 전	개선 후	개선 전	개선 후
가독성	• 글씨 크기 크게 조정 • 배경 컬러 단순화 • 배경과 정보의 컬러 대비 강조		• 글씨 크기 크게 조정 • 배경 컬러 단순화 • 배경과 정보의 컬러 대비 강조 • 기존 3번의 화면 전환을 중단하고 화면 전환 없이 하나의 화면 운용		• 글씨 크기 크게 조정 • 배경과 정보의 컬러 대비 강조	
직관성	• 소대기 공간으로 이동 환자는 높은 채도의 배경색으로 강조		• 진료과 및 진료실 번호 강조 • '진료중'은 높은 채도의 배경색으로 강조 • 진료 순번일 경우 팝업 기능 추가		• '조제중'보다 '조제완료' 글씨를 더 크게 작성하여 중요한 정보 강조 • 대기 시간은 명도가 높은 색 사용하여 강조 • 조제 번호대에 따라 구분하여 정보 배치	
충분성	• 변경 없음		• 진료와 대기 환자를 3명에서 4명으로 • 의료진 진료 일정 정보 추가		• '조제완료'뿐만 아니라 '조제중' 정보 추가 • 응급의료센터는 구분하여 정보 제공 • 번호와 함께 환자 이름 표시 • 필요하지 않은 정보 삭제	

효과평가

서비스 개선 결과에 대해서는 서비스 디자인 원칙인 가독성, 직관성, 충분성과 환자 만족도인 안내 만족도, 진료 만족도 간의 상관관계 분석을 실시하였다. 분석 결과, 개선 전과 후에 가독성 자체에 대한 만족도가 가장 많이 증가하였지만 개선 후 안내의 만족도에 가장 큰 영향을 미친 것은 정보의 충분성으로 나타났다.

개선 후에 가독성, 직관성, 충분성 모두 유의미하게 진료 만족도와 높은 상관관계를 가지는 것으로 분석되었다. 진료 안내 디지털 사이니지를 개선한 후 디자인 원칙들이 진료 만족도에까지 영향을 미친다는 의미였다. 그중 특히 직관성은 r=0.625 (p<0.001)로 진료 만족도와 가장 높은 상관관계를 보였다. 이를 통해 불안과 고통 상황에 있는 환자가 직관적으로 용이하게 정보를 파악하는 것은 환자의 진료 만족도에까지 영향을 미친다는 것을 알 수 있다. 즉 정보가 위계를 가지고 강조되어 효율적으로 배치됨으로써 직관적으로 정보를 파악할 수 있을 경우, 안내에 대한 만족도를 넘어 진료에 대한 만족도에 높은 영향을 미칠 수 있다는 의미 있는 결과가 도출되었다.[160]

---

160   권영미 외, 병원 게시물 개선을 통한 병원 만족도 향상 방안 연구, 의료복지 건축학회 27(2), 2020.

병원 검사 안내 개선 사례

문제인식

서울성모병원은 국내 빅5 병원답게 병원이 위치한 단지 안에 가톨릭대학교 의과대학과 병원, 도서관, 연구원 등 건물이 복잡하게 배치되어 있다. 또한 국내 동급 의료 기관 중 병상 규모 대비 1일 외래 환자가 가장 많은 병원으로 외래 진료를 위한 검사 시간이 지연되는 문제가 있었다.

서울성모병원은 이를 해결하기 위해 본관의 협소한 장소 문제를 해결하면서 영상 검사 대기를 줄이기 위해 별관에 영상검사실을 설치하였다. 그러다 보니 별관과 본관의 이동 거리가 길다는 문제와 두 공간을 왕래하는 표지판이 없어 환자들이 불편을 겪는 문제가 발생하였다.

문제해결 및 방법결정

서울성모병원은 이 문제를 해결하기 위하여 서비스 디자인 방법론을 적용하기로 결정하고 다음과 같은 단계를 거쳐 프로젝트를 진행하였다.

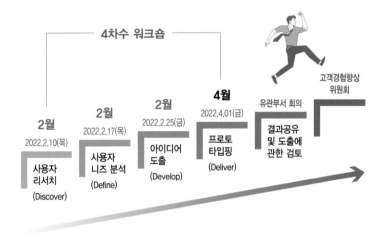

문제정의 및 아이디어 도출

서울성모병원은 직원과 환자의 입장에서 문제를 확인하고 정의하기 위하여 어려움이 무엇인지 살피고 그것을 줄이는 방법을 선택했다.

1. 어려움을 보다

    1) 별관까지 가는 동선이 어렵고 복잡하고 위험하다

    2) 별관 검사 안내지 출력이 힘들다

    3) 별관까지 가는 안내 설명이 너무 어렵다

2. 어려움을 줄이다

    1) 설명 기준을 간단하고 명확하되 통일성 있게

    2) 프로그램 개선을 통해 검사 안내지 출력을 쉽게

3) 봐야 할 내용을 안전하고 쉽게

4) 환자 상태를 고려한 이동 방법을 선택할 수 있게

문제해결

문제 해결을 위해 어려움을 줄이는 방법을 적용한 여러 후속 조치들을 다음과 같이 시행하였다.

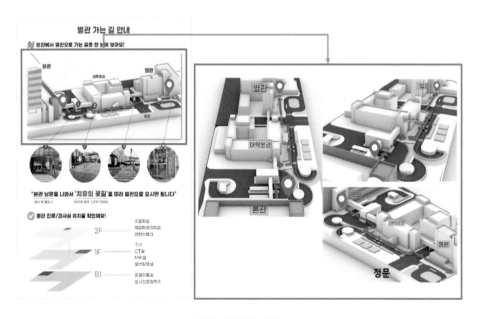

표준화 된 안내문 개발

누가 보아도 알 수 있는 도로 안내 표시선(좌)과
거동이 불편한 환자들이 사용할 수 있는 단지 내 전기차(우)

개선효과

프로젝트 추진 결과 대부분의 문제점이 개선되고 만족도가
향상되는 결과가 나타났다.

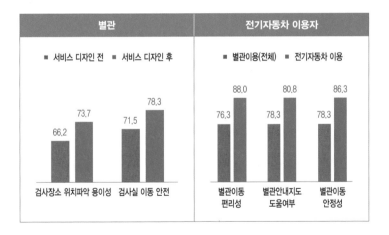

개선효과

해외 의료 기관
서비스 디자인 사례

오슬로 병원, 유방암 환자의
대기시간 줄이기[161]

　오슬로 대학 병원은 서비스 디자인 방법을 사용하여 유방암 환자의 대기 시간을 3개월에서 7일로 줄였다. 그 결과 어려운 삶을 살아가는 유방암 환자의 삶을 개선시킬 수 있었다. 그전까지 유방암 발병 위험이 높은 여성들은 스칸디나비아에서 가장 큰 병원인 오슬로 대학 병원에서 검사와 진단을 예약하기까지

161　디자인잇 홈페이지, https://designit.com/cases/oslo-university-hospi
　　tal-changing-the-lives-of- breast-cancer-patients.

최대 3개월을 기다려야 했다.

서비스 디자인 기업 디자인잇^{Designit}은 오슬로 대학 병원의 프로젝트 팀과 협력하여 '환자 환경 최적화'를 추진했다. 프로젝트 팀의 목표는 대기 시간을 줄이고 전반적인 환자 경험을 개선하는 것이었다. 협력적, 시각적, 반복적인 디자인 프로세스로 인해 병원 직원들은 보다 긴밀하게 협력하고 새로운 시스템을 구상할 수 있었다.

프로젝트 팀은 고객 여정의 복잡성에 대한 공감을 얻기 위해 병원 전 부서에 걸쳐 40명의 직원을 대상으로 워크숍을 진행하고 이를 통해 전형적인 환자의 고객 여정을 시각화할 수 있었다.

워크숍 후 많은 내용이 발견되었다. 프로젝트 팀은 환자와의 심층 인터뷰를 진행하는 동안 종양 전문의, 방사선 전문의, 무선 기술자, 간호사, 환자 조정자, 비서, 개인 클리닉 및 일반 개업의를 포함하여 환자의 여정에 관여되는 모든 관계자들과도 인터뷰를 실시했다. 이를 통해 고객의 이상적인 경험을 설계할 수 있었다. 백스테이지의 역할과 기능을 새롭게 디자인하고 유방암 진단까지 걸리는 시간을 90% 단축함으로써 기존 12주에서 7일로 줄이는 극적인 성과를 창출할 수 있었다.

이 프로젝트는 노르웨이의 'Merket of God Design상', 'Service Design Award, IxDA상'을 수상했고, 2015년 INDEX Award의 최종 후보가 되기도 했다.

NHS가 도입한 '더 나은
응급실(A better A&E)' 프로젝트[162]

 영국 국민건강서비스(NHS)의 산하 병원에서 매년 발생하는 응급실 폭력사건은 6만 여 건에 달할 정도로 심각했다. 응급실 폭력은 신체적·정신적 피해는 물론 의료진이 병원을 떠나도록 만들었다. 또한 응급실 폭력 상황에 대응하기 위해 보안 인력을 고용해야 하는 등 직간접적으로 막대한 사회적 비용 부담을 초래하는 문제였다.

 NHS는 이런 문제를 개선하기 위해 영국 보건부의 지원 아래 서비스 디자인 민간 전문가와 병원 내외부 전문가들이 협력해 병원의 시스템, 프로세스, 시설 구조, 서비스 방식, 커뮤니케이션 방식 등이 병원 내 폭력 발생에 어떤 영향을 미치는지 분석하고, 이를 방지하기 위해 어떤 변화가 필요한지 연구를 시작했다.

 이 연구에 적용된 방식은, 환자가 응급실에 내원해서 진료를 받고 돌아갈 때까지 모든 과정에서 적절한 정보를 제공하고, 환자가 관련 정보를 스스로 확인할 수 있도록 하는 것이었다. 이를 위해 응급실 내 진료 과정을 '접수Check in, 평가Assessment, 치료Treatment, 결과Outcome'의 4단계로 나누고 환자 스스로 자신이 현재 어느

---

162 피어슨 로이드의 디자인 카운슬(Design Council) 이론 참고.

단계에 있는지 확인할 수 있도록 가이드맵을 응급실 벽면에 부착하고, 각 공간별로 역할과 치료 과정을 나타낸 디자인 패널을 적합한 장소에 부착해놓았다. 대기실에는 실시간 상황 안내 모니터를 비치해 응급실 혼잡도, 치료 단계별 환자 현황, 응급 정도에 따른 대기 시간 정보를 제공하는 시스템도 구축했다.

이와 함께 응급실 직원을 대상으로 폭력성을 보이거나 분노 등을 표출하는 환자 대응법과 커뮤니케이션 방식을 향상하는 교육 프로그램도 시행하였다.

이 프로젝트를 적용한 결과 런던 내 2개 NHS 산하에서 응급실 내 폭력 사건의 발생 빈도가 50% 정도 줄었고, 의료진을 향한 폭언이 25% 감소한 것으로 나타났다. 대기 시간 관련한 환자의 불만은 75% 감소했고, 응급실 의료진에 대한 신뢰도는 78%나 상승했다.

아이들도 두려워하지 않는 MRI 경험

어린아이가 처음 MRI 장비(자기공명영상장비) 앞에 서면 어떤 기분일까? GE에서 24년간 일해온 선임 디자이너 더그 디츠^{Doug}^{Doetz}는 우연한 기회에 자신이 2년간 공들여 개발한 MRI 스캐너가 설치된 병원에서 MRI 검사를 받기 위해 들어오던 소녀가 두려움에 우는 장면을 목격하게 되었다. 더불어 80%의 어린아이들이 MRI 검사를 받기 위해 진정제를 투약받아야 한다는 충격적인 사실도 알게 되었다.

아이들은 기계에 겁을 먹고 가만히 누워 있지 못했다. 자신에게는 더없이 훌륭해 보이는 기계가 아이에게는 무서운 괴물 같은 존재라는 사실에 좌절감을 느낀 디츠는 어린 환자들도 겁내지 않을 MRI를 만드는 일에 착수했다. '스탠퍼드 디스쿨'에서 서비스 디자인 방법을 학습한 그는 자원봉사자, 지역 어린이 박물관의 전문가, 다른 병원의 의료진 등의 도움을 받아 어린이들이 겁내지 않고 검사받을 수 있는 MRI 시제품을 만들어냈고 후에 '모험 시리즈'로 발전하게 되었다.

그것은 MRI 검사실을 어린이를 위한 모험 공간으로 바꾸는 것이었다. 시제품을 만든 디츠는 피츠버그 대학 메디컬센터 소아 병원에 시범적으로 적용했다. MRI 촬영 기사들을 아동 전문가와 디즈니랜드의 캐스터들에게 교육받게 하고 아동을 위한 박물관이나 테마파크 직원들처럼 꾸몄다.

기술적 부분에 전혀 변형을 주지 않고도 환경을 새롭게 디자인하고 MRI 사용 시나리오를 만들어 어린 환자들이 모험의 여정을 떠날 수 있도록 했다. 아이들은 MRI 검진실에 들어서며 스스로가 주인공이 되는 새로운 세상을 만나게 되었다. 촬영 기사는 아이들에게 해적선 내부로 모험을 떠날 거라고 말해주고 배에 타는 동안 움직이지 않고 조용히 있어야 한다고 당부한다. "좋아, 이제 너는 해적의 배에 오르는 거야. 배에 오르면 해적이 너를 찾지 못하게 가만히 있어야 한단다." 숨죽이고 숨어 있는 동안 나쁜 해적은 사라지고 그 '항해'가 다 끝나면 아이들은 검사실 벽에 있는 해적의 가슴에서 작은 보물 하나를 꺼내 가질 수 있게 된다.

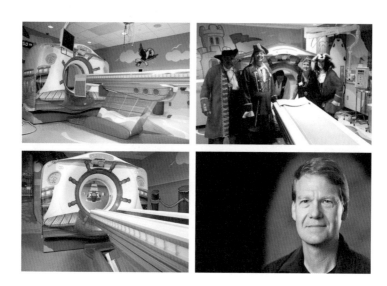

GE의 MRI 검사장비와 디자이너 더그 디츠

MRI 기계가 원통형 우주선이 되는 시제품도 있다. MRI 기계가 내는 쿵쿵거리는 소음은 '초공간 항속 모드'로 바뀌고 우주선이 내는 소리가 된다. 이와 같은 새로운 어린이용 MRI 기계 덕분에 소아 환자에 대한 마취제 투여를 80%에서 10% 정도로 크게 줄일 수 있었고 환자들의 만족도도 90% 상승했다.

이 사례가 우리에게 시사하는 바는 무엇일까. 먼저, 우리는 사용자에 대해 잘 모르고 있다는 것이다. 더그 디츠는 세계 최고 수준의 기업 GE에서 평생 경험을 쌓은 전문가였음에도 고객의 경험에 대해서는 거의 무지와 다름없는 수준이었다. 현장에서 어린이 고객이 제품과 만나는 장면을 목격하지 못했다면 그는 자기가 만드는 제품에 문제가 있다는 생각을 하지 못했을 것이다.

제공자는 사용자를 모른다고 가정하고 '실제적인 사용자'의 '구체적인 경험'을 이해하기 위해 노력해야 한다. '실제적인 사용자'라는 것은 막연한 사용자가 아니라 '이제 막 여덟 살이 된 이선영'과 같이 구체적인 누군가를 말한다. 콕 집어 그의 욕구를 이해해야 한다. 그러기 위해서는 고객에 대한 애정, 관심, 배려심, 공감력을 바탕으로 '현장에서' 이들을 만나고 이해하는 과정이 필요하다.

두 번째로, 사용자에게 적합한 디자인이 '좋은 디자인'이라는 점이다. GE의 MRI 장비는 좋은 디자인으로 평가받아 이미 많은 디자인 대회에서 '좋은 디자인' 상을 받은 제품들이다. 하지만 어린이 사용자들에게 권위 있는 디자인 상은 의미가 없다. 일반적으로는 제품이 사용자에게 좋은 인상과 믿음을 준다면 좋은 디자인이지만 아동이 이용하는 MRI 장비라면 매끈한 디자인과 신뢰감만으로는 부족하다. 목적에 부합하는 적절한 디자인이 좋은 디자인이다.

세 번째로, 좋은 제품이 아니라 좋은 사용 경험을 제공하는 것이 목표가 되어야 한다. 더그 디츠가 병원에서 고객을 만나기 전까지 그의 목표는 좋은 제품을 만드는 것이었지만 어린이 고객을 만난 후 그의 목표는 무섭지 않은 검진 경험을 만드는 것이 되었다. 새로운 서비스 경험을 디자인한 것이다. 그는 아이들이 느끼는 공포심을 흥미진진한 경험으로 만들기 위해 환경을 변화시켰다. 뿐만 아니라 MRI 촬영 기사를 디즈니랜드에 보내 아이들을 신나게 하는 직원에게 교육받게 하는 방법으로 조직과 시스템을 바꾸는 등 제공자의 역량을 변화시켰다.

헌혈 기부자 증가를 위한 서비스 디자인 사례

헌혈에서 디자인의 역할은 무엇일까? 혈액 기부자와 혈액 기부 활동에 참여하는 공급자들을 위한 디자인에는 무엇이 있을까? 혈액 기부의 효과를 소개하는 안내지, 현수막, 배너, 등록 신청서, 헌혈의 집, 헌혈 버스, 헌혈 팩, 사은품, 혈액 기부권, 웹사이트, 헌혈 과정 중에 접하는 물건, 제품, 환경 등과 관련된 디자인이 있을 것이다. 이러한 디자인들은 혈액 기부자들에게 어떤 종류의 경험을 만들어내게 될 것이다.

그 경험이 얼마나 긍정적일지 아닐지에 따라 헌혈에 대해 긍정적인 또는 부정적인 생각을 갖게 되고 그 결과 자주 헌혈을 하게 되거나 아니면 하지 않게 될 것이다. 결국 '헌혈' 활동에서 디자인의 궁극적인 역할은 헌혈에 대한 긍정적 경험을 만들어냄으로써 더 많은 사람들이 더 자주 헌혈에 참여하도록 하는 것이라고 할 수 있다.

아이디오는 2007년 적십자American Red Cross와의 프로젝트에서 "어떻게 하면 헌혈 기부자를 늘릴 수 있을까?", "어떻게 하면 헌혈 과정을 효율화할 수 있을까?"라는 질문에 대한 해결책을 과제로 받게 되었다. 그 해답을 찾자면 헌혈 과정을 통해 사람들의 행동을 살펴보고, 최적화된 프로세스와 테이블, 의자, 장비, 각종 정보 등 터치포인트를 디자인해야 했다.

더 많은 사람들이 꾸준히 헌혈할 수 있게 하려면 디자이너는 무엇을 고민해야 할까? 아이디오가 다시 설정한 질문은 "사람들은 왜 헌혈을 할까?"였다. 사람들을 헌혈로 이끄는 동기가 무엇일까를 탐구한 것이다. 그것을 이해하기 위해 헌혈 과정에서의 사용자 경험을 다양한 측면에서 관찰했다. 그리고 헌혈하는 사람들과 대화를 나누며 세부 사항에 주목함으로써 헌혈 동기에 대한 통찰력을 얻을 수 있었다.

기증자들은 각자 헌혈 이유에 대한 감동적인 이야기를 가지고 있었다. 예를 들면 기증자 중에는 어머니가 10년 전 헌혈 덕분에 목숨을 건진 경우가 있었다. 알고 보니 대부분의 기증자들이 이러한 스토리를 갖고 있었다. 개인적이고 사소하지만 영웅적인 이 일화들이야말로 헌혈 동기를 만드는 중요한 요소였다.

아이디오에서 개발한 나눔의 벽 사진

아이디오는 '나눔의 벽'을 만들어 헌혈하는 사람의 사진을 붙이고, '헌혈하는 이유'라는 제목으로 그들이 왜 헌혈을 하는지 짧은 이야기를 쓰도록 했다. 적십자 웹사이트에서도 헌혈하는 이유에 대한 짧은 이야기들과 기증자의 사진을 볼 수 있도록 했다. 기증자의 헌혈 경험을 '누군가'의 '구체적인 이야기'로 '가시화'한 것이다.

사람들은 '나눔의 벽'에 적힌 이야기를 읽으며 헌혈의 가치를 다시 한 번 마음으로 깨닫게 되었다. 헌혈한 사람도 '나눔의 벽'에 이야기를 남기며 참여의 자부심을 느끼게 되었다. '나눔의 벽'은 이렇게 헌혈의 가치를 체험하게 하는 매개물이 되었다. 그리고 일회성 기증자들을 지속적인 기증자로 만드는 데 큰 역할을 하고 있다.

이와 같은 통찰은 사용자와의 공감을 바탕으로 세부 사항에 주의를 기울이지 않는다면 발견하기 어렵다. 이 프로젝트에서 디자인은 헌혈의 가치를 체험하게 하는 경험의 매개물 역할을 하고 있음을 알 수 있다.

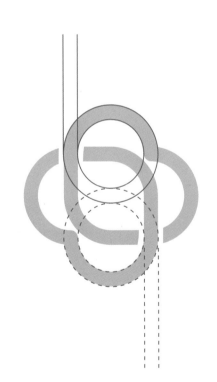

Part 1
Chapter 3
건강보험심사평가원, https://www.hira.or.kr/main.do.

Part 2
chapter 2
아이디오 디자인 씽킹 홈페이지, https://designthinking.ideo.com/.
북리지 블로그, "디자인씽킹, 경영을 바꾸다 - 진 리드카, 팀 오길비",
https://bookledge.tistory.com/716.

Part 3
chapter 2
유튜브, https://www.youtube.com/@ritetcvideos.
https://www.econovill.com/, 《이코노믹 리뷰》
"보급용 인큐베이터(The Embrace Infant Warmer)", https://www.core77.
com/posts/17845/The-Embrace-Infant-Warmer.
서비스 디자인 블로그, https://www.servicedesign.tistory.com.
프레쉬데스크 홈페이지, https://www.freshworks.com/freshdesk/.

chapter 3

리스크랩 블로그, "스위스 치즈데모델(The Swiss Cheese model)", https://m.blog.naver.com/firerisk/222213030242.

피쉬본 다이어그램(Fishbone Diagram)을 이용한 효율적인 프로젝트 관리", https://boardmix.com/kr/skills/fishbone-diagram/.

5-Why Examples [The Best and The Worst!], https://taproot.com/best-5-why-examples/.

chapter 5

아이디오 홈페이지, https://www.ideo.com/.

chapter 6

한국보건의료정보원 홈페이지, https://www.k-his.or.kr/.

Part 5

가톨릭대학교 서울 성모병원 홈페이지, https://www.cmcseoul.or.kr/page/board/notice/505346.

지헬스케어, https://www.gehealthcare.com/.

아이디오 홈페이지, https://www.ideo.com/work/donor-experience-for-american-red-cross.

병원도 브랜딩이 필요합니다

: 환자에서 고객이 되는 서비스 디자인 씽킹

초판 1쇄 발행 2024년 6월 3일

지은이 | 박병태, 권영미
펴낸이 | 조미현

책임편집 | 박다정
디자인 | 엄윤영
표·그림 | 한미나

펴낸곳 | (주)현암사
등록 | 1951년 12월 24일 (제 10-126호)
주소 | 04029 서울시 마포구 동교로12안길 35
전화 | 02-365-5051 · 팩스 | 02-313-2729
전자우편 | editor@hyeonamsa.com
홈페이지 | www.hyeonamsa.com

ISBN 978-89-323-2363-3 (03320)